LE TRANSCENDANTAL
ET
LE SPÉCULATIF

PROBLÈMES ET CONTROVERSES
Directeur : Jean-François COURTINE

LE TRANSCENDANTAL ET LE SPÉCULATIF DANS L'IDÉALISME ALLEMAND

édité par

Jean-Christophe GODDARD

PARIS
LIBRAIRIE PHILOSOPHIQUE J. VRIN
6, Place de la Sorbonne, Ve
—
1999

Printed in France
ISSN 0249-7875
ISBN 2-7116-1395-X

PRÉSENTATION

Le présent recueil d'articles a été composé à partir des actes du colloque sur "Le transcendantal et le spéculatif" qui s'est tenu en avril 1997 au Centre de Recherches sur Hegel et l'Idéalisme Allemand de Poitiers. Les contributions de Jocelyn Benoist et de Yves-Jean Harder ont été sollicitées, après coup, spécialement en vue de la publication du recueil.

L'ensemble ainsi proposé au lecteur se veut un témoignage de l'élargissement du domaine de recherches du "Centre Hegel", qui, déjà depuis plusieurs années, sous la direction de Jean-Louis Vieillard-Baron, s'est attaché à mettre l'hégélianisme en débat en le confrontant aux grandes figures philosophiques et intellectuelles, amies et ennemies, plus ou moins parentes, qui, depuis Kant jusqu'au dernier Schelling, dominèrent l'époque de sa formation, comme de son rayonnement et de sa réception. De cet effort pour promouvoir une approche moins linéaire et moins cloisonnée de l'histoire du postkantisme devait ressortir un tableau plus complexe, mais aussi plus vivant, c'est-à-dire plus inattendu, de cette exceptionnelle période de création philosophique que fut le XIXe siècle allemand.

Les textes ici rassemblés témoignent également, par la diversité même des personnalités philosophiques qui s'y expriment, de cette pluralité de pensées *en dialogue* en quoi consista réellement la philosophie allemande à partir de Kant – dont l'œuvre inaugurale, si elle ne mit un terme au conflit des *philosophies*, obligea pourtant bel et bien les *philosophes* à habiter un monde commun, en lequel l'originalité de leur geste propre ne pourrait manquer d'apparaître comme une réponse au geste singulier, éminemment personnel, de leurs contemporains.

Il serait, en conséquence, vain d'attendre que se dégage de cette série d'articles une quelconque vision homogène de la philosophie allemande. Nous avons voulu rester fidèles à la pluralité et aux tensions qui caractérisent l'historiographie actuelle, soucieuse d'interroger les grandes œuvres de la tradition idéaliste allemande en les confrontant aux perspectives philosophiques divergentes ouvertes tant par la phénoménologie husserlienne et heideggerienne que par le cognitivisme ou la psychanalyse. Il nous a semblé aussi que, s'il existe une certaine unité des préoccupations fondamentales de la recherche philosophique contemporaine, elle se laissera mieux voir si l'on a d'abord fait droit à la diversité.

Jean-Christophe Goddard

KANT ET L'INCONDITIONNÉ

Si on voulait ramasser en une formule tout le cours de la pensée kantienne, de la *Nova dilucidatio* de 1755 aux ultimes brouillons de l'*Opus postumum*, on pourrait dire qu'elle apparaît comme animée par un unique dessein (un « long désir », aurait dit Mallarmé) : la quête de la métaphysique comme contact, expérience (plutôt que savoir) de l'inconditionné. Certes, on aurait plutôt tendance aujourd'hui à voir en Kant le premier des « modernes », le penseur de l'objectivité et de la finitude ; mais cela, à notre avis, il ne l'a été que par surcroît, même si ce surcroît s'est avéré ensuite historialement essentiel. Si en effet être moderne signifie être résigné à la finitude, Kant n'est assurément pas moderne ; il veut ce que la philosophie a toujours voulu, l'inconditonné, l'absolu au double sens de ce qui est purement soi-même, sans mélange ni composition avec autre chose – et de ce qui est soi-même au maximum : « l'absolu est la même chose que l'inconditionné, et celui-ci la même chose que l'accompli, *i.e.* ce qui est pensé (négativement) sans condition restrictive (*ohne restringirende Bedingung*) »[1]. Mais c'est là, semble-t-il, vouloir ce qui est introuvable dans le champ de l'expérience humaine, toujours soumise à la double « condition restrictive » de l'espace et du temps : « dans l'espace et le temps tout est conditionné »[2] – sur ce plan, il n'y a rien d'absolument simple (ni atomes, ni instants, tout est composé à l'infini), rien d'absolument premier (ni dans les êtres, ni dans les actes), rien non plus qui présenterait le caractère d'*optimum* ou de *maximum* susceptible de fournir la mesure ou l'étalon de toute comparaison possible.

1. *Reflexionen zur Metaphysik*, *AK*, XVIII, p. 228. Sur inconditionné et absolu, cf. aussi *Critique de la raison pure*, *AK*, III, p. 252-253. (*Œuvres philosophiques* [*O.P.*], Paris, Bibl. de la Pléiade, I, p. 1034-1035).

2. *Quels sont les progrès de la métaphysique en Allemagne...*, *AK*, XX, p. 287 (*O.P.*, III, p. 1241).

La nature phénoménale, en effet, a pour loi la continuité et pour élément le plus ou moins, le « jusqu'à un certain point » dont parlera Kierkegaard ; en elle, aucune chose ne peut être absolument ou maximalement elle-même, « déterminée singulièrement, immuablement, complètement »[1] (*einzeln, unveränderlich, durchgängig bestimmt*) – elle est condamnée à n'approcher qu'indéfiniment de cette « détermination complète » qui constitue son Idée, mais dont la sépare une marge inéliminable d'indétermination issue de son inscription spatio-temporelle. C'est pour conjurer cette fatalité que la philosophie, depuis Platon et Aristote, s'était assignée comme fonction l'inspection (θεωρία) de l'invisible, *i.e.* du séparé (χωριστόν), de ce qui est uniquement soi-même dans un *ailleurs* intellectif, comme Idée ou acte purs. Cette issue, le célèbre début du paragraphe 10 de la *Dissertation* de 1770 la déclarera à jamais interdite dans des termes dont chacun est à peser : « *Intellectualium non datur homini intuitus, sed nonnisi cognitio symbolica, et intellectio nobis tantum licet per conceptus universales in abstracto, non per singularem in concreto* »[2].

De l'Idéal de l'inconditionné, du méta-physique, nous n'avons donc qu'une connaissance générale et abstraite – nous ne l'atteignons jamais en lui-même par une intuition singulière et concrète, ce type de connaissance étant pour nous restreint aux seuls objets sensibles, *i.e.* indéfiniment conditionnés. Or, pour Kant, rien ne se prête moins à une telle connaissance générale et abstraite que l'inconditionné sous toutes ses formes, dans la mesure où l'Idée de celui-ci délivre (ou plutôt délivrerait) à chaque fois quelque chose de singulier et d'unique, *mon* âme, *ma* liberté, Dieu – quelque chose à quoi convient seul un mode de connaître intuitif. L'Idée ne va donc persister que comme objet à la fois inesquivable et insaisissable du long désir de l'entendement, qui par là se constitue en raison (la raison, *Vernunft*, est impensable en Dieu, qui ne désire ni n'exige l'inconditionné, car il l'a, ou plutôt l'est) :

> C'est un principe essentiel de tout usage de notre raison que de pousser la connaissance qu'elle nous donne jusqu'à la conscience de sa nécessité (sans cela, en effet, ce ne serait pas une connaissance de la raison). Mais la raison est soumise également à une restriction tout aussi essentielle, qui consiste en ce qu'elle ne peut apercevoir la nécessité ni de ce qui est ou de ce qui arrive, ni de ce

1. *Critique de la raison pure*, *AK*, III, p. 248 (*O.P.*, I, p. 1030, trad. modifiée).

2. *AK*, II, p. 396 (*O.P.*, I, p. 643). « Il n'y a pas pour l'homme d'intuition des choses intellectuelles, mais seulement une connaissance symbolique, et l'intellection ne nous est permise que par des concepts universels dans l'abstrait, non par un concept singulier dans le concret » (trad. modifiée).

> qui doit arriver, sans poser comme principe une *condition* sous laquelle cela est, ou arrive, ou doit arriver. Mais, de la sorte, par la perpétuelle poursuite de la condition, la raison ne peut que voir sa satisfaction toujours ajournée. Aussi cherche-t-elle sans relâche le nécessaire inconditionné, et se voit-elle forcée de l'admettre sans aucun moyen de se le rendre compréhensible, trop heureuse si elle peut seulement découvrir le concept qui s'accorde avec cette supposition [1].

Comme si le rapport du savoir humain à l'inconditionné, à l'Idée, à la métaphysique était un rapport de désir et de frustration, le même (image chère à Kant) que peut susciter une maîtresse à la fois capricieuse et irrésistible. C'est cette relation que nous allons tenter de cerner, en examinant d'abord quel type de concept nous délivre*rait* l'inconditionné, puis comment celui-ci va advenir concrètement et comme aveuglement à notre conscience.

Pour traiter le premier point, nous partirons de la célèbre définition de l'inconditionné que Kant propose au seuil de la *Dialectique transcendantale* :

> Le concept transcendantal de la raison n'est autre que celui de la totalité (*Totalität*) pour un conditionné donné. Or, comme seul l'inconditionné rend possible la totalité des conditions et que réciproquement la totalité des conditions est toujours elle-même inconditionnée, un concept de la raison peut être défini en général comme le concept de l'inconditionné en tant qu'il contient un fondement (*Grund*) de la synthèse du conditionné [2].

Dans l'horizon du conditionné qui est irrémédiablement celui de notre savoir, l'inconditionné surgit donc comme fondement (*Grund*) [3] de la totalité des conditions concernant un conditionné donné – fondement lui-même sans fond, *Grund* qui est en soi *Ab-grund* (on voit s'amorcer ici l'écoute heideggerienne du *Satz von Grund*), raison (*Grund*) suffisante qui est cependant pour la raison (*Vernunft*) un abîme. Nous verrons plus loin en quel sens l'inconditionné, comme fondement de la totalité des conditions, ne peut être pour la raison théorique qu'un abîme ; pour l'instant, nous retiendrons surtout le fait que Kant nomme aussi inconditionné la *Totalität* des conditions. *Totalität* traduit le latin *Universitas*, dont Kant précise ici qu'il correspond, sur le plan intuitif, à ce qu'est au niveau formel l'*universalitas* : la condition de l'inconditionné, envisagé sous cet

1. *Fondements de la métaphysique des mœurs*, *AK*, IV, p. 463 (*O.P.*, II, p. 336).
2. *Critique de la raison pure*, *AK*, III, p. 251 (*O.P.*, I, p. 1033).
3. Sur l'équivalence *conditio=ratio=Grund*, cf. Baumgarten, *Metaphysica*, § 14.

angle, serait donc celle d'un universel – ce qui semble s'opposer radicalement à ce qu'affirmait la *Dissertation* de 1770 quant au caractère toujours singulier et intuitif de l'Idée. Mais c'est ici qu'intervient la différence, que Kant articule au paragraphe 77 de la *Critique de la faculté de juger*, entre l'universel analytique (les concepts dont nous disposons, et dont la généralité vide ne reçoit un contenu, une détermination, que des objets particuliers de l'expérience sensible) et un universel synthétique qui abolirait cet écart et serait à lui-même (et par lui seul) sa propre particularisation – un universel, donc une forme, qui produirait son contenu: « nous pouvons concevoir un entendement qui, parce qu'il n'est pas, comme le nôtre, discursif, mais intuitif, va de l'universel synthétique (de l'intuition d'un tout en tant que tel) au particulier, *i.e.* du tout aux parties »[1]. Dans la même perspective, un passage de l'*Opus postumum* distinguera universalité discursive (unité dans le multiple, *Einheit in Vielem*) et universalité intuitive (multiple dans l'un, *Vieles in Einem*)[2] – distinction qu'une « réflexion » précise ainsi : « en Dieu l'universel est le tout qui contient tout le reste en soi ; en l'homme, l'universel signifie *das Wenige* [= le peu, le petit nombre de caractères génériques] qui est contenu dans tout le reste »[3]. L'universel en Dieu est le Tout qui fait procéder de soi (*progressus*) ses parties, il est l'"Εν διαφέρον ἑαυτῷ d'Héraclite et de Hölderlin ; pour l'homme, l'universel est soit le concept abstrait, l'idée générale extraite par *regressus* des parties, et donc postérieure à celles-ci – soit les catégories *a priori* qui les accompagnent et fournissent aux sensations le cadre général de l'objectivité, le rapport aux parties étant dans les deux cas extérieur. Autrement dit encore: en l'homme, l'*unité* (la forme, le concept, le déterminant, l'universel) reste séparée de la multiplicité (le contenu, les sensations, le déterminable, le particulier), alors qu'en Dieu ces deux termes sont conjoints et que c'est cela même qui constitue sa perfection[4].

On voit que, dans notre analyse, nous sommes progressivement passé du monde tel qu'il est en (ou pour) Dieu à Dieu tel qu'il est en lui-même, comme si la loi de l'universel synthétique régissait tout le champ de l'inconditionné. En effet, dans cet universel, dans cet ensemble (*Inbegriff*), dans cette *Idée* qui d'elle-même se détermine ou se particularise complètement et finit par s'individualiser dans un *Idéal*, comment ne pas reconnaître ce que la *Dialectique transcendantale* décrit justement

1. *AK*, V, p. 407 (trad. A. Philonenko [modifiée], Paris, 1968, p. 221).

2. *AK*, XXII, p. 342.

3. *AK*, XVIII, p. 478.

4. Cf. *Logik* (*AK*, IX, p. 39) sur les « deux pièces (*Stücke*) qui, dans leur union harmonique, constituent la perfection en général, à savoir : unité et multiplicité ».

comme l'Idéal de la raison pure, par une déduction que nous n'évoquerons ici qu'à travers la "réflexion" 5700 : « chaque chose existante est en soi complètement (*durchgängig*) déterminée, mais, au point de vue de beaucoup de prédicats possibles, elle reste indéterminée par son concept. Seule une chose (*Ding*) unique est complètement déterminée par son concept : *ens realissimum* [= Dieu] »[1]. Dès lors, une tentation inévitable se présente à la pensée : si Dieu est l'unique chose complètement déterminée par son concept, si, comme Kant l'a appris de Baumgarten, détermination interne complète et existence sont des termes synonymes, n'en résulte-t-il pas que Dieu existe par son concept, *i.e.* nécessairement, la nécessité étant la marque même de l'inconditionné et synthétisant (comme troisième catégorie de la modalité) les deux termes entre lesquels s'écartèle notre connaissance conditionnée – la simple possibilité du concept et la réalité brute du donné sensible ? Mais c'est là, précisément, que s'ouvre l'abîme (*Abgrund*) évoqué plus haut. Pour Kant, en effet, même si tout existant est complètement déterminé, la réciproque ne vaut pas : l'existence ne saurait être conçue comme un prédicat, une détermination, pas même comme la pointe de la détermination complète ; dès l'*Unique fondement possible*... de 1763, et même dès la *Nova dilucidatio* de 1755, elle est au contraire ce qui pré-vient toute pensée, tout concept, tout possible – elle est, très précisément, l'im-possible, non au sens d'un manque, mais d'un excès d'effectivité, comme un enfant ou un bonheur peuvent être dit « impossibles ». *Exsistit*[2] *:* ça existe, c'est un fait que ça existe, tel est le point de départ de toute pensée, point de départ lui-même impensable, fût-ce au moyen du concept de « nécessité inconditionnée », puisque celui-ci semble tout aussi énigmatique (en effet, écrit Kant, « sans condition, aucun concept d'une nécessité ne peut avoir lieu »[3]). Ce qui fournit un *Grund* à toute pensée possible et une raison suffisante à toute existence finie est lui-même un *Abgrund*, et c'est au bord de cet abîme que nous laisse la *Dialectique transcendantale :*

> La nécessité dont nous avons si indispensablement besoin comme de l'ultime support de toutes choses est le véritable abîme de la raison humaine. L'éternité même, si terriblement sublime qu'ait pu la peindre un Haller, ne fait pas à beaucoup près sur l'esprit une aussi vertigineuse impression ; car elle ne fait que *mesurer* la durée des choses, elle ne les *supporte* pas. On ne peut ni éloigner de soi ni supporter cette pensée qu'un être, que nous nous représentons comme le plus élevé entre tous les êtres possibles, se

1. *AK,* XVIII, p. 330.
2. *Nova dilucidatio, AK,* I, p. 394 (*O.P.*, I, p. 124).
3. *Critique de la raison pure, AK,* III, p. 407 (*O.P.*, I, p. 1223).

> dise en quelque sorte à lui-même : Je suis d'éternité en éternité ; en dehors de moi, rien n'existe hormis ce qui est quelque chose par ma seule volonté ; *mais d'où suis-je donc ?* Ici, tout s'écroule au-dessous de nous, et la plus grande perfection, comme la plus petite, flotte sans soutien simplement devant la raison spéculative[1].

Revenons maintenant, en bons « fils de la Terre »[2], à cette connaissance du conditionné qui est, pour notre conscience théorique, son élément à la fois natal et indépassable. L'inconditionné, disions-nous, y *brille par son absence*. Ce qui brille par ou dans son absence est ce qu'on appelle un mirage (ou une image), et on peut dès lors se demander quelle(s) forme(s) va prendre le mirage, le *focus imaginarius* de l'inconditionné pour ce qui, en nous, est orienté vers et par lui, *i.e.* pour la raison (*Vernunft*) comme « pouvoir des principes »[3] – comme exigence, donc, de remonter jusqu'au fondement d'une connaissance qui ne serait plus conditionnée par la donnée d'une matière particulière, mais s'auto-déterminerait (se particulariserait) souverainement à partir de sa propre unité / universalité. Nous avions plus haut traduit cet inconditionné, cet universel synthétique, par l'ἓν διαφέρον ἑαυτῷ, l'"Εν πάντα d'Héraclite ; en continuant sur la même voie, nous pourrions dire que la connaissance humaine marque la disjonction de ces deux termes, l'"Εν (l'Un, le déterminant) apparaissant comme sujet ou entendement (*Verstand*), le déterminé, le multiple (πολλά, qui est comme une dégradation du πάντα) se situant du côté de l'objet, dans la continuité indéfinie des phénomènes. Chacun de ces deux termes, de ces deux fragments nuptiaux de l'Idée conditionne l'autre et se trouve par là conditionné en lui-même ; et, puisqu'être conditionné est synonyme d'être relatif à..., nous allons obtenir trois types de conditionnements ou de relations traversant le champ éclaté de la connaissance humaine et donnant lieu au trois catégories géminées de la substance et de l'accident (du côté du sujet), de la cause et de l'effet (du côté de l'objet), enfin de la communauté de l'agent et du patient (*Wechselwirkung*) – la dernière catégorie englobant l'ensemble du champ en question dans sa disjonction même.

Ces trois catégories fonctionnent initialement au niveau du jugement (et, plus profondément, au niveau du schématisme de l'imagination transcendantale), mais elles vont dégager dans ce fonctionnement même un surplus de sens qui restera inemployé[4], dans la mesure où l'expérience ne peut jamais offrir les concepts-souche (*Stammbegriffe*) dans leur

1. *Ibid.*, *AK*, p. 409 (*O.P.*, I, p. 1125).
2. Lettre à Hamann du 6. 4. 1774 (*Correspondance*, trad. fr. Paris, 1991, p. 113).
3. *Critique de la raison pure*, *AK*, III, p. 238 (*O.P.*, I, p. 1017).
4. Cf. *Prolégomènes à toute métaphysique future*, *AK*, IV, p. 315 (*O.P.*, II, p. 91-92).

détermination parfaite : il n'y a pas plus de « vraies » causes que de « vraies » substances dans la nature. La métaphysique va naître de l'effort de la raison pour réaliser cet excès de sens en posant une substance *absolument* simple, et qui n'est donc l'accident d'aucune autre : l'âme – un agent *absolument premier*, et qui n'est donc l'effet d'aucun autre : la liberté – enfin, un ensemble (*Inbegriff*) qui n'est compris dans aucun autre : Dieu, en tant qu'il est l'Être même singularisé en Idéal. Ce sont ces trois Idées que dé-construit la *Dialectique transcendantale*, sauf que le *monde* s'y substitue à la *liberté*. Le monde, en effet, comme « ensemble de tous les phénomènes », offre le paradoxe d'une pseudo-Idée à laquelle aucun inconditionné ne correspond, car on n'en vient jamais ici à une totalisation, même imaginaire : la régression de condition en condition s'y poursuit à l'infini, sans jamais permettre une sortie de l'étreinte du continu, *i.e.* de l'indéterminé. C'est pourquoi, des deux formes d'inconditionné qui émergent dans la section cosmologique de la *Dialectique transcendantale* – la liberté au niveau de la troisième antinomie, l'existence nécessaire au niveau de la quatrième – la première va être référée à l'âme, la seconde à Dieu, comme si l'« Idée » de monde explosait entre les deux Idées connexes (l'âme, Dieu) par une sorte d'impuissance à endurer la charge de l'inconditionné. Kant cependant ne laisse pas le monde se dissoudre simplement dans l'im-monde, puisque – même sans parler de l'idée d'un monde intelligible, d'une communauté morale des libertés, d'un *Reich Gottes* qui jouera un rôle si fondamental dans la philosophie pratique – le monde pris comme ensemble des phénomènes fera l'objet d'une double récupération : d'une part dans la *Critique de la faculté de juger*, où le monde sera conçu comme système téléologique, autrement dit comme une figure de l'universel synthétique au niveau du jugement réfléchissant (sur le mode du « comme si ») ; d'autre part dans l'*Opus postumum*, où Dieu et le monde seront pris comme les deux Idées suprêmes en tant que chacune est unique (« *Es ist Ein Gott und eine Welt* »[1]) et correspond à un maximum – soit un maximum qualitatif de réalité, soit un maximum quantitatif de grandeur. Kant y dispose ces deux Idées en un jugement (*Ur-Teil*, partage originel) où Dieu est à la place (absolue) du sujet, le monde à la place (toujours relative) du prédicat et où c'est l'homme, *das urteilende Subject*[2], qui joue le rôle de copule en tant qu'il est cet être en soi par qui le phénomène advient. Mais, dans la *Critique de la raison pure*, c'était d'une autre façon que les trois Idées s'articulaient :

1. *AK*, XXI, p. 20.
2. *Ibid.*, p. 27.

> La métaphysique n'a pour fin propre de ses recherches que trois Idées : *Dieu*, la *liberté* et l'*immortalité* [de l'âme], en sorte que le second concept, lié au premier, doit conduire au troisième comme à une conclusion nécessaire. Tout ce dont cette science s'occupe par ailleurs n'est pour elle qu'un moyen d'arriver à ces Idées et à leur réalité. Elle n'en a pas besoin pour étayer la connaissance de la nature, mais pour s'élever au-dessus de la nature. *Si* [souligné par nous] l'on pénétrait dans ces objets, la *théologie*, la *morale* et par l'union des premières la *religion*, c'est-à-dire les fins les plus élevées de notre existence, ne dépendraient que de la raison spéculative et de rien autre chose[1].

Ici, de manière quasi-hégélienne, les trois Idées apparaissent comme éléments d'un syllogisme, mais celui-ci reste suspendu à un *si* – à une condition du reste impossible à réaliser. Du moins cette articulation pointe-t-elle vers le seul domaine où nos Idées de l'inconditionné peuvent recevoir un sens – celui de la raison pratique, où il nous faut donc entrer à sa suite.

Que pour Kant ce soit uniquement le plan pratique, et non le plan théorique, qui permette une expérience de l'inconditionné, ne doit pas être considéré, ainsi qu'on l'a fait parfois, comme un pis-aller : ce fait traduit, au contraire, l'exigence que l'inconditionné me soit donné d'une manière elle-même inconditionnée. Or, une connaissance théorique de l'inconditionné, à supposer qu'elle fût possible, resterait conditionnée par mon désir de savoir – désir éminemment contingent, qui ne nous concerne pas tous ni toujours :

> On peut considérer le besoin de la raison sous un double aspect : tout d'abord dans l'usage théorique de celle-ci, et ensuite dans son usage pratique. [Quant au premier besoin], on voit bien qu'il est soumis à condition : nous sommes forcés d'admettre l'existence de Dieu *si* nous voulons juger des causes premières de toute contingence, et, en particulier, dans l'ordre des fins réellement déposées dans le monde. D'un bien plus grand poids est le besoin de la raison en son usage pratique : parce qu'il est *inconditionné* et qu'il nous faut alors supposer l'existence de Dieu non seulement lorsque nous voulons juger, mais parce que nous sommes dans l'obligation de juger[2].

Certes (et c'est là ce que signifie l'usage régulateur des Idées de la raison), *si* je veux connaître le monde, je dois admettre que tout s'y passe

1. *AK*, III, p. 260 (*O.P.*, I, p. 1044).
2. *Qu'est-ce que s'orienter dans la pensée ?*, *AK*, VIII, p. 139 (*O.P.*, II, p. 536, souligné par nous).

comme si il avait été créé par un intellect tout puissant ; mais l'inconditionné n'est alors qu'une hypothèse, il n'est donné, paradoxalement, que de manière conditionnelle. Or, pour Kant comme pour Kierkegaard, la manière (la « forme ») est tout, et c'est ce qui justifie le passage sur un plan – le plan pratique – où l'inconditionné n'*est* pas posé, mais où il *se* pose (se parle) lui-même en moi de façon absolument spontanée sans cesser pour autant d'être pour moi l'Autre : « il n'y a que la Loi [morale] qui entraîne avec soi le concept d'une nécessité inconditionnée »[1] – une nécessité inconditionnée qui est pour nous aussi *unbegreiflich* et abyssale que sur le plan théorique, mais qu'il nous est cette fois impossible d'esquiver, puisque nous sommes à chaque instant sujet (soumis) à l'exigence de la Loi.

Quelle est maintenant cette exigence ? Si nous nous reportons à l'énoncé fondamental de la Loi – « agis de telle sorte que la maxime de ta volonté puisse en même temps toujours valoir comme *principe* d'une législation universelle »[2] – nous pouvons dire qu'elle est l'exigence de l'universel (ou plutôt de la forme même de l'universalité) de fonctionner comme principe / origine (ἀρχή) de mes actions, *i.e.* sur le mode de l'universel synthétique dont nous avons dit qu'il est le seul visage de l'universel sur le plan de l'inconditionné. L'universel de la Loi n'est ni une abstraction de mes désirs, ni l'énoncé de leur condition *a priori* de possibilité : il est, sous sa troisième formule, ce qui s'impose à ma faculté de désirer comme exigence d'instaurer un « règne (*Reich*) des fins »[3]. Cette exigence va s'adresser à ma faculté de désirer en tant qu'elle est elle-même faculté inconditionnée de commencer : liberté ; elle va le faire d'une façon elle aussi inconditionnée, à la manière d'un pur *fait* (*Faktum*)[4] dont l'effectivité impérative prévient la possibilité et qui exige une obéissance également absolue, sans condition ni délai – obéissance qui seule rend ma volonté *absolument* bonne, et non seulement bonne à tel ou tel usage. Pour Kant comme pour Heidegger, le *Gewissen* (la « conscience » au sens éthique) est une confrontation inesquivable avec un « *nackte Dass* » (la nudité d'un fait), avec un *Un-heimlich* radicalement étranger au conditionné, au relatif, au continu qui constitue notre élément naturel. C'est cette étrangeté (ou étrangèreté) qui se traduit esthétiquement dans le sentiment du sublime, dans l'expérience de ce qui surgit quand le tissu du monde (que notre imagination aménagerait conformément à la législation du *Verstand*) s'ouvre à l'im-monde, au chaos, mais en évoquant par là-

1. *Fondements de la métaphysique des mœurs*, *AK*, IV, p. 416 (*O.P.*, II, p. 279).
2. *Critique de la raison pratique*, *AK*, V, p. 30 (*O.P.*, II, p. 643, souligné par nous).
3. *Fondements de la métaphysique des mœurs*, *AK*, IV, p. 436 (*O.P.*, II, p. 304).
4. *Critique de la raison pratique*, *AK*, V, p. 31 (*O.P.*, II, p. 644).

même, en creux, ce qui ne peut surgir que dans les trouées de cette texture continue – l'inconditionné, dont le caractère maximal nous surprend comme excès déconcertant : « *abyssus*, *saltus*, *casus*, *fatum* sont tous des concepts de l'inconditionné, qui peuvent être pensés dans un monde nouménal ou du moins en liaison avec lui, mais ne conviennent pas au monde des phénomènes »[1]. Le fortuit (*casus*) est la forme déroutante que prend dans le phénomène ce qui dans l'intelligible est liberté ; quant aux notions d'abîme et de saut (ou de « révolution »), on pourrait montrer, à partir du rôle qu'elles jouent dans *La religion dans les limites de la simple raison*[2], qu'elles sont les seules catégories permettant de penser l'événement concret de la liberté humaine. Cela cependant nous entraînerait trop loin, et nous resterons donc sur le terrain auquel notre démarche nous a conduit – celui du jugement de goût, objet initial de la troisième critique, pour y rencontrer un dernier visage, peut-être le plus paradoxal, de l'inconditionné.

Le goût, comme rattaché à la faculté de jouir et de souffrir, semble au premier abord suprêmement conditionné, puisque relatif à l'individualité de chacun. Or, au paragraphe 29 de la *Critique de la faculté de juger*, le jugement de goût est défini comme un commandement (*Gebot*) inconditionné[3] (tout le monde *doit*, en l'occurrence, jouir comme moi) – la jouissance esthétique semblant fonctionner, dès lors, comme le symbole ou le gage d'une félicité inconditionnée, d'un souverain Bien qui serait l'objet inconditionné de notre désir, *i.e.* celui que la Loi nous enjoint inconditionnellement d'espérer :

> [la raison] cherche en tant que raison pure pratique, pour le conditionné pratique (qui repose sur des inclinations et des besoins de la nature), également l'inconditionné, non pas comme principe déterminant de la volonté, mais, quand celui-ci a été donné (dans la Loi morale), elle cherche la totalité inconditionnée de l'objet de la raison pure pratique, sous le nom de souverain Bien[4].

Dans un premier temps, la Loi apparaît donc comme ce qui suspend le désir et l'oblige ainsi à s'« inconditionnaliser » en volonté libre ; mais, comme tout vouloir est vouloir de quelque chose[5], que va vouloir le désir ainsi radicalisé en vouloir ? Quel sera cet objet par lequel il ne sera pas déterminé (conditionné), mais qui apparaîtra après coup (après le coup de

1. *Reflexionen zur Metaphysik*, *AK*, XVIII, p. 399.
2. Cf. par exemple *AK*, VI, p. 48 (*O.P.*, III, p. 63-64).
3. *AK*, V, p. 278 (*O.P.*, II, p. 1053).
4. *Critique de la raison pratique*, *AK*, V, p. 108 (*O.P.*, II, p. 739, trad. modifiée).
5. Cf. *Ibid.*, p. 34 (*O.P.*, II, p. 648).

la Loi) comme ce vers quoi il devra se projeter ? L'objet immédiat du désir est le bonheur, la forme générale de l'accord (*Übereinstimmung*)[1] entre mon vœu et la nature ; la césure de la Loi n'anéantit pas cet objet primaire, mais le transforme en second élément d'un nouvel objet où la vertu (comme premier élément) joue le rôle de condition nécessaire, mais pour nous, hommes, insuffisante : cet objet, c'est le souverain Bien, accord final postulé de la vertu et du bonheur, synthèse de l'universel fonctionnant en tant qu'ἀρχή et de la particularité naturelle, comme si se rejoignaient ici les deux côtés de l'universel synthétique dont nous étions partis. Et puisque ce souverain Bien dérivé renvoie comme à sa source à un souverain Bien originaire, à un *Dieu* à la fois législateur et créateur qui rédimera ainsi notre *âme* immortelle selon le bon usage qu'elle aura fait de sa *liberté*, c'est l'ensemble des Idées de l'inconditionné qui se trouvent ainsi récupérées – non certes comme objets de connaissance, mais comme objets de foi ; non à l'indicatif, mais à l'impératif ; non à la troisième, mais à la première personne : « Je ne dois même pas dire *Il est moralement certain qu'il y a un Dieu* etc., mais *je suis moralement certain etc...* »[2].

Mais si l'inconditionné ne se dit ainsi qu'à la première personne, suis-*je* moi-même cette première personne ? Au niveau décisif de la conscience morale (« agis de telle sorte etc... »), je me découvre plutôt, dans l'acte même de ma décision autonome, comme un *tu*, une deuxième personne interpellée – mais par qui ? La réponse, ici, ne peut que rester suspendue :

> La déesse voilée devant laquelle... nous fléchissons le genou, est la Loi morale en nous dans sa majesté inviolable. Nous percevons certes sa voix et nous comprenons aussi très bien son ordre ; mais en l'écoutant nous doutons si c'est de l'homme qu'elle provient, de la toute-puissance de sa propre raison comme telle, ou si c'est de quelque autre instance, dont l'être lui est inconnu et qui parle à l'homme par l'intermédiaire de sa propre raison[3].

Identifier d'emblée cette « autre instance » à Dieu signifierait pour *moi* retomber dans l'hétéronomie, et par là sortir de l'inconditionné. Il ne nous reste donc qu'à *ne pas* soulever le voile d'Isis et à respecter le mystère de cette monstruosité (*Ungeheure*, dira Hölderlin) par laquelle je est un autre, et dont nous pouvons seulement donner l'indication formelle :

> Il y a un être (*Wesen*) en moi, différent de moi, qui, lui-même libre, *i.e.* indépendant de la loi naturelle dans le temps et l'espace,

1. *Ibid.*, p. 124 (*O.P.*, II, p. 760).
2. *Critique de la raison pure*, *AK*, III, p. 537 (*O.P.*, I, p. 1382).
3. *Sur un ton supérieur nouvellement pris en philosophie*, *AK*, VIII, p. 405 (*O.P.*, III, p. 415).

> me dirige intérieurement (me justifie ou me condamne), et moi, l'homme, je suis moi-même cet être, il n'est pas une substance extérieure à moi, et voilà le plus étonnant : la causalité [qu'il exerce sur moi] est pourtant une détermination (*Bestimmung*) à l'action libre[1].

Sans oublier cependant que le voile n'est pas seulement ce qui interdit de voir l'inconditionné (l'abyssal, l'insoutenable, la nudité de la déesse), mais aussi ce qui ranime et relance sans cesse le désir de voir : désir qui, encore dans l'inextricable forêt de l'*Opus postumum*, ne cessera de faire tourner Kant, Actéon discret, autour de la scène à jamais interdite.

Jean-François Marquet

1. *AK*, XXI, p. 25.

LE KANTISME ET LA QUESTION DE LA FONDATION DE LA PHILOSOPHIE

Pour découvrir *a priori* les conditions de l'objectivité des règles, lois de la nature ou normes de l'action, le kantisme oppose à la méthode génétique de l'empirisme une fondation transcendantale des concepts dans les facultés de l'esprit.

Or un certain nombre des objections adressées au criticisme portent sur la fragilité de la fondation de l'intelligibilité transcendantale.

Deux témoignages significatifs vont en ce sens :

1) Selon Husserl, le recours à une subjectivité transcendantale a simplement « la signification d'un fait anthropologique universel »[1], d'autant plus discutable que les facultés de l'âme apparaissent comme des « notions mythiques déroutantes »[2].

2) Selon Adorno, Kant lui-même répéterait l'erreur qu'il reprochait à ses prédécesseurs rationalistes : « une amphibologie des concepts de la réflexion. Dans la démarche que le sujet connaissant emprunte selon lui dans le juger, il fit passer la réflexion pour la fondation objective du jugement »[3].

C'est donc la possibilité de fonder la fondation critique de la philosophie qui ferait problème. Objection qui met directement en cause le fameux questionnement *quid juris*, si le droit d'user des facultés repose, en dernier ressort sur un fait, sur le *factum* des facultés. K. O. Apel adresse ce type de reproche à la philosophie morale, en jugeant que le *factum*

1. Husserl, *Philosophie première*, trad. A. L. Kelkel, PUF, 1970, Première partie, p. 284.

2. Husserl, *Recherches Logiques*, trad. H. Elie, PUF, 1959, Tome premier, p. 232.

3. Adorno, *Dialectique négative*, trad. par le Collège de philosophie, Payot, 1978, p. 155.

rationis qui fonde l'objectivité pratique réduit, en définitive, le droit à un fait[1].

Toutes ces objections convergent vers le même diagnostic : le criticisme n'aurait pas su parvenir à fonder l'autonomie théorique du rationnel, il serait incapable de produire ce que Apel nomme une auto-fondation de la raison. Ce qui le condamnerait à demeurer dans les limites d'une anthropologie philosophique, en ramenant le *quid juris* au *quid facti* des pouvoirs (*Vermögen*) du sujet.

Notre propos se bornera à tester la recevabilité de ces critiques du point de vue de l'usage kantien du terme « transcendantal ». On évoquera, dans un premier moment, l'extension que Kant a pu donner à ce terme en précisant en particulier le sens de l'expression « philosophie transcendantale » dans l'*Opus postumum*. Il conviendra, en second lieu, d'examiner si la fondation réflexive des sources de la connaissance n'est pas généralement lue d'une manière déterminante, dogmatique et non critique. Cet examen permettra une rapide exploration de la signification transcendantale de la notion kantienne de « possible ».

DU TRANSCENDANTAL DOGMATIQUE AU TRANSCENDANTAL CRITIQUE

1) *L'ambiguïté de l'usage du mot*

Le point de départ critique du criticisme est connu : il dénonce l'illusion selon laquelle les objets de la métaphysique seraient donnés et pourraient faire l'objet d'une présentation transcendante. Le rationaliste affirme pouvoir connaître l'essence de l'âme, l'unité du monde et la réalité de Dieu, en se fondant sur le pouvoir que possède la raison de produire une connaissance par concepts.

Tout lecteur de la *Critique de la raison pure* a pu remarquer une certaine ambiguïté dans l'usage du mot « transcendantal » quand il s'agit de parler de la métaphysique comme science. En effet, c'est du rationalisme classique lui-même que Kant tire sa propre conception de la

1. « Après avoir été déclarée insuffisante à cause de son formalisme depuis Hegel, elle est dénoncée, depuis G.E. Moore, comme une version métaphysique du paralogisme naturaliste, à cause de la fondation de la "réalité" de la loi morale dans le "fait de la Raison" », K.O. Apel, *L'éthique à l'âge de la science*, trad. R. Lellouche et I. Mittmann, PUL, 1987, p. 48.

métaphysique en tant que connaissance *a priori* par concepts. Le texte le plus explicite sur cette filiation terminologique est sans doute celui de 1793, *Les progrès de la métaphysique en Allemagne depuis Leibniz et Wolff*.

On peut être tenté de conclure à une certaine inertie dans l'emploi du mot « transcendantal », parce qu'il serait encore très marqué, dans la *Critique de la raison pure*, par l'héritage précritique. Mais les *Progrès de la métaphysique en Allemagne* nous contraignent à un autre effort d'interprétation. En vérité, si Kant reprend à son compte le même vocabulaire, c'est pour lui faire subir une telle transformation que sera enfin atteint « transcendantalement » le but « dogmatique » de la métaphysique. But que, pour sa part, le rationalisme a précisément manqué, et qu'il a si bien manqué qu'il a provoqué, contre la métaphysique, la riposte sceptique.

Il faut donc opérer de l'intérieur, à l'intérieur du rapport de la raison à la métaphysique, une révolution de la méthode transcendantale en philosophie. Ce qui revient à transformer ce que veut dire : connaître *a priori* par concepts. Le but reste le même : réussir un accès objectivement légitime au suprasensible.

2) *Transcendantal et transcendant*

Si le rationalisme s'est fourvoyé, la cause en revient à un malentendu initial sur la fondation mathématique de ses ambitions spéculatives. Les mathématiques ont inspiré, en métaphysique, la confusion entre un usage intellectuel et un usage *réel* des concepts. Kant lui-même ne s'est délivré de cette confusion qu'après la *Dissertation de 1770*.

Dès lors que le concept est abstrait de la sensibilité, pensé pour lui-même en dehors de toute application sensible, on en isole la signification pure et *a priori*. Cet usage des concepts est nommé « transcendantal ». En un premier sens, qui restera kantien, il signifie que la métaphysique use de concepts qui ne sont jamais empruntés à l'expérience.

Mais cet apriorisme conceptuel a justifié, dans le rationalisme, la croyance en un usage *réel* possible des concepts, parce que les métaphysiciens ont cru que les mathématiques étaient elles-mêmes une connaissance par concepts, capable d'augmenter, sans recours à l'intuition, leur domaine de connaissance, par des relations exclusivement déductives. Avant la rectification critique, qui voit dans les jugements mathématiques une construction de concepts dans l'intuition pure, les concepts sont métaphysiquement utilisés comme concepts de quelque chose, d'une chose en général, alors que le « concept d'objets purement intelligibles est entièrement vide » [1] et ne se rapporte qu'à la pensée qui les pense.

Ainsi, lorsque la première Critique parle d'un usage « simplement transcendantal » ou « prétendu transcendantal », elle critique une conception dogmatique qui prend les concepts pour une connaissance de l'existence des choses. La théologie comprise comme ontothéologie est dite transcendantale quand elle « s'imagine connaître l'existence par simples concepts ». Il en est de même pour la psychologie transcendantale, qui conclut du concept d'âme à son existence en tant que substance.

Ce qui, dans le rationalisme, doit être rejeté comme *dogmatisme*, au sens combattu par le criticisme, est le fait qu'il ne procède à aucun examen de son pouvoir de connaître, sans légitimation (CRP, 26). Il procède bien *a priori*, mais sans avoir fondé la validité apriorique de sa démarche. Le rationalisme traite le concept comme un *pouvoir* de connaître, sans avoir justifié le *droit* d'en user comme un pouvoir. Il s'agit bien donc, pour le criticisme, de fonder un fondement, de se faire le savoir *a priori* de l'*a priori* des métaphysiciens, de surmonter un apriorisme par un autre. La meilleure justification de cette entreprise est donnée par cette formule de l'*Opus postumum :* à la différence du métaphysicien, le philosophe transcendantal « *ne se donne aucunement* comme capable d'expliquer *la possibilité des choses*, mais il se contente d'établir les connaissances à partir desquelles *la possibilité de la possibilité de l'expérience* est comprise » [2].

Fonder le pouvoir des concepts revient alors à fonder leur pouvoir de signifier. A cet égard, les études kantiennes peuvent être orientées, comme l'a entrepris François Marty, dans la voie d'une interrogation sur le langage. Cette orientation est suggérée par Kant dans les *Leçons de métaphysique* lorsqu'il écrit, dans la partie intitulée *Ontologie :*

> Si nous décomposions de la sorte les concepts transcendantaux, nous aurions une grammaire transcendantale, contenant le principe du langage humain, et qui dirait par exemple comment le présent, le parfait, le plus-que-parfait se situent dans l'entendement humain [3].

La logique transcendantale de la première Critique applique le même principe : elle ramène les concepts dans ce qu'elle nomme le « pays de leur naissance », à savoir l'entendement humain (CRP, 86).

1. *Critique de la raison pure*, (CRP), trad. A. Tremesaygues et B. Pacaud, PUF, 1965, p. 231.
2. *Opus postumum*, (OP), trad. F. Marty, PUF, 1986, p. 290.
3. *Leçons de métaphysique*, trad. M. Castillo, Le Livre de Poche, 1993, p. 192.

Par suite il devient possible de convertir transcendantalement la prétention transcendante du rationalisme métaphysique par une propédeutique critique à toute doctrine métaphysique, d'où résulte une extension du système de la philosophie. Ainsi se justifie la fondation de la notion de système dans la troisième Critique :

> Si un tel système, sous le nom général de métaphysique, doit un jour être réalisé, il faut d'abord que la critique ait sondé le sol de cet édifice jusqu'à la profondeur où se trouvent les premiers fondements de la faculté des principes indépendants de l'expérience[1].

Une autre précision lexicale peut donc être apportée : est transcendant le niveau spéculatif qui *réalise* le concept dans un objet tel qu'il ne peut plus être un objet de l'entendement humain. Une réalité transcendante est à la fois suprasensible et supra-conceptuelle. Ce réalisme qui est dit « transcendantal » au sens dogmatique dépasse la simple connaissance de soi du concept. En revanche, est *transcendantale*, au sens critique, la réalité *subjective* du concept, selon sa fondation dans la raison humaine (CRP, p. 277).

3) *La connaissance de soi de la raison*

Quel est le gain philosophique obtenu par cette transformation ? Il est décisif du point de vue critique, puisque le concept cesse d'être pensé comme concept de quelque chose (*etwas*) – ce qui constitue le préjugé rationaliste –, et qu'il est désormais pensé comme concept rationnel, c'est-à-dire, comme *une forme de la connaissance de soi de la raison*. Il s'agit bien de fondation, puisque c'est notre rapport au concept, notre conception du concept, si l'on ose dire, qui se trouve entièrement renouvelée. La même transformation transcendantale est également appliquée à la sensibilité. Puisque, selon la formule kantienne : « on ne peut pas sentir hors de soi », la sensibilité peut être posée comme une des formes de la connaissance de soi de l'esprit.

Cette nouvelle appréhension critique de la rationalité a été annoncée dès la Préface à la *Critique de la raison pure*. Il y est précisé que l'esprit humain n'a affaire qu'à lui-même et qu'une philosophie pure est donc possible : « je m'occupe uniquement de la raison et de sa pensée pure et je n'ai pas besoin de chercher loin autour de moi pour en avoir une connaissance explicite, puisque je la trouve en moi-même ». La philosophie pure

1. *Critique de la faculté de juger*, trad. A. Philonenko, Vrin, 1965, p. 18.

peut ainsi prendre la forme de « la connaissance de soi-même » de la raison selon l'expression utilisée dans cette même Préface (CRP, 7).

La philosophie peut ainsi être considérée comme l'expérimentation que la raison fait d'elle-même. Car la raison peut se regarder elle-même selon divers points de vue, celui de l'expérience aussi bien que celui des Idées (CRP, 19 note), le point de vue du phénomène ou le point de vue du noumène, le point de vue de la physique aussi bien que de la métaphysique. La première Critique peut dire en ce sens que l'on n'apprend pas une philosophie, mais que l'on apprend à philosopher, puisque les concepts de la philosophie ne sont pas assimilés comme des éléments étrangers qu'une subjectivité recevrait empiriquement d'une autre subjectivité, mais comme une forme de l'expérimentation de soi de la raison.

On trouve, chez certains commentateurs allemands contemporains une application à la philosophie du droit de cette version du transcendantal comme *Vernunftexperiment* ou *Gedankenexperiment*, expérimentation de soi de la raison. C'est ainsi que, pour Wolfgang Kersting, par exemple, « la fondation démocratique plébiscitaire des lois peut se trouver remplacer, par "une expérience de pensée" par laquelle le souverain, dans un régime qui demeure monarchique, peut se faire rationnellement représentant du peuple »[1].

D'une manière générale, la pratique philosophique de la Critique est elle-même justifiée par cette intériorisation du rationnel. C'est ce qui lui permet, notamment, de reconnaître intérieurement des limites à l'usage de l'entendement qui ne sont pas des bornes imposées de l'extérieur. Le transcendantalisme se distingue ainsi radicalement d'une critique de type empiriste ou positiviste.

Par suite, c'est l'Idée d'un *système* de la raison pure, susceptible d'un développement intrinsèque, auto-fondé et intérieur, qui vient relayer l'ancien modèle de la métaphysique, cherchant dans la transcendance la clé de la signification des concepts. Selon un argument emprunté à Gérard Lebrun, dans « métaphysique », « meta » ne signifie plus « au-dessus », mais « au-delà »[2]. La raison n'étant dynamisée, de l'intérieur, que par sa propre fin, toutes ses parties se rapportent à l'unité du but. De sorte que le tout est présenté comme « un système organique » qui « peut croître par le dedans, mais non par le dehors » (CRP, 558).

1. W. Kersting, *Die bürgerliche Verfassung*, in *I. Kant, Zum ewigen Frieden*, Berlin, Akad. Verlag, 1995, p. 102.

2. G. Lebrun, *Kant et la fin de la métaphysique*, 1970, Armand Colin, p. 36.

4) *L'auto-production de soi de la raison*

C'est l'*Opus postumum* qui va donner à cette idée de système transcendantal sa plus audacieuse extension sous le nom de philosophie transcendantale. Il va bien plus loin que la justification donnée dans la première Critique, et ne parle plus simplement d'une connaissance de soi, ou d'une expérimentation de soi de la raison, mais d'une auto-production de soi de la raison :

> La philosophie transcendantale n'est pas un agrégat, mais un système, non de concepts objectifs mais d'idées subjectives que la raison elle-même produit et cela non hypothétiquement (*problématiquement* ou *assertoriquement*), mais *apodictiquement*, en se produisant elle-même. La philosophie transcendantale est la faculté du sujet s'auto-déterminant par le complexe systématique des idées (OP, 232).

Une autre formule résume la même idée : « Tout comme *se faire soi-même* ».

De cette définition de la philosophie transcendantale, l'*Opus postumum* dit qu'elle correspond au principe de l'idéalisme philosophique lui-même décrit comme « principe absolu de se déterminer idéalistiquement soi-même en un système de connaissance synthétique *a priori* à partir de concepts (ou par eux) en vue de la connaissance de soi » (OP, 236). Si la philosophie transcendantale peut donc être comprise comme une auto-production interne de la raison, la même fin est toujours conservée, qui est celle d'une connaissance de soi de la raison. Le plus surprenant est peut-être que la philosophie de Spinoza vienne illustrer, dans l'*Opus postumum*, l'idéalisme jugé caractéristique de la philosophie transcendantale. Le texte kantien énonce en effet cette formule : « l'esprit de l'homme est le Dieu de Spinoza » (OP, 238).

L'utilisation de l'*Opus postumum* réclame assurément la plus grande prudence. Les interrogations sont toutefois permises : faut-il penser que Kant, à la fin de son existence, entendait montrer que le programme fixé dans les *Progrès de la métaphysique en Allemagne* avait bien été accompli par la philosophie transcendantale et que celle-ci avait pu si bien réussir la transformation du transcendantal dogmatique en transcendantal critique qu'elle pouvait assumer pleinement l'objectif de la métaphysique classique ? Faut-il suggérer que la philosophie transcendantale s'engageait dans la voie d'un idéalisme intégral ? Autant de questions qui restent en suspens, puisque l'*Opus postumum*, selon l'expression de F. Marty, est à jamais pour nous l'« opus imperfectum »[1].

Approche anthropologique et analyse transcendantale

Il faut revenir encore une fois à notre interrogation de départ : il est clair que, du point de vue d'une définition de la philosophie comme système, est transcendantale l'œuvre de connaissance de soi de la raison. Mais on reste fondé à se demander en quoi la fondation de l'objectivité théorique et pratique dans les facultés humaines participe de cette acception du transcendantal. Ou encore : comment éviter l'objection de subjectivisme et d'anthropologisme ?

1) *Fonction critique du dualisme*

Lorsque l'on enseigne la philosophie de Kant, on commence généralement par une présentation dualiste des sources de la connaissance : la sensibilité et l'entendement. Pour le lecteur de Kant, cette présentation scolaire est utile, parce qu'elle est simple, mais elle est aussi déroutante, puisque l'objet de l'Analytique est le jugement synthétique *a priori*, c'est-à-dire la manière dont la connaissance *unit* réellement ce que la présentation philosophique *sépare* méthodologiquement[2]. Séparation méthodologique, en effet, puisque l'exposition des sources du savoir doit procéder à des divisions qui sont destinées à faire comprendre, à des entendements philosophiques, les procédures de la connaissance *a priori* par concepts. L'exposition doit donc séparer, pour la clarté de l'argumentation, ce qui est uni en réalité par les opérations de l'esprit à l'œuvre dans les pratiques scientifiques. Ainsi, selon Jules Vuillemin, l'intelligibilité des catégories vient de l'Analytique des principes, et non l'inverse. La fonction synthétique des principes donne sens à la présentation des catégories.

Pourtant, nombre d'objections adressées au kantisme s'arrêtent à cette reconstitution criticiste de la condition de possibilité des jugements au détriment de leur unité synthétique. Il est fréquent de voir la théorie critique de la connaissance réduite à un dualisme quasi-ontologique, à un

1. F. Marty, « *L'*Opus postumum *kantien, une quatrième Critique ?* », Bulletin de la Société française de philosophie, 23 avril 1988, A. Colin, p. 140.

2. La même argumentation est plus complètement développée dans notre ouvrage *Kant, l'invention critique*, chapitre III, Vrin, 1997.

dualisme qui serait en quelque sorte empiriquement donné et constaté. La dualité des sources de la connaissance, l'entendement et la sensibilité, est interprétée comme une manière de classer des représentations déjà constituées, comme s'il pouvait exister des représentations d'objets en dehors de l'union de l'entendement et de la sensibilité. Cette interprétation réaliste a pour effet de poser le dualisme indépendamment du sujet, de psychologiser ou de susbtantialiser les catégories et l'intuition, en faisant du dualisme une sorte de chose en soi ou une sorte de vérité en soi, indépassable. Ce qui revient à donner au kantisme un point de départ dogmatique qui contribue certainement à *fixer le présupposé d'une fondation exclusivement anthropologique de ses ressources*.

Ce présupposé fait obstacle à une appréhension critique – transcendantale – du criticisme. En l'arrêtant au stade d'une version anthropologique du savoir, on arrête le kantisme au stade d'une pensée sceptique. Mais il est plus conforme à l'esprit de la Critique de conférer à l'exposition de ses éléments une fonction initiatique que l'on pourrait dire « purificatrice » puisqu'elle conduit à une conceptualisation pure et apriorique de ses ressources. La présentation critique des sources aprioriques de l'idéalisme transcendantal constitue un itinéraire de pensée qui doit contribuer à délivrer le lecteur de ses présupposés, des préjugés avec lesquels il aborde lui-même les principes de la philosophie. Ces précompréhensions font obstacle à toute saisie pure ou originaire de la formation des jugements. Le travail de « purification » de l'approche philosophique, autrement dit l'exposition des formes pures de la sensibilité et du jugement, est l'itinéraire d'une présentation strictement opératoire de leur fonction, affranchie des présupposés métaphysiques qui participent d'un intérêt non critique pour la philosophie, sceptique ou dogmatique.

Le dualisme kantien est donc un dualisme critique et réflexif, il signifie un impossible commencement dans l'unité. Il est l'itinéraire réflexif d'un sujet pour lequel l'unité n'est pas donnée. Le dualisme critique exprime l'impossibilité d'un point de départ métaphysique ou naturaliste. Du « Je pense », on ne peut dire qu'une chose : sans lui, nos représentations ne seraient pas possibles. Le « Je pense » signifie l'introuvable unité d'un sujet originairement substantiel ou naturel.

La connaissance doit donc être analysée à l'intérieur d'une tension entre deux pôles également inconnaissables : un sujet qui n'est pas une substance, un objet qui n'est pas un absolu. La genèse des actes constituants d'un savoir objectif doit être découverte à l'intérieur de cette tension.

2) *Du Vermögen au möglich*

Notre dernière argumentation portera donc sur la fondation transcendantale des règles à partir des facultés.

a) Les facultés sont comprises comme des pouvoirs (*Facultas* en latin, *Vermögen* ou *Kraft*, en allemand). M. Foucault traduit *Vermögen* par « faculté », A. Tremesaygues et B. Pacaud par « pouvoir ». La première édition de la Critique définit l'entendement « *Vermögen der regeln* » (CRP, 92), parfois « *Erkenntniskraft* ». « Imagination » traduit *Einbildungskraft* et « jugement » *Urteilskraft*. Cette identification des facultés à des pouvoirs fait incontestablement penser à une orientation anthropologique de l'enquête. Mais l'étude de la destination et de l'application empirique de ces pouvoirs appartient à l'*Anthropologie du point de vue pragmatique*, qui se consacre à la connaissance de l'homme. En ce sens, l'étude des facultés humaines est incluse dans la question : « Qu'est-ce que l'homme ? », et elle contribue à une connaissance de soi de l'humanité selon ses dispositions. L'homme dont il s'agit est l'être raisonnable vivant et pensant, engagé dans le monde, ce que l'*Anthropologie* nomme un « citoyen du monde », et qui s'interroge sur la nature de sa nature, sur la destination de son être empiriquement rationnel. Cette enquête anthropologique est dite pragmatique, et non transcendantale, en raison du questionnement spécifique qui la guide, à savoir : qu'est-ce que l'homme peut et doit faire de lui-même ?

Il faut faire droit à l'objection de Roger Verneaux dans son ouvrage *Le vocabulaire de Kant* : si l'on entend par faculté une force au sens empirique, on se condamne à demeurer à un point de vue empiriquement anthropologique sans accéder au niveau transcendantal. Car, explique-t-il, « l'analyse transcendantale cherche par voie logique et *a priori* des conditions de possibilité. Or des forces ne peuvent être connues qu'empiriquement »[1].

Or la *Critique de la raison pure* exprime à sa manière la même objection, pour refuser une fondation de la connaissance dans des facultés conçues de manière naturaliste. La thèse d'une origine empirique des catégories serait, dit Kant, une espèce de *generatio aequivoca*. Mais la thèse de leur indépendance vis-à-vis de l'expérience peut se nommer « un système de l'*épigenèse* de la raison pure », ce qui signifie que les catégories renferment les conditions de possibilité de toute expérience (CRP, B, 144). Kant refuse ainsi ce qu'il appelle la thèse de la « préformation de la raison pure », thèse innéiste qui suppose que les catégories sont « des dispositions subjectives à penser qui sont mises en nous en

1. R. Verneaux, *Le vocabulaire de Kant*, Aubier Montaigne, 1973, t. II, p. 14.

même temps que notre existence et que notre créateur a réglées de telle sorte que leur usage concorde exactement avec les lois de la nature » (*Ibid.*, p. 145).

L'*Anthropologie du point de vue pragmatique*, quant à elle, donne des indications sur le principe d'une analyse transcendantale des facultés : la possibilité de connaître « porte le nom de *faculté de connaissance* par référence à la partie qui en est la plus noble, à savoir l'activité de l'esprit qui consiste à lier des représentations et à les distinguer les unes des autres »[1]. La distinction entre ce que Kant dénomme « faculté inférieure » et ce qu'il baptise « faculté supérieure » marque la possibilité du passage d'une approche anthropologique à une analyse transcendantale. L'usage pur de l'entendement, de la volonté ou du goût trouve transcendantalement la règle qui définit la faculté supérieure de connaître, de désirer et d'apprécier.

Ce qui est ainsi transcendantalement pur n'est rien d'autre qu'une pure activité de représentation. Le pouvoir, *facultas* ou *Vermögen*, est une pure activité qui donne à tout objet de la pensée le statut formel d'un pensable constructible. Le concept n'est pas compris comme une connaissance donnée, comme un contenu véridique, mais comme la représentation d'une unité à effectuer. La conscience elle-même n'est pas pensée comme un être, comme une réalité primordiale évidente, mais comme la représentation d'une unité. De plus, toute construction est exprimée en termes de rapports : rapports entre les impressions dans l'unité du temps, rapports entre les concepts et les impressions dans l'unité de l'objet. Le concept est nommé une règle, c'est-à-dire, en contexte critique, une pure activité coextensive à l'ensemble du divers. La règle désigne *a priori* le pouvoir de l'extension universelle du concept.

Ainsi, la méthode de l'analyse transcendantale se sert des facultés afin d'effectuer une régression aux conditions de possibilité de tout pouvoir de penser. Ce qui permet de suggérer une piste pour l'interprétation, en faisant du « possible » le référentiel de l'usage des pouvoirs de penser. En ce sens, le *Vermögen* (des facultés) est ce qui construit le *möglich*, comme, par exemple, dans le concept d'expérience possible. Le concept d'expérience possible est le référent transcendantal d'une construction intelligible, l'expérience possible étant la forme d'intelligibilité de toute expérience réelle, événementielle, si l'on ose dire. A la différence du possible leibnizien, ce n'est pas une logique incréée qui fonde l'extension et la combinaison des concepts, mais un accord entre les activités du sujet qui fonde l'expérience possible. On sait que le kantisme refuse la

1. *Anthropologie du point de vue pragmatique*, trad. A. Renaut, GF, 1993, § 7, p. 69.

conception simplement non-contradictoire du possible leibnizien et qu'il interdit de passer analytiquement du possible à l'existence. Le possible (l'objet possible, l'expérience possible) est un principe synthétiquement transcendantal : nos concepts n'ont de sens que dans et par l'unité d'une expérience possible. C'est ainsi que l'objet possible, ou l'objet transcendantal, est désigné comme objet « X » dans la première Critique (CRP, A, 118). Le savoir possible ne dérive ainsi d'aucune source transcendante, pas plus qu'il ne reçoit de caution empirique ou naturaliste, il est synthétiquement et aprioriquement constitué par les conditions de possibilité de la connaissance. L'unité complète possible de l'objet du savoir exprime l'unité d'une synthèse toujours exigible entre les pouvoirs de penser.

b) Par ailleurs, définir les facultés de l'esprit comme des pouvoirs de penser peut également permettre de justifier la facture juridictionnelle de l'épistémologie kantienne. Sensibilité et entendement, présentés comme des facultés, désignent des pouvoirs (*Vermögen*) indéterminés[1]. Or il faut d'abord fonder la légitimité de l'usage des catégories pour justifier la légalité de la science. La raison philosophique se présente comme tribunal de la raison scientifique en exigeant que tous les concepts fassent l'objet d'une légitimation possible. Il faut que la légitimité théorique de la loi précède la légalité des lois physiques. Dans la Déduction des concepts purs de l'entendement, la partie consacrée par la première Critique à la déduction de l'homogénéité de l'expérience montre comment le *können*, le pouvoir des concepts, doit être réglé par le *müssen* de l'opération nécessaire.

> La représentation d'une condition générale d'après laquelle *peut* être posé un certain divers s'appelle une règle, et elle s'appelle une *loi* quand ce divers *doit* être ainsi posé (CRP, A, 128).

Dans cette formule, Kant souligne lui-même les mots « peut » et « doit ». Ce que nous pouvons comprendre ainsi : l'universalité simplement extensive des catégories, celle qui correspond à l'invariance des associations dont nous sommes capables (*können*), ne suffit pas à justifier à elle seule l'objectivité des lois ; il faut encore (*müssen*) que les règles s'appliquent à la totalité du champ des impressions sensibles, ce qui donne à l'universalité des règles la force impérative de la nécessité. « Il faut que tous les phénomènes absolument entrent dans l'esprit et soient appréhendés de telle sorte qu'il s'accordent avec l'unité de l'aperception » (CRP, A, 137). Du même coup, le passage de la règle à la loi sert à déduire, non pas seulement l'unité de l'expérience, mais l'unicité de

1. « Les actes de l'entendement, sans les schèmes de la sensibilité, sont *indéterminés* » (CRP, p. 464).

l'expérience possible. A ce niveau de l'analyse, l'expérience possible ne désigne pas seulement l'expérience unifiée par les règles de l'entendement, mais l'unique expérience qu'il est possible de connaître dans les limites de nos pouvoirs.

Chez Leibniz, l'unité et la perfection de ce monde est celle de la meilleure compossibilité, qui fait correspondre au maximum d'être le minimum de défaut. Il faut, à cette coïncidence, une raison suffisante, celle de la nécessité du choix de l'entendement parfait, Dieu. La nécessité leibnizienne est métaphysique et suppose une identité entre nécessité logique, physique et métaphysique. Chez Kant, la nécessité de l'expérience est transcendantalement fondée : les catégories *doivent* exercer toute l'activité qu'elles *peuvent*, c'est-à-dire unifier l'ensemble des impressions possibles de la réceptivité. Il n'existe qu'une forme intelligible de l'expérience possible selon l'exigence d'une conformité nécessaire entre ce que peut et ce que doit penser l'entendement.

Le travail de fondation signifie donc moins, dans le kantisme, une enquête sur les racines du savoir ou de l'action qu'une légitimation de l'usage des pouvoirs de penser ou de vouloir. Un individu peut fort bien faire de sa faculté de connaître ou de juger un usage intéressé, passionnel ou aberrant. Cela ne relève pas d'une approche transcendantale, mais d'une approche anthropologique. Par ailleurs, l'analyse transcendantale peut se placer sur un plan résolument non subjectif. Les Facultés qui correspondent aux divisions des savoirs universitaires, comme la Faculté de droit, de théologie ou de médecine que Kant a combattues, peuvent également se voir opposer les vertus spécifiques de l'analyse transcendantale. C'est ainsi, par exemple, que le *Conflit des facultés*, comme le fait aussi l'Appendice du *Projet de paix perpétuelle*, oppose au savoir empirique du juriste une fondation transcendantale des principes juridiques, précisément libérée de tout anthropologisme.

L'analyse transcendantale correspond donc à un besoin de fondation qui n'est plus assuré par la métaphysique rationaliste et auquel l'empirisme préfère une méthode génétique naturaliste. Ce besoin de fondation-légitimation tient vraisemblablement au fait que la notion de pouvoir – qu'il s'agisse du pouvoir de penser, de juger, d'éduquer ou de commander –, est une notion qui a perdu la fondation transcendante qu'elle avait dans le rationalisme classique. Un pouvoir étant susceptible de transgression et de débordements – l'entendement est lui-même un pouvoir qui peut outrepasser son domaine de juridiction et engendrer des illusions spéculatives – vient au premier plan la question *quid juris*, destinée à donner les règles de son usage objectif, c'est-à-dire légitime.

Monique Castillo

LOGIQUE DE LA VÉRITÉ ET VÉRITÉ DE LA LOGIQUE

« Logique de la vérité » est une expression bien attestée chez Kant, auquel il arrive de caractériser ainsi, par opposition à cette « logique de l'apparence » qu'est la dialectique, l'Analytique transcendantale, à savoir cette partie de la Logique transcendantale qui expose les éléments de la connaissance pure de l'entendement, comme les principes faute desquels aucun objet ne peut être pensé, et à laquelle aucune connaissance ne saurait contredire, sans du même coup, dit Kant, « perdre tout contenu, c'est-à-dire toute relation à quelque objet, et par là toute vérité »[1], ou encore l'affaire du philosophe, telle qu'elle consiste, non pas à édicter des règles, mais plutôt à retrouver et « décomposer les jugements secrets de la commune raison [humaine] »[2] en mettant au jour et en amenant à la clarté du concept ce qui demeure en eux tacite et implicite. Quant à la vérité de la logique, c'est là, semble-t-il, le foyer plus secret, et d'autant plus décisif sans doute, de l'interrogation kantienne sur la logique, que notre propos tentera par conséquent de dégager.

Le point de départ des considérations qui suivent, où il sera essentiellement question de Kant, est fourni par des remarques assez tardives de Schelling, caractéristiques en tout cas de ce qu'il est convenu d'appeler sa “dernière philosophie”, au sujet de la logique. A partir de là, j'aimerais inviter à une interrogation sur l'ébranlement de la logique traditionnelle dans la *Critique de la raison pure,* et sur ce que l'on pourrait appeler la *mise en jugement* de la logique dans l'œuvre maîtresse de Kant. Par quoi est entendu non seulement l'assignation du jugement, de l'acte de juger, comme lieu où s'exerce la logique, mais encore, la comparution de la

1. *Critique de la raison pure,* A 61-2 – B 86-7.

2. Akad. Ausg. Bd. XV, S. 180, Reflexion 436 : *die geheimen Urteile der gemeinen Vernunft.*

discipline traditionnellement intitulée Logique devant le tribunal auquel aime à se comparer la *Critique de la raison pure*.

Notre point de départ, donc, se trouve dans les remarques formulées par Schelling au sujet de la logique dans la VIe Leçon de son cours de 1830, *Introduction à la philosophie*. Schelling cherche à établir que la philosophie est irréductible à une simple logique, entendue comme pensée strictement réflexive, ou comme pensée ayant la pensée comme objet, comme pensée *sur* la pensée : « qui veut penser sur la pensée cesse par là même de penser ». Ou encore :

> Cette pensée qui est à elle-même son propre objet ne peut pas être une pensée originelle et en même temps se rapporter à l'objet lui-même, par conséquent elle ne saurait être une pensée véritable ; la pensée originelle vise l'objet lui-même, sans revenir réflexivement sur cet acte[1].

Notons dès à présent que la pensée que Schelling appelle ici « véritable » ou « originelle », à savoir fidèle à sa vocation native, est caractérisée en l'occurrence par son intentionnalité, par sa visée de l'objet lui-même. Tandis que la pensée étant à elle-même son propre objet, dans une situation de pure réflexivité, semble constituer aux yeux de Schelling le cas aberrant, littéralement per-vers, parce qu'inversant la trajectoire de la pensée véritable, comme une sorte de boomerang, d'une pensée qui n'a de sens qu'à ne pas être centrée sur elle-même mais sur ce qui lui est extérieur, à charge pour elle de se donner les moyens de l'accueillir. En ce sens, la pensée digne de ce nom est irréductible à une logique, entendue comme une pensée ayant exclusivement la pensée pour objet. Si la pensée « véritable » ne peut être une pensée « sur » (*über)* elle-même, mais seulement, ce qui est bien davantage, une pensée sur un objet à elle extérieur et antérieur, et par là une pensée *d'après* autre chose (c'est là le *nach* du *nachdenken* tel que Schelling propose de l'entendre), la logique se trouve du même coup radicalement remise en question, voire invalidée, dans sa prétention à constituer le tout de « la pensée » ou à s'en arroger le titre. La pensée arrive toujours, sinon *post festum*, du moins après que la fête ait commencé. C'est là le lieu et la formule de la philosophie positive : « Ce n'est pas parce qu'il y a une pensée qu'il y a un être, c'est au contraire parce qu'il y a un être qu'il y a une pensée »[2]. On sait que Schelling réserve à une philosophie purement logique ou rationnelle l'appellation de

1. F.W.J. Schelling, *Einleitung in die Philosophie*, Schellingiana Bd. 1, éd. par W.E. Ehrhardt, Frommann-Holzboog, Stuttgart-Bad Cannstatt, 1989, p. 14 ; *Introduction à la philosophie*, trad. M.-C. Challiol-Gillet et P. David, éd. Vrin, Paris, 1996, p. 38.
2. Schellings Werke, éd. Schröter (cité dorénavant : SW), XIII 161 n.

« philosophie négative », qui peut désigner d'ailleurs à la fois l'un des deux versants d'une philosophie une et d'un seul tenant (*aus einem Stück*), et par là une philosophie négative (ou pensant ce qui est voulu) n'ayant en quelque sorte rien de négatif au sens péjoratif du terme, mais aussi l'échec de toute philosophie n'ayant pas accédé au positif de la philosophie positive (ou voulant ce qui est pensé). La philosophie négative n'en serait pas moins vraie si rien n'existait, et tout accès au « positif » lui fait constitutivement défaut, tant qu'elle ne se confronte pas, à la faveur d'un retournement, à ce qui l'excède, à ce que Schelling a appelé, dans la *Philosophie de la Révélation,* « la nature extra-logique de l'existence »[1] Dans cette perspective, la philosophie de Hegel apparaît tout entière à Schelling moins comme l'avènement d'une figure inédite de la philosophie, si grandiose qu'en soit l'édifice systématique, que comme la réédition de l'échec de celle-ci.

Pour notre propos, nous ne retiendrons, de la distinction établie et thématisée par Schelling entre philosophie négative et philosophie positive, que l'irréductibilité de l'existant au logique ou « purement rationnel », en nous interrogeant sur la redéfinition et refonte du statut de la logique, telle qu'elle est accomplie par le geste critique, pour autant que « le critère purement logique de la vérité (...) est bien la *conditio sine qua non*, et par conséquent la condition négative de toute vérité ; mais la logique ne saurait aller plus loin... », comme Kant lui-même le souligne dans son Introduction à la Logique transcendantale de la *Critique de la raison pure* (A 59-60 – B 84). C'est bien pourquoi la logique dite générale[2] est un *canon,* mais non un *organon,* et c'est la transgression, par la logique générale, des limites qui lui sont statutairement imparties, qui constitue un abus de pouvoir de la logique générale, et subvertit la logique en *dialectique.* Kant a donc clairement associé le « purement logique » à une « condition négative » de toute vérité. Une *conditio sine qua non* dit, par définition, ce *sans quoi* les choses ne seraient pas ce qu'elles sont, mais ne va pas jusqu'à dire ce *par quoi* les choses sont ce qu'elles sont. Pour passer du critère « purement logique » de la vérité à son critère « extra-logique », il faut donc « aller plus loin » que là jusqu'où la logique (générale) peut aller, ou, en termes kantiens : aller jusqu'à l'idée d'une logique transcendantale. « Aller plus loin », *weitergehen,* ne signifie pas du reste que la logique transcendantale va prolonger la logique générale, sa façon d'« aller plus loin » que la logique générale va plutôt consister,

1. SW XIII 95.

2. Comme le remarquera Hegel, Kant appelle logique générale (*allgemeine Logik*) « ce que l'on nomme d'habitude logique tout court (*Logik überhaupt*) » : *Science de la Logique* I, 1, éd. de 1812, trad. fr. P.-J. Labarrière et G. Jarczyk, Aubier, Paris, 1972, p. 35.

paradoxalement, à remonter plus haut, à revenir à ce qui précède l'expérience, à seule fin de la rendre possible [1], et par là *pour* l'expérience, « à son profit » [2]. Kant semble employer synonymement les termes « critère » et « pierre de touche » (*Probierstein*) – à savoir au sens propre cette « espèce de pierre basaltique, noire, très dure, sur laquelle on frotte les petits bijoux en or et en argent, pour en reconnaître le titre » (Littré), ce qui invite à comprendre le travail de la pensée critique comme un travail d'orfèvre. La détermination d'un *critère* est l'office le plus propre du travail *critique*, en sorte que la caractérisation du « critère purement logique de la vérité » comme « condition négative de toute vérité » engage en son entier le sens même de toute l'entreprise critique, qui se joue ici dans la délimitation des tâches et des limites de la logique, comme dans sa subdivision en logique générale et logique transcendantale. A la *conditio sine qua non* de toute vérité qu'est « le critère purement logique de la vérité » ne viendra assurément pas s'opposer une condition *par quoi* toute vérité serait positivement telle – car il serait contradictoire de présenter ou d'exiger un critère universel de la vérité quant à sa matière, étant donné que c'est la chose même, ou, en langage kantien, l'objet chaque fois déterminé d'une intuition empirique, qui fait autorité – mais ces *conditions de possibilité* de l'expérience dont une phrase fameuse de la *Critique de la raison pure* affirme qu'elles constituent du même coup les conditions de possibilité des objets de l'expérience. A la différence, toutefois, du français, la langue allemande entend le mot "chose" (*Ding*) dans celui de "condition" (*Bedingung*), et Schelling ira jusqu'à voir là, dans sa quête de l'inconditionné, c'est-à-dire de ce qui ne saurait être une chose, « presque tout le trésor de la vérité philosophique » [3]. Les conditions de possibilité de l'expérience étant constituées, d'une part, par les intuitions pures ou formes *a priori* de la sensibilité que sont l'espace et le temps, et, d'autre part, par les concepts purs de l'entendement que sont les catégories, le « critère purement logique de la vérité » (qui fait que l'entendement est en accord avec lui-même) se voit donc débordé à la fois sur le terrain de l'Esthétique transcendantale et sur celui de la Logique transcendantale.

Dans quelle mesure, donc, la logique se trouve-t-elle mise en jugement par Kant, ou amenée à comparaître devant le tribunal d'une Critique de la raison pure, pour se voir justifiée dans certaines de ses prétentions, mais déboutée dans d'autres ?

Partons de la définition donnée par Kant de la logique dans ses cours de *Logique :* « une connaissance de l'entendement et de la raison par eux-

1. *Prolégomènes...*, Appendice, note (trad. Gibelin, éd. Vrin, p. 170).
2. *Opus postumum*, trad. F. Marty (éd. P.U.F., 1986), p. 97.
3. SW I 166 (*Vom Ich...*, § 3, début).

mêmes, non pas selon leur pouvoir au regard de l'objet, mais uniquement selon la forme »[1]. La logique doit nous enseigner « le droit usage de l'entendement », elle est par là même, bien entendu, normative et non pas descriptive, elle ne porte pas sur « la manière dont nous pensons », mais sur « la manière dont nous devons penser ». Kant récuse expressément tout enracinement du logique dans le psychologique, à savoir cette compréhension de la logique que Husserl combattra sous le nom de *psychologisme.* L'écart, parfois très grand, entre « la manière dont nous pensons » et « la manière dont nous devons penser » a comme possible correctif et remède l'application de la deuxième maxime du sens commun, formulée au § 40 de la *Critique de la faculté de juger :* « Penser en se mettant à la place de tout autre », qui aide la pensée à se libérer des « diverses entraves et conditions subjectives » (*Logique*), et confère à l'homme qui pense de façon « élargie » le « pouvoir de s'élever au-dessus des conditions subjectives du jugement, en lesquels tant d'autres se cramponnent »[2], dans cette variété d'égoïsme que le début de l'*Anthropologie du point de vue pragmatique* (§ 2) recense et analyse précisément sous le nom d'*égoïsme logique,* qui « ne tient pas pour nécessaire de vérifier son jugement d'après l'entendement d'autrui » (ce que nous entendons d'ordinaire par égoïsme, à savoir l'égoïsme *moral,* n'étant en effet qu'une variété d'égoïsme, lequel peut être encore *logique* ou *esthétique*). La logique n'est donc envisageable que sous la présupposition d'un sens *commun,* d'une « commune raison humaine », et même plus précisément d'un *sensus communis logicus.*

La définition kantienne de la logique que nous venons de rappeler, comme « connaissance de l'entendement et de la raison par eux-mêmes » (où « entendement » et « raison » semblent pris en leur sens synonymique), a pu être rapprochée par Cavaillès de la définition donnée par les Messieurs de Port-Royal[3], pour qui la logique, entendue comme « art de penser », « art de bien conduire sa raison dans la connaissance des choses », consiste dans « les réflexions que les hommes ont faites sur les principales opérations de leur esprit ». Si la réflexivité apparaît en bonne place dans l'« auto-connaissance » (*Selbsterkenntnis*) de l'entendement et de la raison, qu'est, littéralement, la logique selon Kant, en revanche, l'originalité foncière (la plus voyante en tout cas) du travail entrepris par Kant de réélaboration du statut de la logique va d'abord consister à disjoindre l'« art de bien conduire sa raison », ou « droit usage de l'entendement », de « la connaissance des choses ». C'est même une idée tout à fait centrale de la Logique transcendantale (et plus généralement de la

1. *Logik,* Akad. Ausg. IX, 14 ; trad. Guillermit, éd. Vrin, p. 13.
2. *Critique de la faculté de juger,* § 40.
3. Cf. B. Longuenesse, *Kant et le pouvoir de juger,* éd. P.U.F., Paris, 1993, p. XI et 77.

Critique de la raison pure), que celle qui consiste à soutenir que l'art de bien conduire sa raison ne mène nullement à la connaissance des choses, et n'y contribue pas davantage, selon la distinction si classiquement kantienne entre *penser* et *connaître*. A telle enseigne que le renoncement de la logique (générale) à toute prétention relative à la connaissance des choses va faire sa force logique comme art de bien conduire sa raison – autant que le refus d'y renoncer fait sa faiblesse dialectique. La pure réflexivité de l'esprit, ou plus précisément de l'entendement et de la raison, est ce qui lui interdit (ou leur interdit) toute prétention à la connaissance des choses, tout en étant la clef du succès dont a été couronné son entreprise réflexive, comme le souligne un texte célèbre du début de la Préface à la seconde édition de la *Critique de la raison pure* :

> Si la logique a si bien réussi, elle ne doit cet avantage qu'à la restriction qui l'autorise et même l'oblige à faire abstraction de tous les objets de la connaissance et de leur différence, si bien qu'en elle l'entendement n'a affaire à rien d'autre qu'à lui-même et à sa forme. Il devait être naturellement beaucoup plus difficile pour la raison d'entrer dans le chemin sûr de la science, du fait qu'elle n'a pas seulement affaire à elle-même, mais aussi à des objets (B IX).

On pourrait se demander dans quelle mesure le propos kantien n'est pas sous-tendu ici par une ironie à peine voilée, l'histoire de la logique se résumant aux yeux de Kant à une stagnation depuis l'achèvement qu'elle a trouvé avec Aristote, si l'on excepte l'introduction de quelques « fausses subtilités » ou un raffinement dans l'« élégance ». Le travail de Kant sur le logique ne s'inscrit pas au sein d'un histoire de la logique, laissée aux « logiciens », mais d'une histoire de la philosophie, comme le montre d'ailleurs *a contrario* le peu de cas que font généralement aujourd'hui de Kant les historiens de la logique[1]. C'est au sein d'une histoire de la philosophie que la logique se trouve à la fois confortée dans ses prétentions et confinée dans sa restriction.

La restriction de la logique qui a constitué la clef de son succès est donc cette restriction « qui l'autorise et même l'oblige à faire abstraction de tous les objets de la connaissance », – « et de leur différence », ajoute Kant, à savoir de ce qui en fait chaque fois des objets spécifiques et singuliers, irréductibles au seul statut logique indifférencié qu'ils se voient conférer par une logique générale, conformément à l'assimilation « logicienne » de

1. Cf. par exemple *La Logique et son histoire*, de R. Blanché et J. Dubucs, éd. A. Colin, 1976, 1990, p. 247-9, qui fait sienne la conclusion de Jörgensen selon laquelle « la théorie de la connaissance de Kant (...) a été finalement (...) plutôt préjudiciable au développement de la logique formelle ».

la matière au général et de la forme à la différence spécifique que rappellera l'Amphibologie des concepts de la réflexion (A 266-B 322). Portant sur du général indifférencié, la logique générale est donc une *cognitio abstractiva* n'ayant pas accès à la *res singularis*, à la différence de la *cognitio intuitiva*. Mais s'il est permis de reprendre ici cette distinction médiévale, et notamment occamiste[1], c'est en réservant la possibilité d'une logique autre qu'abstractive qui, unie à une intuition, rende possible une connaissance.

Une telle restriction de la logique, où « l'entendement n'a affaire à rien d'autre qu'à lui-même et à sa forme », et non à des objets, fait écho à la clause suspensive dans la définition de la logique donnée dans le cours de *Logique :* en elle, l'entendement se connaît lui-même selon la forme, mais non selon son pouvoir au regard de l'objet. Cette restriction (qui n'est d'ailleurs restrictive que par rapport aux prétentions abusives que l'entendement a pu élever, dont le registre s'appelle histoire de la métaphysique) conduira Kant à forger l'expression de « logique formelle »[2], ou « logique simplement formelle » pour désigner la « logique générale » en tant qu'elle « fait abstraction de tout contenu de la connaissance, et ne s'occupe que de la forme de la pensée (la connaissance discursive) en général » [B 70] – en entendant par « contenu de la connaissance » toute « relation de celle-ci à l'objet » – pour ne considérer « que la forme logique dans le rapport des connaissances entre elles » [B 79], par opposition à une logique « dans laquelle on ne ferait pas abstraction de tout contenu de la connaissance » [B 80]. Le conditionnel semble indiquer ici qu'une logique reste à inventer, qui ne tomberait pas de Charybde en Scylla, c'est-à-dire qui saurait éviter le double écueil d'une restriction formelle et d'une transgression dialectique. Cette logique qui reste à inventer, c'est celle-là même que Kant a élaborée sous le nom de Logique transcendantale, laquelle « se rapporte *a priori* à des objets »[3].

1. Cf. J. Biard, *Guillaume d'Ockham – Logique et philosophie*, P.U.F., 1997, p. 68 et p. 75.

2. Cf. B. Longuenesse, *op. cit.*, p. 76.

3. Plutôt que : « se rapporte à des objets *a priori* », selon la traduction Tremesaygues-Pacaud (p. 95) et celle de la Pléiade (t. I, p. 817). Texte allemand : *sofern sie auf Gegenstände a priori bezogen wird* [B 81-2]. Traduction d'autant plus curieuse que le début du même paragraphe parle « des concepts capables de se rapporter *a priori* à des objets » (traductions citées respectivement p. 94 et p. 816). L'*a priori* ne semble pas en effet désigner ici le statut de l'objet, mais la manière qu'a la connaissance de s'y rapporter. Cf. aussi Logique transcendantale, § 10, où il est question de « concepts purs de l'entendement qui se rapportent *a priori* aux objets de l'intuition en général » [B 105], ou encore § 13 : « J'appelle donc l'explication de la manière dont ces concepts peuvent se rapporter *a priori* à ces objets leur *déduction transcendantale...* » [B 117]. On voit mal, du reste, ce que pourraient bien être en l'occurrence « des objets *a priori* » ; l'objet transcendantal = *x* est

Elle se rapporte à des objets, par-delà la forme de la pensée à laquelle doit se restreindre la logique générale, mais elle s'y rapporte *a priori*, en-deçà de toute transgression dialectique. Elle n'a de sens et de légitimité que pour se situer dans cet entre-deux.

L'expression même de "logique formelle" se charge aujourd'hui d'une telle évidence (malgré la diversité des contenus qu'elle est susceptible de recouvrir), qu'il est sans doute nécessaire de se replonger dans l'inévidence première à partir de laquelle elle a été forgée, quitte à s'imposer ensuite comme une évidence, afin de prendre la mesure de l'ampleur du travail critique qui a permis de la dégager. La caractérisation de la logique générale comme formelle suppose qu'ait été entièrement reconsidéré ce que Kant appelait dès 1762, comme nous le verrons, « le but de la logique ».

La caractérisation de la logique générale comme « logique (simplement) formelle » en souligne à la fois la nécessité et les limites : nécessité de considérer « la forme de la pensée en général » (*die Form des Denkens überhaupt :* B 79), c'est-à-dire la pensée comme *forme,* où l'accent n'est pas mis sur un caractère purement formel, mais plutôt sur ce que Leibniz appelait « la force de la forme »[1] ; et limites inhérentes à la « forme logique » pour autant qu'obligation lui est faite (comme le dit Kant en 1787) de ne pas se mêler de ce qui ne la regarde pas, à savoir le contenu de la connaissance qu'est la relation de celle-ci à l'objet. De Leibniz à Kant, et par une reformulation sans doute aussi décisive qu'apparemment minime, discrète et inoffensive, la considération de la « forme logique »[2] va relever d'une « logique formelle ».

C'est donc la distinction entre contenu (*sc.* matière) et forme, telle qu'elle intervient dès le début de l'Esthétique transcendantale (afin de distinguer, « dans les phénomènes », « ce qui correspond à la sensation » et, d'autre part, « ce qui fait que le divers du phénomène est coordonné dans l'intuition selon certains rapports » [A 20 – B 34]), qui préside à la distinction entre logique générale (ou formelle) et logique transcendantale – distinction qui ne sera pourtant explicitement thématisée qu'à la fin de la

bien un objet *a priori,* mais Kant l'appelle "objet transcendantal", c'est-à-dire qu'il est moins visé comme indépendant de l'expérience que comme condition de possibilité des objets empiriques. Rappelons ici la formule de B. Bourgeois : « le transcendantal, c'est l'*a priori* en tant qu'objectivant » (*La philosophie allemande classique*, P.U.F., 1995, p. 61). Si la Logique transcendantale se rapportait à des objets *a priori*, les objets en question, en tant que déjà objectivés, n'auraient aucunement besoin du pouvoir objectivant que sont les concepts purs de l'entendement, ou catégories, pour être constitués comme tels, autrement dit, ils rendraient caduque jusqu'à la nécessité d'une Logique transcendantale !

1. *Nouveaux Essais sur l'entendement humain* [on sait que Kant connaissait cette œuvre de Leibniz], livre IV, ch. XVII, § 4 (éd. Gerhardt des *Philos. Schriften,* t. V, p. 461).

2. Ed. cit., p. 463.

Logique transcendantale, presque *in extremis*, dans l'Appendice consacré à l'Amphibologie des concepts de la réflexion, où trouve précisément son lieu l'*Auseinandersetzung*, la confrontation de Kant avec Leibniz, et qui fait de la matière le déterminable en général, et de la forme sa détermination. Matière et forme y sont tenus pour « deux concepts qui servent de principes à toute réflexion, tant ils sont inséparablement liés à tout usage de l'entendement » (A 266- B 322). La distinction entre logique générale et logique transcendantale est commandée finalement par celle entre forme et contenu, distinction d'entendement que Hegel récusera en faisant de la forme de la connaissance, ou des règles de la pensée, le contenu proprement dit de la logique[1].

Il faut bien se garder, toutefois, de confondre la considération de « la forme de la pensée en général », telle qu'elle relève d'une logique générale, avec un simple jeu formel ou gratuit. Que l'entendement n'y ait affaire « à rien d'autre qu'à lui-même et à sa forme » n'exclut pas le sérieux de l'entendement, ni la tâche qui lui revient de découvrir *la règle du jeu* auquel il se livrait jusque là, en se contentant de lui obéir à son insu ou de lui désobéir par mégarde, de façon proprement ir-réfléchie. Cette règle du jeu, c'est la table du jugement qui va la fournir, qui relève de la logique générale, à la différence de la table des catégories, qui relève de la logique transcendantale[2], tout le problème étant dès lors celui du « passage » à la déduction transcendantale des catégories (§ 14).

Il existe un document de premier ordre de ce refus kantien de laisser pour ainsi dire la logique à elle-même, et de la récusation d'une logique dévoyée en un simple jeu formel, c'est l'opuscule de 1762, auquel nous avons déjà fait allusion, intitulé *De la fausse subtilité des quatre figures du syllogisme*, où Kant (plus cartésien que leibnizien dans sa méfiance à l'égard de la syllogistique et de l'*ars combinatoria*) s'interroge déjà sur ce qu'il appelle alors « le but de la logique » : « Le but de la logique n'est pas d'embrouiller, mais de résoudre ; ce n'est pas d'exposer quelque chose à mots couverts, mais de le mettre en évidence »[3] – littéralement : d'exposer les choses en les mettant sous les yeux, en les donnant à voir (*augenscheinlich etwas vorzutragen*). Recouvrir les choses au lieu de les découvrir, les occulter plutôt que les exhiber, c'est là ce que les logiciens de l'époque de Kant récusaient sous le nom de dévoiement « cryptique » de

1. *Introduction* à la *Wissenschaft der Logik*, éd. Meiner, t. I, p. 24.

2. Si du moins l'on adopte la rectification, par le § 21 des *Prolégomènes*, de ce qu'il y a encore de flottant ou d'hésitant dans le texte de la première *Critique* sur ce point décisif, eu égard au caractère « logique » ou « transcendantal » de la table du jugement (A 73-B 98).

3. Akad. Ausg. t. II, p. 56 ; trad. fr. éd. de la Pléiade des *Œuvres* de Kant, t. I, p. 188, légèrement modifiée.

la logique[1], par opposition à ce qu'il faut bien appeler, ou à ce qui du moins sera appelé plus tard, en référence à Aristote, la structure apophantique du *logos*[2]. L'opposition kantienne, sous-jacente dans cette définition du « but de la logique », entre *logique* et *cryptique,* fait lointainement écho à l'opposition que l'on rencontre dans un fragment d'Héraclite[3] entre λέγειν et κρύπτειν. Le *logos* de la logique, ou "le" logique dans la logique telle que Kant la prend en vue en 1762, vise à analyser (« résoudre ») et à exhiber (« mettre sous les yeux »), autant dire qu'il donne déjà ici une sorte de préfiguration des tâches qui, à l'époque de la maturité critique, seront respectivement celles de l'Analytique transcendantale (comme *Zergliederung*, ou « décomposition, encore peu tentée, du pouvoir de l'entendement » [A 65]) et, au sein de celle-ci, du Schématisme (comme *Darstellung*).

L'opuscule de 1762 atteste donc déjà, chez le Kant dit « pré-critique », le souci de ne pas couper la logique de la relation à l'objet, ou du moins à un objet possible, comme une sorte de vague promesse à l'horizon, souci lui-même solidaire du refus d'identifier la logique à une syllogistique fonctionnant, pour ainsi dire, en circuit fermé, et dont les termes seraient susceptibles d'être combinés à la manière dont peuvent l'être les pièces sur un échiquier (§ 5). La logique, telle que l'envisage et la conçoit Kant en 1762, n'est pas coextensive à la syllogistique (elle-même réduite par son opuscule à la portion congrue), elle relève bien plutôt d'une onto-logie, c'est-à-dire de l'accord et du raccord de ce qui est pensable sans contradiction, qui convient avec les conditions formelles de l'expérience, avec ce qui est effectivement, ou s'accorde avec les conditions matérielles de l'expérience, selon les deux premiers postulats de la pensée empirique en général. C'est pourquoi l'opuscule de 1762, auquel ne manquera d'ailleurs pas de faire allusion une note de la Déduction transcendantale (§ 19), nous semble constituer bien plus qu'un document de circonstance, ou de réaction, qu'il est aussi, contre le formalisme wolffien : déjà s'y fait jour, dans le cadre certes limité de l'examen des figures du syllogisme, mais dans la perspective d'un « but » assigné à la logique, le dessein pressenti de restituer à l'horizon de la logique la visée de l'objet. Dans le langage qui sera celui de la philosophie critique, la restitution à l'horizon de la logique de la visée de l'objet passera par la distinction d'une logique générale et d'une logique transcendantale, mais encore et surtout par l'enracinement de celle-là dans celle-ci. A la « fausse subtilité » dénoncée en 1762 ne

1. Cf. F. Courtès, *Etude historique et critique sur* La fausse subtilité des quatre figures syllogistiques *démontrée par Kant,* éd. Vrin, Paris, 1972, p. 152.

2. Heidegger, *Etre et temps,* § 7 B.

3. Diels-Kranz, n° 93.

viendra pas s'opposer en 1781 une « vraie subtilité », mais, tout simplement, le « remplissement » de la logique par un contenu, c'est-à-dire l'établissement d'une relation de la connaissance à l'objet (à un objet au moins possible), relevant d'une logique transcendantale.

Mais voyons à présent, plus précisément, comment le souci de restituer à l'horizon de la logique la visée de l'objet va amener Kant à refondre entièrement la définition même du jugement, en se démarquant de la définition traditionnellement donnée par « les logiciens ». Au § 19 de la Déduction transcendantale, Kant avoue n'avoir jamais pu se satisfaire de la définition que les logiciens donnent du jugement en général, selon laquelle il serait « la représentation d'un rapport entre deux concepts » – selon la définition donnée par Meier, elle-même héritée de Wolff et de Baumgarten. A cette définition, qu'il ne déclare pas fausse mais insatisfaisante, car insuffisante, Kant substitue, comme on sait, sa propre définition du jugement, défini comme « la manière d'amener des connaissances données à l'unité objective de l'aperception ». Tout porte à croire que cette redéfinition du jugement, telle qu'elle est effectuée au sein d'une Logique transcendantale, accomplit elle-même le virage d'une logique générale à une logique transcendantale, en mettant décisivement en rapport non plus seulement deux *concepts*, mais bien le *concevant* et le *conçu*, sujet et objet, en un départ ou départage plus originaire que celui qui dissocie, pour les associer, deux concepts, selon la lecture que l'idéalisme allemand fera du terme même d'*Urtheil* compris comme *Ur-Theilung* [1] (= « départage originaire », ou cette archi-partition que dit un terme apparenté au mot français *ordalie*), à telle enseigne que « l'unité objective de l'aperception », à savoir de l'acte par lequel le sujet se fait soi-même objet dans la conscience de soi [2], ne trouve à se formuler dans le jugement A = A que pour autant que celui-ci s'enracine dans le jugement Moi = Moi qui permet de le « véhiculer ». Autrement dit : la définition traditionnelle du jugement par les logiciens en reste à un rapport entre des concepts, sans envisager la possibilité d'une relation des concepts ainsi rapportés les uns aux autres à un objet, c'est-à-dire au vis-à-vis d'un sujet, et rate par là même le virage transcendantal qu'accomplit la redéfinition kantienne du jugement. La définition « logicienne » du jugement demande donc moins à être réfutée qu'élargie, et élargie en direction des « connaissances données », c'est-à-dire du donné divers de l'intuition sensible

1. Hölderlin, *Urteil und Sein*, début : « Urteil *ist im höchsten und strengsten Sinne die ursprüngliche Trennung des in der intellektualen Anschauung innigst vereinigten Objekts und Subjekts, diejenige Trennung, wodurch erst Objekt und Subjekt möglich wird, die Ur-Teilung* ».

2. Kant, *Opus postumum*, trad. fr. F. Marty, p. 157.

(selon les termes du début du § 20), que les fonctions logiques du jugement permettent d'unifier, en conférant au ramassis des impressions sensibles le visage d'un univers. Des « connaissances données » ne peuvent évidemment pas être le fruit d'une auto-donation de l'entendement, dont seule la connaissance réflexive s'appelle logique *stricto sensu,* et ne peuvent dès lors ressortir qu'au domaine non-logique, pré-logique de l'esthétique. Le virage transcendantal accompli par la redéfinition kantienne du jugement n'est donc possible que sur la base de l'Esthétique transcendantale et de ses acquis décisifs. Du moins est-ce ainsi que Heidegger interprète l'expression « connaissances données » dans la nouvelle définition du jugement élaborée par Kant : des « connaissances données », « c'est-à-dire ce qui est donné dans la connaissance et par là des intuitions » [1]. On sait quelle importance Heidegger accorde, dans son interprétation de la *Critique de la raison pure,* et à la différence de l'interprétation néo-kantienne de l'École de Marbourg, à la priorité de l'esthétique sur la logique, à une pensée qu'il voit au service de l'intuition, selon les termes exprès de la toute première phrase de la Critique (Esthétique transcendantale), au point de diagnostiquer la principale carence du néo-kantisme, au détour d'un cours récemment paru et contemporain du *Kantbuch*[2], dans le fait de n'avoir pas lu la première phrase de la Critique ! Sans entrer ici dans ce débat, contentons nous de souligner le constant rappel fait par Kant et de ce qui manque à la sensibilité pour être spontanée, et de ce qui manque à l'entendement pour être réceptif. Les concepts, dira encore la troisième *Critique,* « se rapportent simplement à la possibilité d'un objet », tandis que les intuitions sensibles « nous donnent quelque chose, sans pour autant le faire connaître comme objet » [3]. Des « connaissances données » se rapportent donc bien à « quelque chose », le terme d'*intuition* étant là pour désigner cette mise en présence[4], mais le « quelque chose » qui s'offre à l'intuition ne prend stature ou consistance d'objet nous faisant face, [ne vient à stance] de *Gegen – stand*, que constitué comme tel et institué en son faire-face, à savoir *possibilisé,* par ces *conditions de possibilité* de l'expérience que sont les concepts purs de l'entendement, ou catégories, établies selon le « fil directeur » des différents actes de l'entendement qui sont autant de

1. Gesamtausgabe [= Edition intégrale, citée dorénavant GA] t. 41, p. 160 ; cf. *Qu'est-ce qu'une chose ?,* trad. J. Reboul et J. Taminiaux, éd. Gallimard, Paris, 1971, p. 167.

2. GA t. 27, p. 259 (*Einleitung in die Philosophie).*

3. *Critique de la faculté de juger*, § 76. Rappelons l'admiration de Schelling pour ce paragraphe de la troisième *Critique :* « jamais peut-être autant de pensées profondes ont-elles été ramassées en aussi peu de pages » – SW I, 242.

4. Cf. *Prolégomènes...,* § 8 : l'intuition est « une représentation telle qu'elle dépend immédiatement de la présence de l'objet ».

manières « d'amener des connaissances données à l'unité objective de l'aperception », et qui ne sont possibles à leur tour qu'en raison de l'unité originairement synthétique de l'aperception. La Logique transcendantale aurait dès lors pour office de relier enfin ce que l'Esthétique transcendantale et la Logique générale avaient dû séparer statutairement, en conférant le statut d'objet au « quelque chose » de l'intuition empirique, comme en faisant correspondre un « quelque chose » à un objet possible, *i.e.* dont il est possible qu'il soit réel.

C'est dans le cadre d'un autre et plus vaste propos qu'il entrerait assurément d'examiner tout ce qui, dans ces pages parmi les plus denses et sans doute les plus difficiles de la *Critique de la raison pure*, fera son chemin dans l'idéalisme allemand en lui frayant les voies, qu'il s'agisse de l'activité fondatrice du sujet et de la conscience de soi, que prolongera et radicalisera Fichte, de la question de la possibilité des jugements synthétiques *a priori*, que le jeune Schelling des *Lettres sur le dogmatisme et le criticisme* de 1795-96 traduira à sa façon en : « comment puis-je parvenir en général à sortir de l'Absolu et à me diriger vers un terme opposé ? »[1], de la structure ternaire de chaque classe des catégories et de la caractérisation kantienne des trois figures du jugement selon la modalité (problématique, assertorique, apodictique) comme autant de « moments de la pensée en général » dont l'idéalisme allemand fera un miel tout sien, ou enfin de la subdivision des catégories en catégories mathématiques (quantité, qualité) et catégories dynamiques (relation, modalité), à quoi peut être rattaché le chapitre de la *Phénoménologie de l'Esprit* intitulé « Force et entendement », où Heidegger verra le lieu même où s'effectue la transition de la problématique critique à celle de l'idéalisme allemand, le passage de la conscience finie à l'esprit infini[2].

Il n'en est pas moins frappant de constater que l'interprétation phénoménologique de Kant proposée par Heidegger va à rebours de la genèse de l'idéalisme allemand – Hölderlin excepté – dans son accentuation de la finitude par opposition au « savoir absolu », comme dans sa manière de mettre en lumière ce qui n'est pas proprement « thétique » dans les deux premières synthèses, au point de ne pas hésiter à les rebaptiser *syndosis* (synthèse de l'appréhension dans la sensibilité) et *synopsis* (synthèse de la reproduction dans l'imagination), pour réserver à la troisième synthèse et à elle seule (synthèse de la recognition dans le concept) l'appellation de *synthesis*, *stricto sensu*, là où Fichte et Schelling, à l'inverse, accentueront résolument la dimension *thétique* de la

1. SW I 294 (= *Lettre III*).
2. GA t. 32, p. 161.

syn-*thèse*, au point de faire culminer toute synthèse en une « thèse absolue »[1].

Mais revenons à présent, avant de conclure, à notre point de départ, qu'est la présence d'un élément négatif dans la détermination kantienne de la logique générale, c'est-à-dire au fond en toute philosophie qui n'accède pas à la dimension transcendantale. A la définition de la logique comme « connaissance de l'entendement et de la raison par eux-mêmes », le début de la Logique transcendantale semble avoir préféré une définition plus typiquement kantienne dans sa formulation : la logique y est définie en effet comme « la science des règles de l'entendement en général », symétriquement à la définition de l'esthétique comme « science des règles de la sensibilité » [A 52 – B 76]. C'est à l'occasion de l'examen de la question *Qu'est-ce que la vérité ?* que Kant va appeler « condition négative de toute vérité » « le critère simplement logique de la vérité ». Les trois adverbes « simplement », « formellement » et « négativement » semblent bien exprimer dans ce contexte une seule et même idée. L'analytique est ensuite qualifiée par Kant de « pierre de touche du moins négative de la vérité », par opposition à la « vérité positive », indissociable de la relation à l'objet.

De ces pages, il nous semble donc clairement ressortir que *la vérité logique* (entendue au sens de la logique générale) *est une vérité négative* (au sens où on parle de liberté négative), autrement dit que *la logique traditionnelle ne permet pas d'accéder à la « vérité positive », du seul ressort d'une logique transcendantale.* Car cette « vérité positive », dit expressément Kant, se situe « en dehors de la logique » – *außer der Logik.* Autant dire qu'*il n'y a de vérité satisfaisant pleinement à l'essence de la vérité, à savoir de vérité positive, qu'extra-logique*, à laquelle la Logique transcendantale ne peut prétendre constituer un accès que pour autant que se trouve élaboré, sous cet intitulé, une logique non « logicienne ». C'est dire aussi qu'il n'y a pas de logique absolue – c'est-à-dire régissant la pensée humaine considérée indépendamment de son rapport à des objets possibles qui se situent hors d'elle (Kant), voire qui la mettent hors d'elle (Schelling) – comme l'avait noté Cavaillès : « Si la logique transcendantale fonde vraiment la logique il n'y a pas de logique absolue (...) S'il y a une logique absolue elle ne peut tirer son autorité que d'elle-même, elle n'est pas transcendantale »[2]. On ne saurait mieux dire que, dans la perspective de la logique transcendantale, ce sont les choses elles-mêmes

1. Cf. Fichte, *Grundlage* (GA, I, 2, p. 276) ; Schelling, SW I 297.

2. J. Cavaillès, *Sur la logique et la théorie de la science*, P.U.F, 1947, 1960, p. 65. Il va de soi que Cavaillès, quant à lui, souscrit à la deuxième hypothèse plutôt qu'à la première.

qui font autorité, ces « choses mêmes » que les phénomènes ne sont *pas moins* (mais seulement autrement considérés[1]) que les choses en soi. La logique transcendantale ne diffère au fond de la logique générale que par un *génitif*, où se trouve impliqué *ce dont* logique il y a (à quoi semble correspondre la locution au fond extatique de *Beziehung auf*), et qui ne cesse de hanter l'Analytique transcendantale dans le passage, dans la problématique transition (*Übergang*) recherchée *vers* « les choses mêmes » auxquelles notre sensibilité est réceptive, qu'il s'agisse de la pertinence ou de la légitimité des catégories, donc de leur « usage » par-delà leur statut de « concepts purs de l'entendement », dans la Déduction transcendantale, ou de leur applicabilité, dont traite le chapitre sur le schématisme. Appeler transcendantale, comme fait Kant, « toute connaissance ayant affaire non pas tant (*nicht sowohl*) à des objets qu'à nos concepts *a priori* d'objets en général » (A 11-12), ou encore, en adoptant le texte et la correction de la seconde édition de la *Critique de la raison pure*, « *non pas tant* à des objets qu'à notre mode de connaissance des objets, pour autant qu'une connaissance en est possible *a priori* » (B 25), c'est là du même coup affirmer que la connaissance transcendantale, si elle ne se rapporte pas en priorité à des objets, ne les exclut pas pourtant de sa considération. Elle les exclut même si peu qu'elle n'est là au fond que pour eux, car, s'occupant de « notre mode de connaissance d'objets », elle vise nécessairement aussi, *par là-même*, des objets au moins possibles, notre mode de connaissance de ceux-ci en étant constitutif. Quelque chose de l'objet, en effet, ne vient pas de l'objet, à quoi l'objet n'est même pour rien, et qui fait que l'objet n'est pas simplement « quelque chose », qui est l'objectivité de l'objet. L'objectivité de l'objet trouve son fondement ultime dans la subjectivité du sujet, laquelle se constitue en une « auto-affection » dont la temporalité fournit l'étoffe et la trame, vu que nul n'est susceptible de se constituer en un soi (le soi de la conscience de soi) et de s'y nouer, sauf à renouer avec soi *au fil du temps*. Kant est donc celui qui a pour le moins ébranlé la thèse traditionnelle, et non moins traditionnellement rattachée à Aristote, à tort (selon Heidegger) ou à raison, selon laquelle le jugement, dans son énoncé propositionnel, constitue le lieu de la vérité en la plénitude de sa positivité, mais son originalité foncière aura consisté sur ce point à mettre en jugement la logique à l'intérieur d'une théorie du jugement.

Or le jugement est chez Kant l'affaire la plus propre de l'entendement, au point que celui-ci se définit non seulement comme ayant le pouvoir de juger, mais bien comme n'étant rien d'autre au fond que ce pouvoir de juger, qui ne lui appartient pas seulement, mais qu'il est [A 69 – B 94].

1. *Opus postumum*, trad. cit.p. 144.

Pouvoir de connaître non-sensible, pouvoir de connaissance médiatisée (en tant que le jugement n'est pas une simple représentation, mais la représentation d'une représentation), l'entendement est ce pouvoir qui fait du *je pense* un *je peux* (relier = synthétiser), donnant par là même toute sa portée à la question *que* puis-*je savoir ?*, porteuse d'une essentielle limitation, l'entendement ne pouvant « que penser » (*nur denken* = unir des représentations dans une conscience), et non faire être ou advenir (ni même accueillir) ce qui lui donne à penser – seule la volonté, dont c'est le redoutable privilège, est à même de faire être ce qui sans elle ne serait pas. Or ce pouvoir de juger qu'est l'entendement reçoit un éclairage inattendu avec l'examen de la situation où la faculté de juger fait défaut, et laisse place dès lors à ce que Kant appelle sans ménagements la *stupidité*.

Qu'est-ce que la stupidité ? Vaste question, dira-t-on, et à l'abri de laquelle on aurait sans doute d'autant plus tort de se croire que l'on se fait fort de s'y trouver, mais dont Kant a fort heureusement contribué à délimiter l'étendue en en dégageant le ressort, qui est précisément, à vrai dire, absence de ressort. La stupidité qu'est proprement, selon Kant, le défaut de la faculté de juger, est qualifiée d'infirmité irrémédiable [B 172]. Il n'y a pas, en effet, de règle susceptible d'apprendre l'usage des règles, l'usage des règles ne peut faire à son tour l'objet d'une règle sans se renier du même coup comme usage, c'est-à-dire distance et recul par rapport à la règle. Les règles, qui sont d'école, ne nous renseignent jamais sur l'exercice des règles, lequel relève de ce que le début de l'Analytique des principes (A 133-B 172) appelle *Mutterwitz*, généralement traduit (Tremesaygues-Pacaud, Barni) par « bon sens », et qui est peut-être tout simplement la *jugeote*, qui ne s'acquiert pas, mais faute de laquelle aucun *jugement* ne pourra jamais s'exercer[1]. Mais si Kant qualifie la stupidité d'irrémédiable, il ne la dit pas incurable, et sans doute est-ce là une bonne nouvelle pour l'humanité. L'irrémédiable, ce à quoi aucun remède n'est de secours, n'est pas susceptible, en effet, d'être vaincu de l'extérieur, mais seulement surmonté du dedans, la faculté de juger ne pouvant être enseignée, mais seulement exercée. Le pouvoir de penser est inaliénable, sans procuration possible ni dispense, il ne se délègue pas : *la* pensée se

1. Le *Deutsches Wörterbuch* des frères Grimm remarque, à l'article *Mutterwitz* (qui cite d'ailleurs ce passage de Kant) que « le second terme de ce mot composé a gardé la signification de jugement et de présence d'esprit ».

Notons également, en passant, que les trop fameuses « béquilles du jugement » dont il est question à la page suivante de la *Critique de la raison pure* ne rendent pas l'image du *Gängelwagen der Urteilskraft* que sont selon Kant les exemples, qui désigne « cette petite machine roulante qui empêche les enfants de tomber en marchant » dont parle Leibniz dans les *Nouveaux Essais* (livre IV, ch. II, § 12), et qui s'appelle en français une *promenette* (cf. Littré).

comprend et se saisit elle-même à partir du *je pense*, ce que nul ne peut faire à ma place ni autrement que, chaque fois, singulièrement[1] – pas même une règle, puisque la faculté de juger consiste précisément à articuler la règle et le cas, à subsumer le particulier sous l'universel, le concret sous l'abstrait, comme font médecins et juges en leurs diagnostics et en leurs jugements, ou plus généralement à passer de la pensée à la vie (d'une pensée tenue pour non-vivante à une vie tenue pour non-pensante) en sorte que l'exercice du jugement tiendrait lieu de transition (*transitus,* et non *saltus*[2]) entre la pensée et la vie, comme figure critique, ou non-spéculative, de la « vie de la pensée » au stade de l'entendement. La stupidité se définit dès lors comme incapacité à faire face à l'imprévu, à ce cas inattendu et déroutant de la règle que constitue l'exception, c'est-à-dire consiste au fond à ajuster le cas à la règle plutôt que la règle au cas[3], par un dérèglement de la règle vidée de son sens par le court-circuit qui la prive de sa structure intentionnelle. L'entendement est bien pouvoir des règles, mais en ce que comporte d'imprévisible leur usage, requérant un constant réajustement de la règle selon le cas. « Du mécanique plaqué sur du vivant », dira Bergson du comique.

Les nombreuses illustrations données par Kant de la synthèse de la reproduction dans l'imagination montrent à quel point la raison pure s'enlève sur fond de folie, à laquelle l'imagination ne s'identifie nullement (comme « folle du logis », selon l'expression de Malebranche), mais qui correspond à un pouvoir déréglé de l'imagination, que la Déduction transcendantale illustre par une pléthore d'exemples *a contrario :*

> Si le cinabre était tantôt rouge, tantôt noir, tantôt léger, tantôt lourd, si un homme se transformait tantôt en un animal, tantôt en un autre, si dans un long jour la terre était couverte tantôt de fruits, tantôt de glace et de neige (...) ou, si un certain mot était attribué tantôt à une chose, tantôt à une autre, ou, si la même chose était appelée tantôt d'une manière, tantôt d'une autre, sans qu'il y eût aucune règle déterminée à laquelle les phénomènes fussent soumis par eux-mêmes... » (A 100-101).

Envisagée sous cet angle, la folie consiste à ne pas effectuer les synthèses de la reproduction dans l'imagination (comme le montre assez le *Journal d'un fou* de Gogol). De même que la raison pure s'enlève sur fond

1. Cf. Schelling, SW VII 146 : « Il est impossible de décrire la raison à quelqu'un ; il faut qu'elle-même se décrive en tout un chacun et par lui-même ».

2. *Opus postumum,* trad. F. Marty (P.U.F., 1986), p. 4, 34.

3. Elle rejoindrait dès lors très exactement la *compétence* au sens de Valéry : « Un homme compétent est un homme qui se trompe selon les règles », *Mauvaises pensées et autres*, in *Œuvres*, éd. Pléiade, t. II, p. 887.

de folie, ou de déraison, la faculté de juger s'enlève à son tour sur fond de stupidité, à laquelle sans doute tout jugement consiste à s'arracher. Rien ne peut venir seconder de l'extérieur un entendement défaillant, qui n'ose penser par lui-même, en sorte que la vision kantienne de la stupidité est une leçon de liberté : « Aie le courage (*Mut*) de te servir de ton *propre* entendement ! »[1] Bref, parce que la stupidité est jugement appliqué plutôt qu'exercé, elle est jugement sans jugeote et, en son fond, manque de courage. La seule manière de surmonter la stupidité serait dès lors, tout simplement, d'*être soi-même*.

A la différence de Hegel récusant, ou plutôt fluidifiant et vivifiant les principales oppositions kantiennes – en transfigurant la forme en un contenu proprement dit, ou encore en voyant dans l'apparence océanique opposée par Kant à la vérité insulaire un moment constitutif de l'émergence et même de l'apparaître de cette vérité conçue en sa teneur spéculative, ce qui revient à voir dans la Dialectique transcendantale, et non dans l'Analytique transcendantale, l'ancrage et l'amorce d'une « dialectique » entendue en un sens non kantien mais proprement spéculatif, et le lieu de passage du transcendantal au spéculatif – à la différence, donc, de Hegel, Schelling aura finalement radicalisé l'idée selon laquelle la logique générale fait abstraction du contenu de toute connaissance possible, en ouvrant paradoxalement la conscience humaine à un objet irréductible à un contenu qu'elle pourrait faire sien[2]. La curieuse conjonction d'un réalisme empirique et d'un idéalisme transcendantal par laquelle se définit la philosophie critique (si l'on se fie du moins aux étranges formulations de l'Esthétique transcendantale) cède dès lors la place à un « empirisme supérieur » où l'irréductibilité du « positif » à un contenu purement rationnel vient en quelque sorte relancer toute la philosophie en un nouvel élan, une philosophie que l'on peut dire alors, et dans tous les sens du terme, débordée[3]. Ce n'en est pas moins à une formule capitale dans l'économie de l'Exposé de la philosophie rationnelle pure de Schelling qu'il revient de fournir le critère ou la « pierre de touche », comme dirait Kant, de toute « vérité positive », en s'énonçant sobrement : *das, was das Seyende ist* / « ce qui est l'étant », ou encore : « cela même qui est l'étant ».

1. *Qu'est-ce que les Lumières ?* (début).

2. Sur cette opposition objet/contenu, cf. J.-F. Marquet, « Schelling », in : *La philosophie allemande de Kant à Heidegger*, sous la direction de D. Folscheid (P.U.F., 1993, p. 99) : « La conscience n'est plus ici en quête, comme dans la philosophie négative, elle est au contraire *comblée* au point de départ par un objet (et non par un contenu !) excessif qui la met hors d'elle-même... ».

3. On sait toutefois que Heidegger voit dans la Logique transcendantale de la *Critique de la raison pure* un « débordement de la logique » (*Grenzüberschreitung der Logik*) : GA 25, 168.

La conquête par Kant de la dimension transcendantale – de l'accès au transcendantal auquel se résume, en son épure et en sa porte étroite, l'entrée en philosophie – peut se comprendre comme une manière de prendre du recul face à un tel débordement, où l'expérience elle-même, plus riche que soupçonnée, car irréductible à ce qu'il y a en elle d'empirique, vaut comme réfutation de l'empirisme qui tout en la vantant la dessert. Le retournement de la transcendance, la transcendance toute retournée qu'indique et implique la dimension transcendantale, en ramenant de ce qui excède (hinausgeht) l'expérience à ce qui la précède (vorhergeht)[1] – retournée au sens où Friedrich Schlegel dit l'historien prophète du passé, et Novalis, le mineur astronome inversé – ouvrirait par là même la voie, à sa façon, au spéculatif, en même temps qu'elle soumet la logique à un séisme ou ébranlement tel que le problème de la vérité déborde nécessairement le cadre de la logique. Qu'il soit prolongé ou renié, revendiqué ou oblitéré dans le royaume des ombres tutélaires, Kant, en Moïse de sa nation, comme dira Hölderlin, aura montré la voie, qui devait mener au passage de la Mer rouge, ouverture de la mer qui est ouverture à la mer, comme « marche de la vie comme plus loin qu'elle-même »[2]. Le nouveau législateur de la raison humaine aura d'abord été un libérateur.

Pascal David

1. *Prolégomènes...*, Ak. Ausg. IV, 373 ; trad. fr. J. Gibelin, Vrin, 1968, p. 170.
2. Hegel, *La Raison dans l'histoire*, trad. K. Papaioannou, Plon, 1965, p. 277.

LE TRANSCENDANTAL COMME VIE DANS LA PHILOSOPHIE DE FICHTE

La philosophie transcendantale de Fichte ne se distingue nullement des autres philosophies : elle a, comme elles, pour projet de déterminer les conditions non-empiriques de l'expérience. Un tel projet – le projet "métaphysique" – est précisément ce par quoi toute entreprise philosophique se constitue comme telle. Et la philosophie transcendantale est, elle aussi, une philosophie – c'est-à-dire, pour Fichte, une position existentielle défaillante (celle de l'homme incomplet [1]) articulée à un déficit, voire une perte, de l'évidence naturelle, qui oblige à une fondation reconstructive de l'expérience. Elle est *transcendantale* seulement dans la mesure où, comme l'affirme la *Doctrine de la science* de 1805, pour mener à bien son projet "métaphysique", elle part de la différence de l'Être – du *Sein* –, qui est de soi, par soi et en soi, et de l'existence ou de l'être-là – du *Dasein* –, c'est-à-dire de la conscience comme image de l'Être [2].

L'*Initiation à la vie bienheureuse* l'affirme de nouveau : le point de vue transcendantal n'est atteint qu'à condition que

> l'être-là de l'Être se sache, se connaisse lui-même et se donne une image de lui-même *en tant que* simple être-là, pose en face de lui et vise en image un Être absolu, dont il est précisément lui-même le simple être-là [3].

1. Cf. Fichte, *Querelle de l'athéisme, Rappels, Réponses, Questions*, trad. J.-Chr. Goddard, Vrin, 1993, p. 146.

2. Fichte, *Wissenschaftslehre 1805* (cité : WL 1805), Meiner, 1984, p. 14.

3. Fichte, *Die Anweisung zum seeligen Leben oder auch die Religionslehre*, Gesamtausgabe, Frommann, I, 9, 1995, p. 88.

Ce savoir de soi de l'être-là en tant que tel, c'est-à-dire comme être-là de l'Être, comme image de Dieu, – cette auto-intuition de l'être-là est précisément l'*intuition intellectuelle*, par quoi s'inaugure la philosophie transcendantale comme telle, et dont Fichte confirme alors qu'elle trouve son expression dans le « Je suis » du premier principe de la *Doctrine de la science* de 1794[1].

AUTO-INTUITION DU NÉANT ET CRÉATION

Or, et c'est ce que nous voulons souligner pour commencer, dans cette auto-intuition, l'être-là « se comprend comme néant, pose son essence interne comme néant et se perçoit comme néant »[2], n'étant pas l'Être même, mais seulement l'être-là de l'Être qui seul est. La question même de la philosophie transcendantale reçoit, par là, une formulation toute nouvelle. Il ne suffit pas, en effet, pour fonder l'objectivité de rapporter l'objet phénoménal à la législation nécessaire d'un sujet transcendantal réalisant sa propre présence à soi dans la conscience même de ses actes. Car cette aperception n'est rien ; en elle le sujet n'est présent à lui-même que comme néant, et la question reste entière de savoir comment à partir d'une telle position, non pas seulement de défaillance, mais bien de nullité ontologique, peut se constituer un être objectif, puisque rien ne procède de rien.

Le caractère distinctif de la philosophie transcendantale, par quoi elle se distingue de toute autre philosophie, est, pour conduire son projet "métaphysique", non pas de partir d'un quelconque *subjectum*, d'une position fondatrice de la subjectivité comme "subjectité", mais précisément de cet effondrement de l'évidence naturelle, de cet "é-fondement" de l'expérience en lequel s'origine le projet philosophique même. Elle met en jeu, de manière radicale, l'essence même de la philosophie, et son aptitude à surmonter la défaillance dont elle procède.

Or, c'est précisément parce que l'intuition intellectuelle est vide, parce qu'elle est l'auto-compréhension de soi comme image de Dieu, qui seul est, et donc de soi comme néant, qu'elle peut constituer le "fondement" transcendantal de toute objectivité. En se posant elle-même comme telle, c'est-à-dire *en tant qu'*être-là, l'existence oppose l'Être à elle-même. En

1. WL 1805, p. 20 : « *Absolut unmittelbar sich selbst bildendes Bild = Vft. Existenz (unter ander<m>) = Vft.. Absolute Vft = Ich bin, und Ich bin Ich. Dieses Ich <bin Ich> : die absolute Existent* ».

2. WL1805, p. 122.

conséquence, elle le détermine par rapport à soi, le soumet à la loi de l'être-là, c'est-à-dire de la conscience, en fait un être relatif et ne peut donc le poser comme une altérité absolue, une positivité totale qu'elle n'est pas – n'étant que l'image de cette altérité –, qu'en se détruisant et s'annulant elle-même. Il y a là une insurmontable contradiction ; et c'est de cette contradiction interne à l'intuition intellectuelle que procède l'être effectif du monde, distinct de l'Être absolu de Dieu.

Pour manifester Dieu, l'existence doit constamment se poser face à lui et le poser face à soi, et annuler cette opposition, ce face à face, en se détruisant elle-même. Dans ce dédoublement de l'acte unique d'auto-position, elle pose l'Être comme un être relatif, un être en repos, déjà présent, un être statique donné : elle crée le monde, et annule en même temps l'être du monde et son propre être dans le non-savoir, dans l'incompréhensibilité de l'Être absolu qui est à son fondement et dont elle est le phénomène. A proprement parler – et c'est ce qu'il fallait expliquer –, elle ne crée rien à partir de rien, c'est-à-dire *crée* le monde en se saisissant comme néant et en objectivant l'Absolu face à soi, et ne crée *rien* n'étant elle-même rien au regard de l'Absolu divin, qui seul *est* hors de cette objectivation qui le transforme en un être mort. Le monde est l'image altérée de Dieu qui surgit dans l'homme pour autant qu'il ne peut manquer de se saisir lui-même comme image de Dieu.

On comprend que Fichte puisse revendiquer l'héritage platonicien [1]. Il est même possible d'en élargir le sens. Si, de l'être à son image, il y a déchéance, il y a aussi, comme l'a montré Gadamer [2] – en reprenant à son compte la philosophie néo-platonicienne de l'image –, accomplissement d'un *processus ontologique*. Dans la mesure où le monde est une image de l'Absolu, qui le relativise et le réifie, il est la copie par essence imparfaite de son modèle ; mais, dans la mesure où, comme image de l'Absolu, il procède de l'acte originaire par lequel l'homme se saisit comme image de Dieu, c'est-à-dire comme son existence, ou plus précisément comme l'acte existentiel de Dieu, il ne peut être compris à partir d'un simple rapport de copie à modèle. Il n'est pas une simple copie – *Abbild* ou *Nachbild* –, mais revêt une réalité autonome. Il est ce en quoi l'Être vient à la présence, ce qui à la fois exerce la suppléance de l'Être dans l'ordre du visible et le constitue par là même en retour comme une réalité originale. Grâce à ce renversement de la relation ontologique unilatérale du modèle à la copie opéré dans la notion de l'*imago Dei*, par quoi est conféré à l'image un rang positif comme existence de Dieu, le monde est lavé de tout soupçon d'apparence et d'illusion. Il est le résultat de cette venue à la présence dans

1. WL 1805, p. 7.
2. Gadamer, *Vérité et méthode*, Seuil, 1996, p. 158 *sq*.

l'activité imageante de l'image de Dieu et l'aspect même que prend cette venue, la forme sous laquelle cette présence se présentifie. Le fait de ramener l'objectivité phénoménale à l'activité du sujet, au statut d'image du moi, ne saurait donc, ici, nullement signifier une « subjectivisation » du monde objectif, mais est, paradoxalement, ce qui lui assure sa valeur objective dans le cadre d'une ontologie pourtant réduite à l'affirmation minimale que seul l'Être est.

C'est avec une remarquable clarté que Fichte exprime la complexité de ce point de vue dans un passage de la vingt-quatrième conférence de la *Doctrine de la science* de 1805 :

> Dieu est le créateur du monde : non. Car il n'y a pas de monde et il ne peut y en avoir, car seul l'Absolu est ; l'Absolu ne peut en effet réellement et véritablement sortir de lui-même. Mais dans l'être intime, purement spirituel, de Dieu, il se trouve que le néant se comprend par rapport à lui comme néant, et dans cette compréhension même, et exclusivement par elle, se dessine et se produit soi-même sous la forme de quelque chose d'apparent, et ainsi intuitionne l'Absolu dans une intuition qui demeure pourtant éternellement vide[1].

Fichte rejette bien la thèse de la Création du monde par Dieu. Mais il ne fait par là ni plus ni moins que, par exemple, saint Augustin. Il ne rejette pas l'idée de la *Création*, mais de la Création *par Dieu ;* ce qui, en d'autres termes, signifie simplement que le monde ne saurait être créé à partir de la substance même de Dieu, qui sinon perdrait son caractère de substance, mais qu'il doit être créé *ex nihilo*, si l'on veut garantir à Dieu sa nature propre. C'est, en effet, comme chez Augustin, l'hétérogénéité ontologique de Dieu et du monde qui interdit de penser la Création autrement qu'à travers la médiation du Verbe, qui, comme le dit le prologue johannique, est auprès de Dieu, n'est pas Dieu, et est Dieu, c'est-à-dire est, en Dieu, la compréhension par ce qui n'est pas Dieu, et donc n'est pas, de son propre néant face à Dieu. Ce néant à partir duquel est créé le monde est le néant même de l'intuition intellectuelle, le savoir de soi de l'homme comme image de Dieu.

Cette doctrine de la Création du monde dans l'image imageante de Dieu n'est, en réalité, que la reprise et l'approfondissement de la thèse d'origine kantienne, défendue en 1794, de l'imagination transcendantale comme puissance de produire l'intuitionné. Le texte par lequel, au § 4 de l'*Assise de la Doctrine de la science*, Fichte explicite le pouvoir de

1. WL 1805, p. 127-128.

l'imagination[1] ne fait qu'anticiper les analyses de 1805. Fichte y décrit l'acte d'auto-position absolue du moi comme la position par le moi de sa propre activité en tant qu'activité infinie. Or, cet acte de position de soi comme infini, revient, en fait, explique Fichte, pour le moi à se *déterminer* par le prédicat d'infinité ; c'est-à-dire conjointement à faire de l'infini un prédicat extérieur au moi et à limiter le moi, comme sujet, par ce prédicat. Par là, le moi se dédouble donc originairement : en transformant le sujet absolu – qui par essence est sans prédicat et s'énonce dans un pur « Je suis » – en un prédicat – dans l'expression : « Je suis un sujet absolu » –, il se distingue lui-même, comme sujet déterminé, de lui-même comme sujet absolu. L'acte d'auto-position absolu du moi comme sujet absolu, en plaçant le moi et l'infini dans une position d'extériorité réciproque, est donc bien indissociable de la position du moi comme sujet fini, comme « moi de chacun ». D'une part, le moi relativise le sujet absolu en le faisant entrer dans une relation à soi comme moi fini, le pose comme un être objectif face à soi ; d'autre part il se saisit lui-même comme un sujet relatif déterminé et déterminable dans un rapport de prédication. Par là se constituent conjointement un monde fini et un esprit fini : en se posant comme distinct de sa propre activité illimitée, le moi se découvre comme une activité limitée, donc mêlée de passivité, et posant ainsi sa propre individualité face à l'absolu qu'il n'est pas, il projette en même temps hors de soi, comme cause de son inégalité à l'absolu et de sa passivité, l'existence d'un monde objectif, qui, engendré par son intuition finie de l'absolu, n'est, en réalité, que cette activité absolue même saisie sous la forme d'un être relatif, c'est-à-dire d'un être-là déterminé. Mais cette duplicité engendrée par l'acte même en lequel il tente de s'affirmer ne peut satisfaire le moi ; elle creuse en lui une aspiration à lui-même, produit en lui une inquiétude et une agitation : cette activité infinie qu'il a posée hors de soi, puisqu'elle doit être *son* activité, il lui faut tout autant se l'attribuer et chercher donc à supprimer sa limitation, c'est-à-dire son individualité et le monde objectif, pour la devenir. La constitution d'un non-moi opposé au moi procède donc déjà, en 1794, de l'intuition par le moi de sa propre activité comme de quelque chose d'étranger à soi qu'il ne peut devenir qu'en affirmant son propre néant et le néant du monde, en

1. Fichte, *Grundlage der gesammten Wissenschaftslehre* (cité WL 1794), Gesamtausgabe, Fromann, I, 2, p. 359 : « *Dieser Wechsel des Ich in und mit sich selbst, da es sich endlich, und unendlich zugleich sezt – ein Wechsel, der gleichsam in einem Widerstreite mit sich selbst besteht, und dadurch sich selbst reproducirt, in dem das Ich unvereinbares vereinigen will, jetzt das unendliche in die Form des endlichen aufzunehmen versucht, jetzt, zurückgetrieben, es wieder ausser derselben sezt, und in dem nemlichen Momente abermals es in die Form der Endlichkeit aufzunehmen versucht – ist das Vermögen der* Einbildungskraft ».

lequel, s'efforçant de le saisir sous une forme finie, il fait exister l'infini. Voulant composer l'incomposable – l'intuition de l'activité infinie et l'activité infinie –, « le moi », écrit Fichte[1], « cherche maintenant à saisir l'infini dans la forme du fini, puis maintenant repoussé, cherche à poser l'infini hors de cette forme, mais justement, dans le même moment, tente à nouveau de le saisir dans la forme de la finitude ». C'est par cette contradiction et ce flottement (*Schweben*) entre l'infini et le fini, en lequel Fichte reconnaît le pouvoir de l'imagination, que s'unissent au plus haut point la doctrine de l'objectivité et la théologie de l'image de Dieu, car c'est précisément en cherchant à manifester l'Absolu que la conscience crée le monde. La doctrine du moi de 1794, comme la doctrine de l'image de 1805, accusent donc l'impossibilité pour le moi d'échapper à son destin créateur en raison même de cette insurmontable contradiction qui l'habite et oblige à un chahut permanent des formes, à un ébranlement continu de toute fixité, autant qu'à un effort constant de recomposition et de restauration de soi.

Le champ transcendantal

On retiendra, afin d'expliciter un peu plus le contenu paradoxal de l'intuition intellectuelle que cette auto-compréhension du néant d'où procède le monde se réalise dans « l'être intime, purement spirituel, de Dieu ». Le moi de l'intuition intellectuelle est on le sait ni pur sujet, ni simple objet, mais sujet-objet : à la fois le sujet d'un acte et son produit, à la fois une action et l'effet d'une action ; ce que Fichte exprime à travers ce mot intraduisible de *Tathandlung*, qui désigne une pure actuation, l'auto-engendrement spontané d'un agir impassible. Il y a ainsi dans la notion fichtéenne d'intuition intellectuelle la conviction que l'auto-intuition par le moi humain de son pur agir conscientiel et spirituel est l'intuition d'un acte sans sujet qui, comme réalité actuelle, à l'instar de la Pensée de la Pensée, est étranger à la division de l'être en puissance et de l'être en acte, du repos et du mouvement, n'ayant pas la passivité comme son contraire, étant, à proprement parler, sans contraire.

Insistons : l'indistinction du sujet et de l'objet dans l'intuition intellectuelle implique l'impossibilité de dissocier un pôle objectif-passif et un pôle subjectif-actif, c'est-à-dire de concentrer l'activité réflexive toute entière du côté de la conscience réfléchissante en comprenant cette activité comme l'actualisation d'une puissance, qui pourrait tout aussi bien ne pas

1. *Idem.*

avoir lieu et qui se comprend comme le contraire d'une passivité. Le moi de l'intuition intellectuelle n'est pas réductible à « la face active » de l'Ego, l'intuition intellectuelle à une possibilité de droit, dont le cogito effectif serait l'actualisation et la vérification de fait, apparaissant sur un fond prépersonnel qu'il présupposerait. Dans les termes qui furent ceux de Sartre[1], nous pouvons dire que le moi de l'intuition intellectuelle fichtéenne consiste précisément dans cette égoïté impersonnelle, non subjective, à partir de laquelle seulement peut se former une instance subjective et personnelle. L'analyse transcendantale ne saurait aboutir dans la position d'un pôle subjectif support des phénomènes psychiques : le champ transcendantal constitué, comme nous l'avons vu, par ce flottement incessant entre l'autonomisation et la dissolution de l'identité subjective, qui est à lui seul le fondement de toute représentation objective, est, pour ainsi dire, constamment dépolarisé.

Fichte considère comme absurde la question de savoir ce que j'étais *avant* d'avoir conscience d'être : l'auto-position du moi n'est pas le passage d'un avant à un après ; elle s'opère dans une simultanéité totale, dans un jaillissement spontané intemporel et inintelligible, qui est le fondement, inaccessible à toute pensée finie, de la possibilité même d'une succession. Nous l'avons vu : il se *trouve* que dans l'intimité spirituelle de l'Être le néant s'intuitionne comme tel et est ainsi porté à se saisir comme existant à partir d'un acte qui lui demeure inexplicable. La pensée de la pensée, l'unité du subjectif et de l'objectif, qui est la vrai source non empirique de toutes nos représentations, n'est, en ce sens, ni véritablement un concept théologique (elle désigne l'intimité spirituelle de Dieu, c'est-à-dire relève d'une approche analogique du divin à partir de l'expérience de notre propre intimité ; Dieu est, et cette plénitude nous est inintelligible ; elle demeure indéterminable sans contradiction : seule l'existence de Dieu se pense, consiste dans le fait de se penser comme telle, c'est-à-dire comme néant au regard de cette plénitude) ni véritablement un concept egologique (la pensée de la pensée du cogito humain n'est pas une opération de la conscience réflexive, mais se comprend comme un événement, l'événement même par lequel advient l'existence dans la présence à elle-même comme telle, une création *ex nihilo*, dont le mystère fait écho au mystère de l'Être et présente le même caractère d'inintelligibilité et d'absoluité, au point de ne pouvoir être pensé qu'en rapport avec le divin et situé en lui). La pensée de la pensée précise, ainsi, moins un espace commun au théologique et à l'égologique que la manière dont l'inintelligibilité de leur espace propre repousse le divin vers l'humain et l'humain vers le divin,

1. Sartre, *La transcendance de l'Ego*, Vrin, 1965.

oblige à une déterritorialisation de l'un vers l'autre : un plan où chacun des deux est étranger à soi en étant référé à son autre en tant que cet autre est précisément étranger à soi ; non pas un lieu de rencontre, mais le champ impersonnel où il s'échappent et se perdent ensemble et mutuellement. Cet espace de déterritorialisation définit proprement le champ transcendantal d'où, comme nous l'avons vu, par le jeu infini des renvois multiples l'un à l'autre de l'absolu et de son image, procède la figure protéiforme d'un monde objectif.

L'intuition intellectuelle n'est l'expérience ni d'une réalité substantielle infinie comme telle, ni d'une réalité particulière et finie. L'être expérimenté en elle n'a pas le caractère de l'Être qui est en-deçà du savoir – le pur *Sein* –; il n'a pas non plus le caractère de l'être objectif phénoménal qui est le corrélat du savoir – de la *Wirklichkeit*. A proprement parler, l'intuition intellectuelle n'est ni l'expérience d'*un* être, ni l'expérience de *l'*Être comme tel. Elle est l'expérience, écrit Fichte[1], de « l'absolument *étant* » en tant qu'il est « l'absolument actif ». L'auto-position du moi, qu'exprime le « Je suis », n'est pas simple position de soi, mais position de soi comme se posant. « L'être (*Wesen*) du moi est activité »[2], écrit Fichte dans la *Doctrine de la science nova methodo :* il n'est que ce qui est actif et rien d'autre. « Il se *pose* du simple fait qu'il est, et il *est* du simple fait d'être posé », dit l'*Assise* de 1794[3]. D'une part, nous l'avons vu, l'auto-position n'est nullement l'acte d'une conscience réflexive par laquelle s'instituerait la position de maîtrise d'un sujet souverain, mais, confondue avec cette activité antérieure à la scission de la puissance et de l'acte, elle définit un acte impersonnel, anté-réflexif. D'autre part, l'être saisi et effectué dans l'intuition intellectuelle, lui-même identique à cette auto-position absolue, se définit à son tour comme pure activité. « Toute réalité est *active* et tout ce qui est *actif* est réalité », écrit Fichte ; ou encore : « l'*activité* est réalité *positive*, absolue »[4]. Les concepts d'auto-position, d'activité et de réalité sont *ici* parfaitement équivalents et interchangeables. La réalité fondamentale à laquelle la conscience est présente et qui est présente à la conscience dans l'intuition intellectuelle, n'est ni la réalité métaphysique, supra-sensible de l'Être divin qui est en soi et par soi, ni la réalité objective du monde, qui, comme l'a montré Descartes, sont toutes deux aisément accessibles au doute

1. WL 1794, p. 298.

2. Fichte, *Wissenschaftslehre nova methodo* (cité : WL NM), Meiner, 1982, p. 66.

3. WL 1794, p. 259 : « *Es* sezt *sich durch sein blosses Sein, und* ist *durch sein blosses Geseztsein* ».

4. WL 1794, p. 293 : « *alle Realität ist* thätig ; *und alles* thätige *ist Realität. Thätigkeit ist* positive *(im Gegensatz gegen bloss* relative*) Realität* ».

sceptique, mais l'unique réalité qui soit pour nous l'objet d'une certitude intangible, et en laquelle nous nous mouvons : la pure immanence de *la vie*, de *notre* vie. Sentiment de mon « être vivant »[1] et « source de la vie », « sans laquelle il n'est que mort »[2], l'intuition intellectuelle est ce par quoi « je possède la vie en moi-même et la saisis en moi-même »[3].

La réalité fondatrice du savoir objectif, donnée dans l'intuition primordiale du moi comme pure activité, est la vie, c'est-à-dire l'absolu ou le divin, non pas tel qu'il est en soi-même, mais pour autant qu'il vit en nous et en nous seuls – qui en sommes l'image –, et dans la mesure où, ne pouvant être intuitionné du dehors sans être perverti en une chose morte, il ne peut qu'être vécu. L'intuition intellectuelle, par son caractère même d'auto-anéantissement, consiste donc à « être en sa propre personne l'absolu et la vie »[4], c'est-à-dire le Verbe, – à réaliser en image le divin sous la forme de cette vie immanente, présente en tous les actes intérieurs et extérieurs de l'humanité, qu'est le *Logos* divin. Ce que nous avons appelé "le champ transcendantal", et décrit comme un espace dépolarisé et constitué par la déterritorialisation de l'humain et du divin, consiste précisément dans cette réalité paradoxale de la vie, qui n'est ni une réalité en soi ni une simple existence phénoménale, mais ce en quoi l'Être accède à l'existence et l'existence se sait comme être-là de l'Être. Cet espace est l'espace d'une présence non-spatiale, d'un être-là absolu, factuel, qui constitue le contenu du cogito comme expérience existentielle pure. Par là se marque l'effort de la philosophie transcendantale pour établir dans l'expérience d'une réalité indubitable, non-catégoriale – pré-catégoriale, puisqu'elle fonde le droit d'appliquer la catégorie de réalité –, un fondement non-ontologique du savoir ; l'ontologie ne pouvant, pour Fichte, manquer de se savoir elle-même comme un savoir relativisant l'Être à ses propres formes. Le transcendantal se détermine ainsi comme réalité, par distinction avec l'Être, comme une réalité qui à proprement parler n'est pas, mais est le champ de toute présentification, de toute manifestation.

1. Fichte, *Zweite Einleitung in die Wissenschaftslehre* (cité : ZE), Gesamtausgabe, Fromann, I, 4, p. 256.

2. ZE, p. 217.

3. ZE ; p. 219.

4. Fichte, *Darstellung der Wissenschaftslehre, Aus den Jahren 1801-1802* (cité : WL 1801), Gesamtausgabe, Frommann, II, 6, p. 132.

UN NARCISSISME PRÉ-PERCEPTIF

Comme telle, l'intuition intellectuelle est l'intuition d'une activité pure impersonnelle et pré-individuelle. Or, il convient d'ajouter que, si, en elle cette activité est présente à la conscience, ce n'est pas toutefois comme l'objet d'une saisie directe, mais uniquement pour autant que s'opère un dédoublement et une conjonction au sein même de l'unité du moi entre un moi passif – le sens interne – et un moi actif indéterminé, entre un conditionné et un inconditionné déterminant. L'agir pur ne peut être appréhendé qu'à condition d'être senti et d'affecter l'intériorité spirituelle ; l'intuition intellectuelle consiste donc dans une auto-affection du moi par son activité, de sorte que l'activité pure n'est perçue qu'à travers la trace qu'elle laisse sur le moi passif, et donc à condition que se brise l'unité originaire du sujet-objet, située en-deçà de l'opposition de l'actif et du passif, en réalité seulement appréhendable à travers sa propre fracture.

L'indivisibilité originaire de la subject-objectivité ne peut-être saisie au cœur de l'intuition intellectuelle, qui en est l'intuition, qu'à travers l'opposition en nous de l'activité et de la passivité, sous la forme d'un rapport entre l'action d'un sujet inconnu et inconnaissable et de la passivité d'un sujet déterminé à agir, sollicité, pour ainsi dire, par l'onde de choc de ce sujet inconnu à vibrer à son tour le long du tracé qui s'inscrit en lui. L'auto-engendrement de l'activité dans son retour sur soi ne saurait être produit par nous, et notre propre cogito est habité par l'écart qui nous sépare à jamais de l'unité indivisible de l'Acte pur auquel nous participons. La vie, l'existence ou, ce qui revient au même, le Verbe, ne peut manifester l'Être absolu qu'à condition de s'apparaître comme néant, c'est-à-dire de s'échapper à soi-même. Si, dans l'intimité spirituelle de Dieu, l'Être se manifeste comme vie, il se trouve aussi qu'en cette même intimité, pour manifester l'Être, la vie doit être à elle-même inaccessible, inobjectivable, et seulement sentie à travers sa répercussion en nous.

Pour accéder à sa propre unité, le moi ne saurait partir ni des éléments, du subjectif et de l'objectif, qu'il composerait pour progresser jusqu'à l'unité, ni de l'unité, qu'il scinderait en parties quelconques. Il ne trouve son point de départ ni dans la dualité, qui, déchirant l'unité qu'elle présuppose, ne saurait être dépassée, pour ainsi dire, vers le haut, dans une réconciliation des séparés, ni dans l'unité qu'il diviserait, puisque cette unité ne lui est jamais donnée hors de sa division en sujet et objet, cette division se produisant elle-même incessamment au cœur de l'intuition intellectuelle même. La forme absolue du savoir donnée dans l'intuition intellectuelle est « une fusion de la diversité en unité, et une diffluence de l'unité en diversité »[1]. L'intuition intellectuelle est l'expérience de ce double mouvement, de cette réversibilité de l'unité et de la scission, qui exclut toute synthèse. Elle est, pour ainsi dire, l'expérience du vide creusé en nous par l'écartèlement incessant à travers lequel notre propre unité se livre ; et la philosophie, qui établit l'intuition intellectuelle comme son premier principe, se tient précisément dans ce creux situé entre l'unité de l'Acte pur, où la pensée et l'Être se confondent, et la diversité où ils se scindent.

Cette unité organique de l'unité et de la scission, que la *Doctrine de la science* de 1805, définit, en termes kantiens, comme l'unité organique « de l'intelligence et de l'intuition »[2], est le lieu où se tient en propre le schématisme de l'imagination transcendantale. Si, comme le note la *Doctrine de la science nova methodo*, le moi, en intuitionnant sa propre activité, lui fait revêtir un caractère d'objectivité[3], cette objectivité résultant de l'auto-intuition, n'est cependant rien d'effectif, et consiste dans la simple représentation d'un procédé, c'est-à-dire dans un *schème*. L'analyse de l'intuition intellectuelle révèle ainsi l'existence d'une sensibilité primordiale, d'une excitabilité pré-perceptive – en un sens pré-sensible – : une affectabilité qui constitue le présupposé et la matrice de toute perception. Cette sensibilité ne définit pas une simple passivité, l'inertie d'un être indifférent, subissant mécaniquement un choc matériel, mais la faculté de répondre au choc d'une activité dans une manière active d'être, de restituer l'impact dans un tracé schématique propre.

C'est là peut-être le sens de l'énigmatique « pas de moi sans un toi »[4], auquel conclut Fichte dans l'*Assise de la Doctrine de la science* de 1794, comme si le principe même de l'intersubjectivité, avant toute rencontre effective, habitait au cœur de la conscience, était constitutif du rapport même du moi à soi-même, le moi se dédoublant originairement en un moi et un toi, tutoyant la vie qui l'habite, l'épousant et la voulant dans la ligne qu'il trace et qu'elle laisse en lui. Il y aurait ainsi comme un narcissisme primitif, anonyme, en lequel le moi, s'aimant et s'échappant infiniment à lui-même dans une image mouvante de soi, ne pourrait jamais se refermer sur soi ; un narcissisme qui signifierait en même temps une déhiscence, et fonderait une relation ouverte au monde, disposerait à reproduire et à réinventer dans l'intériorité tout impact vital. Une interrogation tournée vers soi, qui disposerait à interroger tout ce qui se fait voir à la conscience, à saisir le monde comme une sollicitation énigmatique ; une constitution

1. WL 1801, p. 141.
2. WL 1805, p. 20.
3. WL NM, p. 110.
4. WL 1794, p. 337.

originaire de soi dans l'étonnement, obligeant à répéter dans une genèse intime ce qui vient nous affecter.

Ce dédoublement du moi, qui est la matrice de tout rapport à une extériorité, que ce soit l'extériorité du monde ou de l'autre homme, n'est toutefois pas tel qu'en lui l'opposition du sujet et de son objet soit parfaitement marquée comme elle l'est dans le rapport à une présence effective. En approfondissant l'analyse de cette auto-affection du moi en quoi consiste l'intuition intellectuelle, on trouvera que ce tracé linéaire onduleux, par lequel se répercute et s'image la vie, semble tout aussi bien émané d'un fond primordial qu'il présuppose et fait exister à la fois par la vibration qu'il crée en lui. La ligne, image-schème de la vie, n'est pas, pour emprunter à Merleau-Ponty une expression qu'il appliquait à Matisse, « comme en géométrie classique, l'apparition d'un être sur le vide du fond ; elle est, comme dans les géométries modernes, restriction, ségrégation, modulation d'une spatialité préalable »[1]. Cette spatialité préalable – pré-géométrique –, à la fois présupposée et instituée par le tracé schématique, définit le champ transcendantal comme ce fond inobjectif, pré-individuel, sensible, pré-catégorial, indifférent à l'universel et au particulier, à l'affirmation et à la négation, où s'esquissent par rayonnement et modulation les formes vibrantes et singulières de l'objectivité.

Or, un tel fond ne saurait être l'objet d'aucune expérience, aussi délicate et spécifique fut-elle, mais résulte plutôt de l'impossibilité pour l'intuition intellectuelle de se constituer en une expérience directe de son objet qu'est l'activité pure, et traduit par conséquent son essentielle vacuité, la manière dont elle manque constamment son objet et dont son objet lui manque. Il est le fond diaphane et imprescriptible de toute expérience, comme l'air en lequel les vibrations des cordes viennent résonner, le fond que présuppose toute expérience, n'apparaissant comme tel qu'à l'occasion du tracé qui s'y opère, comme révélé par le tracé même et non comme une surface vierge sur laquelle le tracé s'arracherait. Il n'est l'objet ni d'une expérience métaphysique ni d'une expérience empirique, mais le présupposé engagé dans toute orientation clivée de la conscience vers l'être conditionné ou inconditionné de toute empirie. En lui, et hors de lui, par dédoublement et conjonction, se forme le rapport de l'absolu et du fini comme de deux bords accolés, joints et disjoints, simultanément engendrés dans un partage, qui n'est pas leur partage, mais le partage unifiant de ce fond avec lui-même qui a lieu par la répercussion en nous de l'activité originaire. La trace ou le sillage laissé par l'activité pure ne s'opère, à vrai dire, pas *sur* lui – ce qui le constituerait dans une extériorité

1. Merleau-Ponty, *L'œil et l'esprit*, Gallimard, 1979, p. 77.

réciproque avec le sujet hypothétique du tracé –, mais en lui comme un frisson advenant sur la surface charnelle d'une peau, senti sur cette peau et par elle comme une affection extérieure *et* une vibration propre, antérieurement à la distinction de l'intérieur et de l'extérieur, qui n'est possible qu'à partir de ce sentiment primordial.

L'intuition intellectuelle ne serait dès lors rien de plus que le simple sentiment d'exister, non pas l'expérience d'une profondeur, mais l'expérience la plus banale, la plus superficielle, mais aussi la plus riche, pour ainsi dire, à fleur de peau, d'une pulsation vitale. Une expérience en laquelle, sans être fondus dans une unité incompréhensible, le pôle subjectif et le pôle objectif de toute conscience sont dans une relative indistinction. Le point auquel se tient l'intuition intellectuelle étant bien celui de l'unité organique de l'unité et de la scission, de sorte que par le tracé schématique à la fois s'opère une dissociation du moi en une activité pure et en une activité déterminée qui en est l'image – une dissociation qui est le fondement de toute transcendance en créant l'horizon où elle pourra apparaître – *et* une fusion des deux dans la reprise et l'écho de la première dans la seconde, qui n'est donc pas seulement une re-présentation de l'activité pure, mais une vibration spontanée, une création originelle de formes, un remous fécond à la surface instable d'une eau, une vie communiquée et vécue.

La diathèse du moyen

Il est clair que la notion d'intuition intellectuelle n'est pas simple et ne définit pas une expérience univoque. A vrai dire, « l'intuition de l'activité pure n'est rien de fixe, mais progrès, non pas un être, mais une vie »[1], écrit Fichte. Le développement total de son concept passe par trois moments qui sont comme les trois moments, sinon les trois aspects fondus d'un même processus. Elle est premièrement possession de la vie, ou de l'Absolu comme Acte pur, en sa propre personne. Elle est ensuite le sentiment d'exister provoqué par l'impact de la vie en nous, dont nous venons de souligner l'ambiguïté – puisqu'il est à la fois un sillage, un effet objectif, et un tracé imageant, un acte autonome, dissociant et unifiant en lui les deux aspects indissociables de la *Tathandlung*. A la fois la constitution d'un écart de soi à soi – prédisposant à l'intersubjectivité et au rapport au monde – et l'unité avec soi éprouvée dans la confusion d'une auto-affection réalisée dans un agir spontané. Elle est enfin l'expérience

1. ZE, p. 218.

d'une scission complète, d'une totale inégalité existant entre moi et moi-même, entre moi comme pure activité et moi comme activité déterminée mêlée de passivité, déterminant une aspiration du moi limité à devenir le moi illimité – moi pur. Comme telle elle se confond pour Fichte avec la conscience de l'impératif catégorique, qui est l'ultime fondement de l'objectivité.

Ici l'Acte pur apparaît à la conscience comme une activité réelle, comme une « tendance (*Tendenz*) absolue à l'absolu »[1], une spontanéité initiale, pulsionnelle, qui n'est pas encore une liberté, distincte de l'activité réfléchissante, subjective, Fichte dit « idéale », qui porte sur elle. Cet ultime moment correspond à l'émergence de la conscience comme conscience réflexive de soi, et l'ensemble de l'analyse de l'intuition intellectuelle n'est au fond qu'une description de la manière dont la conscience s'origine en nous à partir de la présence à nous d'une activité primordiale à laquelle nous sommes présents, d'abord par la répercussion inconsciente en nous de cette activité dans le sentiment d'exister sous la forme d'une activité schématisante spontanée *et* propre, qui nous révèle à nous même à la fois comme une surface sensible à cet affect primordial et comme le lieu même, où par modulation interne, s'opère cette activité shématisante, – puis par l'éclatement de l'unité de l'Acte pur qui se produit en nous du fait même de son impact en nous, par quoi il s'oppose à l'activité déterminée qu'il a suscitée et qui le reproduit ; de sorte que le sentiment d'exister se transfigure immédiatement dans le sentiment de ne pas être ce que l'on devrait être ; le narcissisme primordial dans une nostalgie de soi, qui n'est nullement le principe d'un abattement neurasthénique, ni, *a fortiori*, d'une complaisance masochiste au mal, mais constitue un intérêt, motive un effort infini pour rejoindre ce que l'on doit être, et que l'on est – un mouvement de transcendance incessant à l'égard de tout ce qui nous sépare de nous-mêmes comme Acte pur. En effet, en vertu de l'unité originaire du sujet-objet, en laquelle l'activité réelle et l'activité idéale sont une seule et même chose, l'activité subjective, idéale, à présent autonomisée, pose la tendance à l'autonomie – ou plutôt l'activité pure qu'elle *éprouve* comme tendance – comme identique à soi-même, comme ce qu'elle doit elle-même devenir, c'est-à-dire comme l'objet d'une libre appropriation. La tendance à se déterminer absolument soi-même sans aucune impulsion extérieure, la tendance à l'absolu, qui constitue comme telle, dans le dédoublement en nous de l'Acte pur, une force active aveugle, devient alors l'objet d'un choix conscient : le moi originairement entraîné vers l'absoluité, affecté par une

1. Fichte, *Das System der Sittenlehre*, Gesamtausgabe, Fromann, p. 45.

activité illimitée, choisit son absoluité. C'est ainsi dans cette séparation de ce qui est uni, et dans cette unité de ce qui est séparé (pour autant qu'à présent séparation et unité entrent dans une alternance continue, le moi se trouvant consciemment séparé de lui-même et voué à la tâche infinie d'une réconciliation avec soi – le décalage entre l'activité pure et l'activité déterminée qu'elle impulse étant explicitement pris en vue, et pour ainsi dire objectivé comme il ne l'était pas dans le tracé fiévreux et inconscient de l'imagination), que surgit notre liberté comme la faculté de se faire soi-même absolu, de devenir absolu, à travers toutes les synthèses par lesquelles chacun de nous, selon ses forces propres, comble l'intervalle qui le sépare de lui-même.

L'intuition intellectuelle n'est donc pas une contemplation paisible de l'inconditionné; intuitionnant l'Absolu comme Acte, réalisant cette intuition non pas comme le ferait un regard mort, distancié et froid, simplement spectateur d'une agitation à laquelle il serait étranger, mais dans une participation active d'abord inconsciente puis volontaire et résolument orientée vers l'action effective, elle définit en fin de compte un destin et une vocation, une *Bestimmung*, une détermination originaire et inaugurale de l'humanité à devenir consciente et libre. Henri Maldiney [1] a parfaitement décrit cet éveil de la conscience lié à l'avènement de la liberté que réalise l'intuition intellectuelle, par quoi, selon lui, Fichte rejoint la position fondamentalement éthique de la « *Schicksals*analyse », distincte de la position *psych*analytique en ce que le psychique lui-même n'y est pas décrit comme un appareil susceptible d'une approche topique, mais comme un processus de libération. Si le moi fichtéen a bien pour « ancêtre immémorial » le « fond moïque inconscient » [2], celui-ci ne peut être séparé de son procès, par lequel il ne peut être existé qu'en première personne. Se trouvant fissuré, ou plutôt lui même comme faille, il est « l'acte de s'égaler en se dépassant soi-même de l'inconscient au conscient » [3]. Ressentie, l'activité pure se présentifie comme une tendance, une pulsion, qui, en se déterminant dans le tracé schématique qu'elle suscite et qui la re-présente, en "sillant" le moi sensible – dans le choc qu'elle provoque en nous –, vient à se limiter, se trouve inhibée et refoulée, et persiste à travers ce refoulement comme une tendance non satisfaite, créant ainsi en nous un désir ardent d'infini. La légère soufflure, l'infime battement, en quoi consiste sa reprise dans le schème encore lié à elle, s'exacerbe jusqu'à l'écartèlement, jusqu'à émanciper complètement le tracé, à le transfigurer

1. Henri Maldiney, *Penser l'homme et la folie, A la lumière de l'analyse existentielle et de l'analyse du destin*, « Pulsion et présence », Millon, 1991, p. 145 *sqq.*

2. *Ibid.*, p. 155.

3. *Ibid.*, p. 154.

en un acte décidé et libre, aspirant à transcender la limite qu'il apporte à l'activité pure et à se transformer lui-même en une action toute entière orientée vers la restauration de l'unité qui a pourtant commencé de se défaire par lui : le moi pur originaire, cette vie insaisissable, et diffractée dans son impact même, ce fond inconscient d'où émerge toute conscience, devient un idéal pratique. L'inhibition se résout et se sublime en une poussée vers le dehors.

C'est un faux problème que d'interroger le fichtéanisme sur sa capacité à surmonter l'idéalisme absolu auquel le condamnerait inéluctablement son point de départ. Contre un tel risque, il est d'emblée prémuni : le procédé de l'entendement par lequel, sous la forme d'objet, se trouve fixé et, au sens bergsonien du terme, matérialisé la vibration créatrice de l'agir imageant du moi, n'apparaît nullement comme un voilement, une occultation indue de l'activité spirituelle primordiale, ou une abstraction illégitime par laquelle une instance subjective faussement autonomisée se placerait hors du mouvement de la vie : il est impliqué par ce mouvement même et résulte tout nécessairement de l'impossibilité pour l'intuition de la vie de parvenir à son but et d'avoir lieu sous une autre forme que celle de la conscience de l'écart qui la sépare comme agir déterminé de l'agir illimité avec lequel elle veut coïncider. Aussi le moi éprouve t-il l'impossibilité de s'égaler à soi-même comme une résistance, une objection à lui-même, comme un empêchement à être pleinement soi, comme un non-moi, qui signifie tout autant la possibilité d'une nouvelle extension, d'un rebondissement de son activité sur un autre mode, que la limite actuelle de son agir. Le moi se trouve originairement limité par autre chose que soi, dont il fixe le contour sous la forme d'une contrainte objective, seulement parce que, en vertu de sa propre exigence d'absoluité, il étend ses limites, et au moment même où il les étend. Il appartient donc au destin du moi, comme un développement nécessaire du processus global de l'intuition intellectuelle, de poser en soi *et* hors de soi un monde. L'altérité n'est donc nullement une gageure pour le moi enfermé en lui-même, ni même une offrande douteuse qui lui serait faite on ne sait d'où : l'altérité est à ce point primordiale qu'elle est inscrite structurellement dans le moi même, et qu'en fin de compte l'expérience qu'il a de lui-même consiste toute entière dans l'expérience de l'altérité.

L'unité du passif et de l'actif réalisée dans la réflexivité paradoxale de l'Acte pur constitue, nous l'avons vu, l'essence même du réel comme activité. Cette unité, qui réalise originairement et en-deçà de toute conscience la diathèse du « moyen » [1] – qui peut être définie comme l'unité

1. Maldiney, *Op. cit.*, p. 162.

de l'auteur de l'acte et du lieu de l'acte –, cette unité vient, dans le cours même de l'intuition intellectuelle, à se scinder sous la forme d'un intervalle, d'un écart, d'une faille, qui, eu égard à la réalité, à la seule réalité à laquelle nous puissions être présent et qui fonde notre propre présence à nous-mêmes, signifie une défaillance, un effondrement, une perte. Gilles Deleuze[1] a décrit avec une remarquable simplicité ce clivage qui oppose l'immanence d'une vie singulière et impersonnelle, qui est « au-delà du bien et du mal » – on préférera dire "en-deçà" –, à l'actualisation de la vie dans l'opposition d'un objet et d'un sujet, par quoi elle devient une vie individuelle engagée dans l'extériorité et susceptible d'approbation ou de désapprobation morale. Dans cet "en-deçà" de l'éthique sont également dignes de respect et d'amour les pires canailles et les tout-petits enfants. Antérieurement à la partition du sujet et de l'objet, et à leur institution hors du champ transcendantal au titre d'instances transcendantes, il n'y a, à proprement parler, pas de moi, entendons conscient de soi, mais l'égoïté inconsciente, qui, en-deçà de toute conscience et indescriptible à partir des formes du savoir conscient, n'apparaît jamais comme telle. L'esprit fini ne peut s'ériger comme puissance affrontée au monde et à son propre avenir qu'en brisant ce fond de réalité qu'il ne cesse cependant jamais de présupposer et de viser comme la fin ultime de tous ces actes.

Réfléchie dans une conscience, l'activité pure, la réalité, se détermine pour le moi comme *une* de ses tendances – sa tendance primordiale à l'activité illimitée –, et l'égoïté impersonnelle comme fond pulsionnel inconscient. L'Acte pur – unité de l'objectif et du subjectif – devient quelque chose d'objectif : quelque chose – une spontanéité – qui me pousse, et dont je deviens conscient, c'est-à-dire qui devient pour moi subjectivement. Au moment même de son émergence, le sujet se trouve donc non seulement comme divisé, mais comme passif, c'est-à-dire comme éprouvant dans un sentiment son activité spontanée sous la forme de quelque chose de donné et de naturel. Il est, pourrait-on dire, le lieu d'une action dont il n'est pas l'auteur. Par là l'Acte pur, la vie, se constitue en une instance transcendante au moi et affectante. Considéré en lui-même, l'Acte pur est à lui-même son propre lieu : réalisant originairement la diathèse du moyen, il se caractérise, nous l'avons dit, par l'unité de l'auteur et du lieu de l'action, et n'est nullement compréhensible comme un agir transitif produisant son effet hors de soi. On ne saurait donc véritablement dire que l'activité primordiale agit *elle-même* comme une force objective dans la région du sujet sans dissocier ce qui en elle-même

1. Gilles Deleuze, *L'immanence : une vie...*, in Philosophie, n°47, Editions de Minuit, 1995.

est unifié. La dissociation d'une région subjective, de la subjectivité comme lieu, et d'une force objective agissant dans ce lieu comme une motion extérieure, procède plutôt de la dissociation de l'unité de l'Acte pur qui a lieu par sa réflexion dans la conscience. La région, dans laquelle "agit" l'activité pure comme pulsion, n'est, en réalité, *du point de vue de l'activité pure*, pas un dehors, puisqu'elle est sans dehors, mais, si l'on veut, un hors-lieu, hors du seul lieu qui soit pour elle et qui est indissociable d'elle-même comme auteur de son action ; de sorte que seul le sujet peut faire qu'*elle* y agisse, à condition de réaliser à son tour la diathèse du moyen, c'est-à-dire en se faisant lui-même librement l'auteur de l'action dont il est le lieu, de sorte que la différence des lieux – du lieu de l'Acte pur et de la subjectivité comme lieu d'un acte dont elle n'est pas l'auteur – soit annulée. Cette unité du passif et de l'actif caractéristique de l'Acte pur est le but de l'éthique, et elle ne peut le devenir que parce qu'elle s'est d'abord brisée dans l'intuition intellectuelle. L'origine devient fin, et c'est là tout le contenu de l'éthique comme ultime accomplissement du devenir de l'intuition intellectuelle.

LE MOMENT TOPIQUE

La fracture du réel imposée par le destin de l'intuition intellectuelle allant du moi absolu aveugle au moi pratique constitue ainsi le moment de ce destin où s'institue ce que l'on pourrait appeler une représentation "topique" du moi – le moment topique de ce destin. La dissociation de l'actif et du passif oblige, en effet, à dissocier dans l'unité originaire de l'Acte pur l'auteur de l'acte du lieu de l'acte, à poser le moi – subjectif – comme un lieu séparé de la source d'où jaillit l'activité inconsciente – objective. Cette représentation topique ne doit pas être définitive, ne délivre pas toute la vérité sur le moi ; constituée dans le mouvement de son apparition à soi, elle est une représentation aussi nécessaire que provisoire, qui doit être elle-même dépassée, nous l'avons dit, par la liberté dans l'orientation du vouloir vers un idéal éthique où la différence des lieux s'annule par l'accomplissement de l'unité du lieu et de l'auteur de l'acte, de sorte que, le lieu propre du moi n'étant plus différencié de celui de l'Acte pur – le moi devenant, pour ainsi dire, le lieu-tenant de l'Acte pur divin –, la notion même de lieu – qui ne s'institue que par la dissociation du passif et de l'actif – ne soit plus de mise. Cette représentation n'est nécessaire que dans la mesure où sans elle le moi ne pourrait atteindre à la vie éthique, qui la présuppose toujours comme ce qu'elle s'efforce résolument de surmonter et de récuser en tous les actes par lesquels elle se particularise.

Mais il est encore possible que l'on se résigne complaisamment à elle comme à une insurmontable fatalité – ce qui est encore un choix éthique. Il est encore possible que l'on s'y arrête sans relever le défi qu'elle constitue, et que l'on forme la vie à travers la dualité oppositionnelle du subjectif et de l'objectif, de l'actif et du passif, qu'elle instaure. En elle-même, elle ne fait que traduire l'intervalle qui nous sépare de l'Acte pur auquel nous participons. Le mal proprement dit s'institue sous la forme d'une fixation pathologique[1] du destin du moi, pour ainsi dire, malade du déchirement de son unité, ressassant les contradictions naissant de l'opposition en lui de l'actif et du passif, les figeant en des antagonismes insurmontables, se trouvant destiné à l'activité et empêché d'assumer cette destination, hésitant entre sa vocation à l'illimité et sa finitude, transformant alors la contradiction de l'infini et du fini interne au moi en une insurmontable culpabilité.

Cette partition du moi s'articule au dualisme inhérent à la vie, qu'aucune philosophie de la vie ne peut manquer de prendre en considération. Conçue comme création infinie de formes, la vie se déploie dans deux directions opposées selon qu'en elle s'accuse sa dimension de *création*, c'est-à-dire de transcendance à l'égard de toute forme arrêtée, ou sa dimension *formatrice*, de puissance d'imposition d'une forme déterminée et régulière. Ce dualisme interne à l'unité de la vie, Fichte le montre comme résultant de notre intuition originaire de la vie par laquelle nous venons à la présence. En cette intuition s'opposent « une tendance à remplir l'infinité », qui « contredit à tout objet particulier »[2] et une tendance à la limitation, à se poser soi-même comme moi limité face à un non-moi déterminé. La première fonde une poussée vers le dehors, mais « sans qu'il y ait là encore rien à distinguer »[3] – une pure aspiration à l'altérité, sans objet. La seconde brise cet élan vers le dehors contre l'effectivité d'un dehors arrêté et figé, du dehors comme obstacle contraignant et résistant, refoulant l'élan en l'obligeant à un retour sur soi sous la forme d'un effort déterminé. La première est un élan vers le monde que la seconde frustre par la présence d'un monde effectif obligeant à l'action, c'est-à-dire à surmonter leur propre opposition.

Là se joue toute la destination de l'homme. Chacune des deux tendances peut s'émanciper du jeu alterné en lequel elles se limitent l'une par l'autre, et par lequel le devenir libre et conscient de l'humanité va

1. Cf. mon article : *Métaphysique et schizophrénie*, in ALTER, n°6, 1998.
2. WL 1794, p. 421.
3. WL 1794, p. 423.

croissant. Car chacune porte en elle une inclination vers l'extrême. Désolidarisées, elles se pervertissent, et l'élan vers l'infini ne nourrit plus la rencontre d'un monde effectif à remodeler incessamment par l'action en vue de l'avènement d'un monde idéal, tandis que la limitation de l'activité primordiale ne détermine plus un retour sur soi de l'activité sous la forme d'un effort incessant. L'élan infini étend alors sa poussée vers le dehors si loin qu'il traverse toute présence, devenue à lui-même transparente, ne rencontre plus nul visage, – que le moi, s'étendant sans limites hors de soi, se démultiplie à travers toutes les formes possibles de l'existence, s'aimant infiniment lui-même en toutes ces figures fantômales, voulant à chaque moment être un autre, et n'étant jamais lui-même. A l'inverse, la tendance à la fixation de l'énergie vitale sous l'aspect d'une altérité opaque maintient la tendance originaire absolue à l'illimité dans un état de refoulement et de frustration définitive en lui interdisant toute satisfaction, en enserrant la vie dans un ordre d'airain fait de règles et de contraintes objectivé sous la forme d'un monde nécessaire, qu'aucun effort ne pourra abattre, et au sein duquel je ne peux que demeurer à jamais ce que je suis. Dans le premier cas, le moi perd l'extériorité ; dans le second, sa puissance de la transcender. Dans les deux cas la transfiguration de la libre puissance imageante du moi en un acte déterminé visant à une transformation du monde, en une libre *praxis*, est empêchée.

Le refoulement de la motion pulsionnelle inconsciente figée dans un substitut représentatif entravant son développement dans une activité motrice – l'autonomisation de la tendance à cristalliser la vie en un système contraignant –, comme la création autocratique d'un monde indépendant n'offrant aucune résistance à la motion pulsionnelle – l'autonomisation de la tendance à l'activité illimité –, introduisent certes une faille, dans le premier cas, entre le moi et le fond pulsionnel inconscient et, dans le deuxième cas, entre le moi et le monde extérieur. Toutefois, si le moi est bien le centre vers lequel convergent les tendances antagonistes, ces failles ne se creusent elles-mêmes que parce que le moi individuel, originairement et essentiellement fissuré, ne tend pas à réduire la faille, qui le constitue comme tel, par un effort infini vers l'unité idéale de ses tendances. Le fond pulsionnel inconscient et le monde extérieur ne peuvent apparaître comme des instances menaçantes et dominatrices du moi qu'à partir du moment où n'est pas librement assumé le destin éthique du moi, où sa propre unité improbable, constamment défaite et restaurée dans l'engagement d'une action, n'est plus, ou ne peut plus être posée comme l'horizon d'une existence.

Le sens même de l'existence semble alors tout entier contenu dans ce balancement, cette alternance entre le scandale d'un accomplissement illimité de tous les possibles et la restriction de la vie à une forme déterminée sanctionnée par le monde. Il convient, pour conclure, de souligner que cette alternative entre une diminution et une acceptation du sacrifice pulsionnel, à laquelle la représentation topique du moi voue la vie, n'est pas une alternative *éthique*. Elle signifie plutôt une impuissance à l'éthique, et l'on ne saurait présenter une quelconque réduction de l'intégralité du phénomène humain à cette alternative – ainsi que le fait la psychanalyse, qui, en tant que phénomène culturel, en reproduit et favorise les conditions – comme répondant à une exigence éthique de véracité. Faire du point de vue topique le principe d'une herméneutique de la vie ne peut tout au plus que permettre de décrire l'échec de l'homme à être heureux – ou plus précisément ne peut qu'aboutir dans une théorie du malheur, puisque les principes mêmes qu'une telle herméneutique mettrait en œuvre procèdent d'un malheur survenu dans le destin du moi. Une telle herméneutique ne serait recevable comme une doctrine de l'illusion que dans la mesure où elle procède elle-même d'une illusion du moi sur lui-même rendue possible par la fracture du transcendantal opérée dans la conscience réflexive.

Jean-Christophe Goddard

LA CONSCIENCE ABSOLUE COMME ÉVEIL À LA DÉTERMINABILITÉ DU MONDE

(LE TRANSCENDANTAL DANS LES PHILOSOPHIES INTERMÉDIAIRES DE FICHTE ET DE SCHELLING)

ENJEUX ACTUELS DU DÉBAT SUR LA CONSCIENCE ET SA CONSTITUTION TRANSCENDANTALE

Le contexte philosophique actuel appelle à reconsidérer la philosophie transcendantale d'un regard nouveau.

D'un côté, en effet, les philosophies procédurales ont, à la suite de Habermas, rejeté le paradigme obsolète des philosophies de la conscience pour achever le tournant linguistique dans une théorie générale de la communication. Celle-ci subsume l'interaction sociale sous les catégories d'une pragmatique de l'intercompréhension des sujets humains[1].

D'un autre côté, les philosophies cognitivistes redécouvrent le paradigme de la conscience et tentent d'explorer l'autoconstitution du soi en tant que système neuropsychique de traitement des informations. Pour les philosophies cognitivistes, l'interdit jeté par le tournant linguistique sur le paradigme moderne de la conscience ne concernerait que son *transcendantalisme*. Un point sur lequel s'accordent Putnam et Searle est qu'en se fixant sur l'objectivité des pratiques langagières, la philosophie du langage a ouvert la voie à un réalisme internaliste considérant les conditions de possibilité des actes linguistiques comme *internes* à leurs

1. Pour une présentation succinte, on verra Habermas J., *Explications du concept d'activité communicationnelle (1982)*, in *Logique des sciences sociales*, trad. par R. Rochlitz, P.U.F., Paris, 1987, p. 413 à 446.

conditions d'effectuation[1]. La conscience se donne dès lors comme un système de coordination interne aux opérations contextuées.

Procéduralisme et cognitivisme s'accordent donc sur le dépassement nécessaire du transcendantalisme, entendu comme institution d'une conscience hors monde dirigeant la coordination des représentations concrètes. Mais pour le premier, le paradigme de la conscience est indissociable de la fonction transcendantaliste de la conscience, alors que, pour le deuxième, une conscience sans fonction transcendantaliste demeure comme unité interne à l'effectuation du savoir[2]. Searle et Putnam ont longuement critiqué toutes les dérives qu'a pu entraîner l'exigence d'une telle position. Du mentalisme naïf au mentalisme sophistiqué, on a traversé de multiples visions de la conscience tantôt comme complexe neuronal opérant la synthèse électro-chimique des données perceptives, tantôt comme machine à tester la « calculabilité » des informations, tantôt encore comme dépositaire d'une syntaxe universelle permettant d'établir des règles de vérité, tantôt enfin comme système de traitement des informations coordonnant les rapports des états physiques et des états mentaux[3]. Mais, malgré ces dérives qu'auraient sanctionnées aussi les paralogismes de la raison pure établis par Kant, le paradigme de la conscience s'est confirmé[4] et ceci, non parce qu'il permet de postuler une unité de vie opératoire circonscrite à un environnement physique déterminé, mais bien parce qu'il permet de justifier la référence à un monde, c'est-à-dire la croyance en une unité de totalisation qui forme le contexte de l'opération mentale ou, plus précisément, son champ d'application ou son domaine d'usage[5].

1. On pourra se rapporter à deux ouvrages-clés : Searle J.R., *La redécouverte de l'esprit*, trad. par C. Tiercelin, Gallimard, Paris, 1992 et Putnam H., *Représentation et réalité*, trad. par C. Tiercelin, Gallimard, Paris, 1990.

2. Cf. Missa J.-N., *L'esprit-cerveau*, Vrin, Paris, 1993, p. 135 : « (...) Un des mérites des neurosciences est de différencier les processus relevant du concept générique de conscience. (...) Quant à l'aspect subjectif, il est inaccessible à l'investigation scientifique et comme le note Bisiach, (...) sans expérience directe, nous ne connaîtrons jamais l'effet que produit le fait d'être un patient souffrant d'héminégligence » (Missa cite l'article *The (haunted) brain and consciousness*, in Marcel A. et Bisiach E. (Eds), *Consciousness in Contemporary Science*, Oxford University Press, Oxford, 1988, p. 101 à 120, p. 117).

3. Cf. notamment, Jacob P., *Le problème du rapport du corps et de l'esprit aujourd'hui, Essai sur les forces et les faiblesses du fonctionnalisme*, in *Introduction aux sciences cognitives*, D. Andler (dir.), Gallimard, Paris, 1992, p. 313 à 351.

4. Cf. Engel P., *Introduction à la philosophie de l'esprit*, La Découverte, Paris, 1994, en particulier la discussion avec Dennett, p. 202 à 209.

5. C'est le monde attendu par toute attitude mentale ou conception théorique comme ce monde convenant à son usage. Cf. Putnam H., *Le réalisme à visage humain*, trad. par C. Tiercelin, Seuil, Paris, 1994, p. 298-300. On verra aussi notre article *Cognitivisme et*

C'est donc la possibilité d'un monde de la conscience comme contexte opérant des représentations mentales et l'univers de signification qui en découle qui maintiennent ouverte la question de la conscience : non pas le « hors monde », mais bien « l'être-au-monde » comme *habitus pré-réflexif*.

Dans cette optique « post-transcendantaliste », la conscience garantit l'*immanence* des opérations cognitives à un domaine d'usage *cohérent*, c'est-à-dire susceptible d'insérer ces opérations dans ses structures. La conscience est la *forme* du savoir en référence à un monde. Elle n'est donc pas la condition de possibilité du monde, mais elle est la forme de tout savoir interne à son effectuation dans un monde. Être conscient, c'est se savoir comme soi dans un monde, c'est donc référer toute opération mentale à son insertion dans un domaine d'usage où elle est susceptible de manifester sa vérité et ainsi de produire un sens.

Sans ce retour à soi par le sens du monde, il n'y a pas de conscience. Mais par ce retour, la conscience ne sait que soi comme sens du monde. Son savoir n'est donc pas dépendant d'un « hors de soi » en soi ou nouménal, mais de soi comme effectuant une trajectoire objectivable pour tout point de vue mondain. Posséder la forme de la référence au monde pour le savoir de la conscience signifie donc qu'il fait l'expérience de son « intelligibilité intrinsèque », comme dit Jean Ladrière[1], c'est-à-dire qu'il possède la forme d'un savoir réflexif qui se sait lui-même comme production de sens, c'est-à-dire comme auto-élucidant.

Cette *autoréférentialité* du savoir sous la forme de la conscience ne se réduit pas à la version qu'en a donné le transcendantalisme (notamment dans sa version néo-kantienne) comme savoir auto-constituant du sens, un savoir catégorial des conditions de possibilité rivé aux présupposés empiristes de la connaissance objective[2]. Quand il résiste à ses dérives épistémologiques, le cognitivisme atteste d'un savoir du sens s'auto-constituant, c'est-à-dire d'un savoir immanent à l'effectuation de l'auto-constitution du sens. C'est par cette réflexivité que le cognitivisme peut s'interroger sur le processus interne de constitution du savoir de l'information ; c'est en assumant cette tâche qu'il redéfinit la conscience comme procédure d'institution du soi, voire comme structure de « capa-

fonctionnalisme, Implications des critiques de Putnam contre le « mentalisme sophistiqué », in *Cahiers de l'Ecole des sciences philosophiques et religieuses*, n° 20, 1996, p. 97 à 123.

1. Cf. Lardrière J., *La forme et le sens*, in *Encyclopédie philosophique universelle*, t. 1, 1989, p. 475 à 492, p. 491.

2. Cf. Pichet C., *Kant et ses épigones*, Vrin, Paris, 1995, p. 243 et 244.

citation » de l'affirmation contextuelle du soi [1]. On pourrait, dans cette optique, songer au sens littéral de l'expression « perdre conscience » : c'est ne plus disposer de la *structure de capacitation* par laquelle le soi peut se situer et s'exprimer dans un environnement.

Dans ces débats sur une compréhension non transcendantaliste (mais internaliste) des rapports entre monde et conscience, Husserl a souvent été mis en cause. Les cognitivistes ont fait fi, de nouveau, des interdits lancés par le procéduralisme et ont tenté de relire Husserl sans réduire la conscience phénoménologique au transcendantalisme des conditions de possibilité. D'un point de vue phénoménologique d'ailleurs, si l'on tient compte du fait que le réalisme internaliste ne correspond pas à l'« attitude naturelle » sous-tendant la connaissance objective, mais constitue plutôt l'aboutissement d'une réduction qui n'est pas thématisée pour elle-même, on n'aura aucune peine à retrouver le fil des débats puisqu'il s'agit bien de saisir la conscience dans un rapport de constitution de soi par sa détermination réflexive d'un savoir du monde comme domaine d'effectuation [2]. Le rôle déterminant de cette constitution noétique du monde n'a pas échappé aux cognitivistes, même si leur vision de la constitution noématique de la conscience semble plutôt dérivée de la constitution noétique, comme dans le transcendantalisme moderne [3].

Cette interprétation de Husserl donne pourtant à son *idéalisme transcendantal* une signification qui s'écarte de sa portée phénoménologique. Pour Husserl, en effet, l'eidétique de la conscience absolue n'est pas condition de possibilité du monde, mais en tant que structure originaire du flux de la « vie en éveil » [4], elle est condition de possibilité de la conscience de soi dans un monde. Dans son essence, la conscience apparaît donc déjà comme ouverte à une déterminabilité, même si elle est libre de toute détermination. On approche de cette façon la *structure originaire* de détermination de la conscience de soi dans un monde, – la structure de l'*ego* pur du *cogito* pour reprendre la terminologie des *Ideen II*. Il s'agit de l'être-ouvert de la conscience absolue à la sphère de déterminabilité de son activité pure [5], un être-ouvert à la « choséité » de son activité, c'est-à-dire à son être-chose dans un monde possible.

1. Cf. Searle J.R., *The Construction of Social Reality*, The Free Press, New York, 1995, p. 129.

2. Cf. Kokoszka V., *La conception husserlienne de la temporalité entre 1905 et 1910*, in *Tijdschrift voor filosofie*, 58 (1996), p. 313 à 341, p. 339 et 340.

3. Cf. Dreyfus H.L., *Husserl et les sciences cognitives*, in *Les Etudes philosophiques*, 1991, p. 1 à 29.

4. Cf. Kokoska V., *op. cit.*, p. 336 et 340.

5. *Ibid.*, p. 338.

Il suffirait de parler de « chosification » pour détruire la portée phénoménologique de la structure originaire réfléchie par Husserl. La conscience n'est pas ouverte à son pouvoir d'effectuer des choses (causalisme), mais bien à sa constitution comme conscience de soi en rapport aux objets d'un monde. Cette relation entre conscience de soi et monde ou entre sujet et objet provient de la *structure ouverte* de la conscience absolue qui déjà relie l'« être-pour » de la conscience avec son « être-dans » (intentionnalité). Cette structure est la forme que constitue la conscience absolue comme flux d'activité pure, c'est-à-dire comme vie disponible à l'existence changeante ou comme pouvoir tant de commencer que de cesser[1].

Husserl approche cette dimension structurelle de la conscience absolue par la métaphore de l'éveil. Cette métaphore a l'avantage d'introduire à la sphère de l'activité pure de la conscience absolue sans supposer la conscience de soi qu'elle sous-tend précisément[2]. Husserl parle de « la possibilité eidétique inconditionnée de pouvoir devenir une conscience *éveillée* »[3]. Le pouvoir d'éveil apparaît ainsi comme la métaphore de l'activité pure qui sous-tend la discontinuité des états de veille et de sommeil de la conscience de soi. La discontinuité des états d'une conscience tantôt éveillée, tantôt assoupie, suppose en effet la possibilité continue tant d'entrer en éveil que d'en sortir.

Les *Ideen II* définissent clairement ce rapport de *latence* à l'éveil comme l'*unité du temps immanent* de la conscience[4]. Grâce à l'activité de l'ego pur, le flux de la conscience peut *fonctionner* comme unité (actuelle) chaque fois que la conscience de soi est éveillée et demeurer comme en veilleuse (unité *latente*) chaque fois qu'elle est assoupie. L'unité du flux apparaît ainsi comme une fonction inhérente à l'éveil de la conscience de soi, comme « un moment de la structure des phénomènes »[5]. Mais la persistance de cette unité hors des phases d'éveil n'indique pas un autre mode d'activité de l'unité. La persistance définit seulement la disposition permanente à entrer ou non en scène. Celle-ci ne se modifie pas selon l'état effectif de la conscience de soi, car « l'ego ne *règne* que dans l'accomplissement d'acte »[6]. Ainsi l'unité de la conscience n'est pas surajoutée à l'activité de la conscience de soi, pas plus qu'elle ne survient d'un arrière-

1. Cf. Husserl E., *Recherches phénoménologiques pour la constitution*, trad. par E. Escoubas, P.U.F., Paris, 1982, p. 155.

2. *Ibid.*

3. *Ibid.*, p. 161.

4. *Ibid.*, p. 154.

5. *Ibid.*, p. 151.

6. *Ibid.*, p. 169.

plan obscur. C'est pourquoi Husserl propose de considérer la persistance de cette unité comme un *habitus* de la conscience[1], expression par laquelle il entend signifier une disposition *a priori* identique de l'*ego* dans toutes les prises de position du *cogito*[2]. Cet *habitus* forme le *contexte* dans lequel se constituent, pour la conscience absolue, toute durée et tout changement immanents[3]. L'être-ouvert de la conscience absolue à sa sphère de déterminabilité défini comme *habitus* permet de préciser le terme trop bien connu d'« être-au-monde », un terme trop souvent restreint à la conscience de soi.

Pour un retour à l'idéalisme transcendantal

Il me semble que c'est cette notion de la conscience absolue comme *habitus* pré-réflexif qui permet d'explorer et de modaliser les recherches sur la conscience dans les philosophies intermédiaires de Fichte et de Schelling en montrant :

1) que la conscience absolue nécessite une approche internaliste inaccessible à un transcendantalisme de la conscience de soi ;

2) que l'*habitus* pré-réflexif de la conscience absolue est encore susceptible d'au moins deux interprétations radicalement divergentes selon que l'on privilégie dans la méthode d'investigation l'imagination ou la perception, le sens interne ou le sens externe, la genèse du temps ou la genèse de la force.

1) *Schelling et l'éveil de la conscience absolue*

En retrouvant des thèmes-clés de la mystique comme le *primum passivum* de l'âme, le *centrum naturae* ou l'*ens manifestitavum sui*, Schelling a dû confronter sa science de l'auto-affirmation de la vie absolue avec une science qui prétend s'énoncer du « milieu de la création » par la conscience même qui naît de la donation et avec elle[4]. L'intérêt philosophique d'une telle confrontation ne se limite pas aux contenus (théologoumènes) que peut avancer cette « *Mitt-Wissenschaft der Schöpfung* »[5]. Il réside également dans la *structure originaire de la*

1. *Ibid.*, p. 165.
2. *Ibid.*
3. *Ibid.*, p. 174.
4. Cf. Schelling F.W.J., *Sämtliche Werke*, Cotta, Augsburg-Stuttgart, 1856-1861, t. X, p. 184-185. Nous citerons désormais S.W.
5. Cf. Schelling F.W.J., *Die Weltalter, Fragmente, In den Urfassungen von 1811 und 1813*, hrsg. von M. Schröter, Beck, München, 1946, p. 4. Nous citerons URF I et II.

conscience que tente de reproduire cette science pour se justifier et se comprendre soi-même dans son mode spécifique de vision. Loin de n'être qu'un anthropomorphisme grossier, la conscience prêtée à Dieu dans ces spéculations se distingue radicalement de la conscience de soi et amène de plus à ménager, dans le moment de la conscience absolue, le *point de retrait* de la « surdéité »[1] qui transcende toute conscience et le *point d'accès* à la possibilité même d'une connaissance de Dieu par la créature grâce à la conscience absolue du monde.

La tâche est donc bien double pour Schelling et l'on peut le suivre dans l'une ou l'autre direction sans qu'il déçoive : d'une part, établir le rapport entre la conscience absolue et la surdéité en critiquant aussi bien les preuves de l'existence de Dieu que le donatisme de la théologie négative et en appliquant ces critiques de la théologie fondamentale à la philosophie des religions et à la christologie philosophique[2] ; d'autre part, explorer le rapport entre la conscience absolue et la conscience de soi dans la mesure où la conscience absolue suppose la réduction de la dimension objectivante de la connaissance réflexive (Moi ≠ Non moi) pour envisager une structure plus originaire de la réflexivité (A = A) qui continue d'agir dans la réflexivité objectivante et pourrait en constituer la source authentique d'interprétation.

Pour Schelling, la « science » au sens strict est l'acte pur de possession de soi sans la médiation de l'idée, alors que la pensée est toujours savoir de soi dans l'idée. Cette science signifierait pour l'homme l'accès à la plus haute conscience de soi, une conscience reposant en soi, « totalement coupée du monde extérieur ou sensible »[3]. Pour l'homme une telle science correspondrait donc à un processus de « venue à soi-même », un processus qui part d'un détachement à l'égard de ce que l'on peut acquérir, pour atteindre « la conscience de ce qu'on est comme de ce qu'on a »[4]. Il s'agirait au sens strict de l'*éveil* de la conscience de l'être que l'on est et qui se détache de la conscience de soi comme du pouvoir qu'on a de déterminer un monde qui n'est pas soi. « La présence, en l'homme, de forces et de facultés ne suffit pas, il lui faut les reconnaître comme siennes, et c'est alors seulement qu'il lui est possible d'entrer en possession de ses moyens et de les actualiser »[5]. Mais cette conscience pure n'est qu'un état extra-

1. Cf. Schelling F.W.J., *Grundlegung der positiven Philosophie*, hrsg. von H. Fuhrmans, Erasmo, Torino, 1972, p. 306. On verra aussi S.W. XII 59.

2. Ce fut l'entreprise de notre thèse doctorale, *Philosophie et révélation dans l'itinéraire de Schelling*, Vrin/Peeters, Paris/Leuven, 1989.

3. URF I, p. 30 (trad. de P. David, P.U.F., Paris, 1992, p. 43). On verra aussi URF II, p. 160.

4. URF II, p. 168 (trad. citée, p. 195).

5. URF II, p. 196.

ordinaire pour l'homme, vers lequel la philosophie comme plus haute science doit tendre sans cesse. Ce rapport de l'homme à son propre fond est dans un état de trouble qui obscurcit la possibilité même d'un tel « retour à soi »[1] de la conscience. Néanmoins, ce trouble garde en l'homme la marque d'une crise originaire qui a suscité cette tension intérieure et qui est l'origine même de la philosophie comme science inachevée ou comme « amour de la vraie science »[2]. L'analogie que propose donc Schelling entre la science comme acte pur d'une conscience reposant absolument en soi et la science comme accès de l'homme à la plus haute conscience est basée sur une communauté d'être des deux sciences. Le rapport de l'homme à sa plus haute conscience n'est autre originairement que le rapport de la Vie absolue à sa possession de soi. Le rapport de l'homme à sa plus haute conscience n'est donc analogue au rapport originaire de la science qu'en tant que dérivé de lui et d'abord constitué par lui. « L'homme aurait dû être le *tranquille* fond-intime de l'éternelle liberté venue à soi, qui précisément grâce à ce retour-à-soi était la sagesse *effectivement réalisée* »[3].

Cette *conviction* que l'homme aurait dû disposer d'un autre rapport à soi que celui d'une conscience de soi acquise dans l'exercice des facultés eu égard à un monde extérieur, – cette conviction qu'une science doit parvenir du *dedans* engendre même des philosophies spontanées qui tentent de reconstruire avec les moyens du bord, une authentique sagesse. Mais il ne suffit pas de plonger dans l'abîme de la crise originaire pour renouer avec la science première[4]. Il faut se défaire d'un mode de penser, s'abandonner, voire mourir à soi. Mais ces termes ne recouvrent aucun désir de dépassement, ni d'accomplissement. C'est le chemin de l'origine ou de la constitution qu'il s'agit de réemprunter, celui de l'*éveil* de la conscience plus encore que du *retour-à-soi*, celui de la conscience qui forme la matrice des idées et non celui de la conscience de soi qui se forme dans les idées. C'est l'archi-conscience[5] des archétypes, une conscience absolument en soi, sans monde extérieur, mais une conscience qui s'ouvre en soi, qui s'éveille à ses possibilités de concevoir, qui joue avec elles comme on jouerait des images dans un rêve.

Dans ses *Weltalter*, Schelling tente de saisir l'*éveil* de la conscience absolue comme la constitution d'une science originaire dont la structure détermine toute forme possible d'un savoir en idées de la conscience de

1. S.W. IX 244.
2. S.W. IX 245.
3. S.W. IX 244 (trad. de J.-F. Courtine et E. Martineau, Gallimard, Paris, 1980, p. 303).
4. S.W. IX 245.
5. S.W. IX 244.

soi. Mais à la différence de la théogonie transcendantale qu'avait déjà conçue Schelling dans sa période de l'idéalisme de l'Identité comme structure originaire de tout savoir, cette science n'est pas pure idéalisation des conditions d'une logique absolue (ou panthéisme de la raison) ; elle est une activité d'un type particulier que Schelling compare au jeu ou au rêve, un « se reprendre soi-même »[1] ou un « venir à soi »[2] qui donne à cette science toute sa concrétude : elle est saisie de l'Être absolu[3], « miroir immaculé de la puissance divine »[4].

Les comparaisons de cette activité avec le rêve ou le jeu ont pour but d'éviter de présenter l'activité de la science originaire comme résultant d'un processus de la volonté visant à s'affirmer. Cette volonté d'auto-affirmation ne peut que découler de l'éveil de la conscience absolue. La constitution même de l'activité de l'éveil échappe à toute remémoration consciente[5] : le fond de toute vie consciente est la paix absolue, la limpidité de l'Être éternel[6]. L'éveil ne brise pas cette pureté originaire de la vie absolue ; il lui donne plutôt une conscience adéquate à cette vie, – la conscience d'une vie reposant en soi et qui simplement « se contracte » dans le repos comme le rêve ou comme le plaisir dans le jeu. Cette science n'est donc pas voulue avec un pur déterminisme ; elle est gratuite, c'est une contemplation de soi. Sa satisfaction ou sa joie, c'est d'être soi.

En cette joie gratuite du bonheur de la conscience absolue[7] se constitue le « chant de la sagesse ». Les métaphores abondent chez Schelling pour approcher cette science originaire de la conscience absolue, des métaphores vétérotestamentaires d'abord, mais aussi d'autre métaphores issues des mythologies indienne, grecque et romaine. Aux métaphores du rêve et du jeu s'ajoute celle de l'enfance innocente dont le vouloir est sans activité consciente de soi[8]. La science originaire serait encore semblable à l'esprit libre qui vogue au gré de ses pensées ou même à la magie éternelle dont le flux ou le « souffle passe à travers tout »[9]. C'est la « brise légère » de la théophanie d'Isaïe[10], celle de l'« aube sacrée du monde »[11].

1. URF I, p. 29-30.
2. URF II, p. 168.
3. URF II, p. 169.
4. URF II, p. 165.
5. Cf. S.W. IX 243.
6. *Die Lauterkeit* (URF I, p. 4).
7. URF II, p. 167.
8. URF II, p. 166.
9. S.W. IX 243.
10. URF II, p. 165.
11. *Ibid.* Nous ne pouvons décoder, dans le cadre de cet article, le prisme complexe qui relie la « sophiologie » de Schelling avec celle de Böhme à travers les reprises de Baader et

L'abondance des images produit elle-même un jeu pour éviter que la réflexion ne puisse se fixer sur une idée déterminée de cette science originaire. Les traditions religieuses « orientales » que Schelling ne cesse d'évoquer insistent sur la *passivité* de cette science dont ne surgit aucune direction, aucun pouvoir, aucune volonté, mais qui demeure comme le fond paisible d'un commencement possible.

Mais Schelling ne se satisfait pas de cette image passive, car la sagesse agit aussi, mais gratuitement, pour le plaisir, sans engager une détermination de la volonté. C'est pourquoi Schelling avance un concept de *mobilité* qui avait déjà retenu l'attention de Heidegger dans ses commentaires de la *Freiheitsschrift*[1]. Sans jamais se fixer, le jeu de la sagesse ouvre un univers de déterminabilité qui éveille la conscience absolue à soi-même, c'est-à-dire à l'unité d'une vie surgissante. Une science « riche des pressentiments de l'enfance »[2]... Et l'horizon qu'ouvre le pressentiment par sa mobilité est immanent à la conscience absolue. L'horizon est le corrélat du pur vouloir de cette conscience reposant en soi. Un pur vouloir est une mobilité sans objet déterminé, mais productive du jeu qui ouvre à tout objet déterminable, une mobilité sans visée de déplacement, qui s'annule en quelque sorte par son propre jeu.

Une trace du jeu persiste en toute conscience de soi. La sagesse est en fait, du point de vue dérivé du constitué, comme le reflet de cette liberté immanente qui subsiste en tout ce qui a dû commencer et qui pourtant aurait tout aussi bien pu ne pas commencer.

A sa manière, Schelling s'approche de la structure intentionnelle de la corrélation originaire de la conscience absolue telle que la conçoit Husserl. Le vécu du monde de la conscience de soi suppose d'abord un pur vouloir qui constitue l'être de la conscience absolue en tant que celle-ci ne vient à soi-même que par son ouverture à la déterminabilité. Ce « venir à soi » est le « flux immanent » de la conscience absolue. Par ce flux, la conscience peut s'ouvrir au pouvoir de reprendre ce qu'elle a comme ce qu'elle est[3], c'est-à-dire d'intégrer toute déterminabilité à son mode d'être. De ce point de vue, « être conscient » c'est originairement rapporter toutes ses idées

de Oetinger. Des indications précieuses sont en tout cas fournies par Antoine Faivre et Pierre Deghaye, notamment dans les articles suivants : A. Faivre, *Âme du monde et divine Sophia chez Franz von Baader*, dans *Philosophie de la nature*, Albin Michel, Paris, 1996, p. 91 à 133 ; Deghaye P., *La théosophie de Friedrich Christoph Oetinger*, in *Les Etudes philosophiques*, 1983, p. 147 à 161 et *La sagesse dans l'œuvre de jacob Boehme*, in *Cahiers de l'Hermétisme, Sophia et l'âme du monde*, Albin Michel, 1983, p. 145 à 194.

1. Cf. Heidegger M., *Schelling, Le traité de 1809 sur l'essence de la liberté humaine*, trad. par J.-F. Courtine, Gallimard, Paris, 1977, p. 216.

2. URF II, p. 166 (*Randbermerkung*).

3. URF II, p. 168.

possibles (que l'on a) au corrélat de son vouloir pur (que l'on est), non comme des conséquences, mais comme autant de dispositions d'être (*habitus*) ou de possibilités qui s'effectuent selon leur temps immanent.

De ce fait, un vouloir déterminé ou son savoir déterminé n'est pas une modification de cette puissance originelle, mais une stabilisation provisoire dont le fond demeure instable parce que seule une sortie de la détermination pourrait ramener le vouloir et le savoir à l'unité d'être de la conscience absolue. Dans cette unité d'être de la conscience et de son corrélat, ce n'est pas le monde qui s'évanouit au profit d'une conscience solipsiste ; c'est la conscience qui s'éveille à *l'être qu'elle est* par *le corrélat qu'elle a* et qui lui reflète son être et ainsi le lui révèle. De son corrélat, elle ne saura jamais que cet être qu'il lui révèle et qu'elle saisit ainsi en elle. Pour la sagesse, il n'y a pas de vie extérieure ou séparée, mais uniquement cette vie intérieure à laquelle s'éveille la conscience absolue : le monde de la conscience, non comme objet mais bien comme *habitus* ou rêve.

Chercher cette sagesse pour la conscience de soi ne revient pas à poursuivre une connaissance déterminée comme le ferait l'intelligence (*Klugheit*). Il s'agit de « s'exposer » hors de soi[1], c'est-à-dire hors de l'activité représentative, pour renouer avec le primat d'une puissance[2] qui *excède* le contrôle de l'entendement parce qu'elle est sa propre puissance de déterminabilité qu'il surmonte en chaque détermination. Lorsque la conscience de soi cherche à s'exposer hors de son activité de détermination, elle opère comme une *réduction* à sa puissance de déterminabilité qui n'est autre que l'être du monde en général pour la conscience absolue. La sagesse, comme éveil de la conscience absolue à l'être qu'elle a, apparaît pour la conscience de soi, en tant que fin absolue, comme la puissance d'un retour à soi de l'être de toute chose dans la conscience de ce qu'elle est absolument : le pur vouloir[3].

Ainsi, selon Schelling, la philosophie ne présuppose pas comme le croit le kantisme une matière brute, séparée de l'esprit, elle présuppose un être qui commence avec la liberté, un être posé avec la sagesse, un être correspondant à un dessein[4]. En aucun cas, cet être n'apparaît comme un produit du vouloir imaginaire : il commence avec lui, il apparaît dès que

1. S.W. IX 230.

2. Cf. S.W. XIII 127.

3. Nous renvoyons ici à *l'Urfassung der Philosophie der Offenbarung* publiée par W.E. Ehrhardt (Meiner, Hamburg, 1992), Band I, p. 24. Ce thème spéculatif est maintenu dans la dernière philosophie.

4. *Ibid.*, p. 23 « *ein absichtliches gesetzes Sein* ».

s'éveille la conscience du vouloir, c'est-à-dire dès que ce qui repose dans sa pureté originaire saisit qu'il est (et non *ce* qu'il est ou ce qu'il a).

L'être dont il est ici question a échappé autant au dualisme de Kant qu'au monisme égologique de Fichte. Ce dernier maintient en fait le dualisme du sensible et du suprasensible, de la matière et de l'esprit, mais en ordonnant les deux termes l'un à l'autre au profit du pôle noétique de la réflexivité. Chez Fichte, l'être devient une modification idéelle explicable par l'activité représentative du Moi [1]. On reste rivé à la conscience de soi. S'il a réellement un être propre, argumente Schelling, le Non moi ne peut être originairement différent de l'être du Moi. Il faut donc envisager un Moi absolu pour lequel une distinction objective entre ce qui est soi et ce qui ne l'est pas est inconcevable. Il faudrait donc envisager une science plus originaire que l'égologie spéculative de Fichte. Cette science ne procédant pas d'une objectivation ne saurait rien au sens où l'entend la conscience de soi. Il s'agirait donc d'un savoir ne sachant pas, un « savoir nescient », c'est-à-dire un savoir qui est sans savoir de manière déterminée un « su » (puisqu'il est) [2], mais qui ne sait pas. Dès lors, le savoir de cette science originaire, c'est son être même, l'être-soi du Moi absolu non comme science *du* Moi (égologie), mais comme sagesse immanente ou pouvoir de déterminabilité de cet être sur fond duquel se détache toute corrélation savante d'un sujet et d'un objet. Chaque corrélation dans la mesure même où elle aurait pu ne pas se produire renvoie en effet à la sagesse d'un pouvoir dont la constitution lui échappe.

2) *Fichte et l'arrière-plan de l'égologie transcendantale*

On ne peut prendre pour argent comptant cette critique, certes trop schématique, de Fichte, d'autant plus que chez Schelling lui-même, elle tient plutôt lieu de réminiscence d'une confrontation autrefois plus élaborée, même si la base textuelle en était de toute manière très restreinte. Il apparaît, dès les premières *Wissenschaftslehre*, que le rapport de la conscience de soi à la conscience absolue du Moi comme identité du Moi et du Non moi est un rapport encore dérivé. Il faut envisager un rapport originaire dans la conscience absolue elle-même qui transcende l'autodétermination du Moi comme volonté pour saisir dans l'être de toute

1. Nous suivons, à la charnière des philosophies intermédiaire et tardive, le texte du Fragment publié par Barbara Loer dans son ouvrage *Das Absolute und die Wirklichkeit in Schellings Philosophie, Mit der Erstedition einer Handschrift aus dem Berliner Schelling-Nachlass*, de Gruyter, Berlin/New York, 1974, p. 30 à 52, p. 31 (trad. française de Courtine et Martineau, in *Œuvres métaphysiques*, Gallimard, Paris, 1980, p. 305 à 328).

2. *Ibid.*, p. 31.

volonté constitutive une affection (*Affekt*) qui permet de concevoir la vie autrement que comme une pure réceptivité (le limité d'un limitant) sans pour autant renouer avec un formalisme des structures de déterminabilité. Nous sommes ainsi renvoyé au nœud de la philosophie intermédiaire de Fichte.

Dès les premières pages de l'*Anweisung*, Fichte aborde le problème de la *réduction* en opposant la conscience des apparences à la conscience de l'unité absolue de l'Être reposant en soi. La tâche de la réduction est d'*arracher* à la conscience des apparences pour donner accès à la libre pensée de l'unité de l'Être. Une fois conquis cet accès à la libre pensée, la conscience elle-même se modifie car elle peut désormais dépasser sa forme constituée (d'un soi gagné sur l'apparence) pour recevoir de l'Être la forme constituante (d'un soi ordonnant l'apparence).

On passe ainsi du rapport *du soi aux apparences* constitué sur fond d'unité transcendantale du soi au rapport *de l'Être au soi* constituant l'unité à la fois immanente et transcendante de l'existence : immanente en tant qu'unité de l'Être et transcendante en tant que sphère de déterminabilité du soi réfléchissant. L'unité apparaît donc d'abord comme déterminée par la réduction avant de se donner effectivement comme déterminante.

Dans le rapport d'arrachement du soi aux apparences, l'unité apparaît comme autonome[1], substantielle[2], éternelle[3] et en possession pleine et tranquille de soi[4]. Selon ce type de rapport, rien n'échappe à la dualité de l'arrachement, car l'un s'oppose au multiple, l'Être à l'apparence, la vie à la mort, Dieu au monde, la nostalgie à l'angoisse, la joie au malheur. La dualité s'exprime aussi selon l'opposition de l'authentique et de l'inauthentique ou du vrai et du faux.

Pour sortir de ce chassé-croisé, il faut s'élever à la visée rationnelle du rapport, à la vue (*Ansicht*) qu'il tente de produire. L'opération d'arrachement ne peut donner l'Un ou la Vie absolue elle-même, comme si l'on pouvait se défaire des apparences et par le même rapport de conscience leur substituer l'Être authentique. Nous ne pouvons donc saisir l'Un, mais seulement « ramener notre amour de la diversité vers l'Un »[5]. De cette manière, la conscience *se dispose* à sa vérité ; elle procède à l'*épochè* de l'apparence. Quant à l'Être, l'Un ou le vrai auquel se dispose la conscience

1. Cf. Fichte J.G., *Werke*, Nachdr. Der Ausgabe Veit, Berlin, 1845-6 u. Marcus, Bonn, 1834-5, de Gruyter, Berlin, 1971, t. V, p. 403. Nous citerons F.W.

2. F.W. V, p. 405.

3. F.W. V, p. 406.

4. F.W. V, p. 411.

5. *Ibid.*

tout en le maintenant dans les déterminations que produit la dualité de son arrachement (*épochè*), il est « ce qui prend la place » quand se dissipe l'agitation, l'Être simple ou absolu de toute chose qui constitue la conscience d'objet, l'Être que partagent tout autant le concevant que le conçu. Cet Être ne s'obtient pas, puisqu'il est toujours déjà donné ; il est la source de l'existence. Son ultime détermination négative par la conscience de l'arrachement consiste donc à l'anticiper comme ce qui remplit l'impression de vide que crée en elle l'*épochè* des apparences, c'est-à-dire sa propre activité d'auto-transcendance. Comme l'écrit Fichte, « acquérir la béatitude, nous ne le pouvons ; mais rejeter notre misère, nous en avons le pouvoir, et aussitôt d'elle-même la béatitude prendra sa place » [1].

Cette détermination encore négative d'une béatitude survenant « à la place » de la misère rejetée caractérise bien la forme de la conscience qui doit encore être dépassée au-delà de l'*épochè*. La conscience rejetant sa misère se rapporte à l'Être comme au résultat de son action sur l'apparence, c'est-à-dire comme à son soi-même. Cette conscience ne vit pas encore – même si elle l'anticipe – un rapport à l'Être comme la source de sa propre vie, c'est-à-dire de sa subjectivité consciente de soi. Le sommet de son anticipation consiste en l'attente d'une vie nouvelle au-delà de la mort [2], mais sans que puisse se déterminer effectivement le rapport à la vie nouvelle comme commencement.

La conscience de soi de l'*épochè* est donc sans rapport effectif à l'Être qui constitue son pouvoir de détermination, sa déterminabilité ou, encore, à l'Être qui *modalise* son existence. Pour elle, l'Être est le sujet absolu qu'elle découvre ne pas être, alors qu'il est plutôt le Sujet absolu qu'elle peut être. Mais ce rapport exige, pour être saisi, le passage à la forme de la conscience absolue. Celle-ci se conçoit en effet en rapport au déterminant de sa déterminabilité ou au constituant de son rapport aux apparences en tant que pouvoir de saisie essentielle de l'existence.

Cette saisie de soi de la conscience absolue ne s'effectue pas sur le mode de la conscience de soi. Elle est plutôt l'accomplissement du regard (*Ansicht*) que portait sur la vie absolue la conscience de l'*épochè* dans la *vision* de la pensée pure.

Mais l'accès à ce niveau de conscience n'est pas en soi une garantie tant que la forme du rapport rationnel susceptible de s'y établir n'est pas déterminée. L'imagination peut en effet s'y donner libre cours et multiplier les espèces de principe [3]. Pour Fichte, le seul procédé qui convienne à ce niveau de conscience est celui de la déduction en tant qu'acte vivant de la

1. *Ibid.*
2. F.W. V, p. 413.
3. F.W. V, p. 438.

pensée (*lebendige Act des Denkens*). En déterminant ce que *doit* être l'être originaire pour la conscience dans son activité déductive, on obtiendra non seulement l'idée d'une conscience de l'être originaire, mais aussi un rapport de cette idée avec l'activité déductive qui l'élabore. D'une part, en effet, l'idée d'une conscience absolue assure l'autonomie de l'être originaire, mais d'autre part, cette idée est aussi une représentation interne de la conscience comme activité déductive, c'est-à-dire une intuition de sa propre vie comme conscience. La conscience de l'activité déductive de la pensée pure *intuitionne* donc sa vie comme existence de l'Être absolu[1]. Elle conçoit ainsi sa vie comme dérivée d'un acte absolu[2] grâce à une perception intérieure qui la met immédiatement en rapport avec *ce qu'*est son existence, c'est-à-dire avec l'essence de son existence ou son *idée*. Selon cette essence, sa conscience d'être est immédiatement son existence ou, dit autrement, la conscience est en tant qu'ouverture à sa déterminabilité; la vie originaire dont elle est la conscience est l'idée de ses déterminabilités et, inversement, son existence déterminable est interne à sa conscience absolue de la Vie[3].

L'immanence de la vie à la conscience absolue est ainsi la source de la « transcendance vécue »[4] de la conscience de soi. Fichte conçoit ce rapport d'immanence entre la vie et la conscience absolue sur le mode d'une évidence[5]. Il s'agit d'un « ressenti intérieur »[6], d'un « *Affect des Seins* »[7], qui produit une position de « ressentant », c'est-à-dire qui constitue la conscience absolue comme *figure* (*Gestalt*[8]) représentant le ressenti ou comme « activité figurale »[9]. Le rapport de la conscience de soi à ce ressenti est comparé à celui de l'œil à la lumière : un prisme divisant les couleurs. Mais dans ce rapport de division demeure enfouie la possibilité d'un rapport d'unité, celui qui caractérise la conscience absolue : celle-ci dépasse l'image d'unité de la conscience de soi et s'élève à la forme même de la réflexion comme activité figurale, c'est-à-dire comme figuration de la vie absolue dans la conscience[10].

1. F.W. V, p. 441.
2. Son existence est modification (F.W. V, p. 443).
3. F.W. V, p. 445.
4. Selon une expression empruntée au Père Tilliette, *Le Christ des philosophes*, Cerf, Paris, 1990, p. 268.
5. F.W. V, p. 451.
6. F.W. V, p. 449.
7. F.W. V, p. 498.
8. F.W. V, p. 454.
9. Pour reprendre une expression plus familière aux spécialistes de Wittgenstein.
10. Cf. F.W. V, p. 457-458.

Ce rapport d'unité est un voir (*Schauen*[1]) propre à la science absolue. Ce « voir » ne correspond pas à la perception au sens empirique du terme. Sa vision est interne à la conscience et la synthèse d'objet qu'il opère résulte d'une « affection interne », du « ressenti » de la Vie absolue immanente à la conscience. Dans sa vision, la conscience absolue paraît donc comme passive à l'égard de sa propre vie : tout son savoir de soi est constitué par ce rapport primordial d'unité entre ce qu'elle sait pouvoir être et l'acte qu'elle est ; en son pouvoir même de saisie d'un univers déterminable, elle *voit* qu'elle représente uniquement l'unité de la Vie absolue. Le propre de la conscience absolue est cette saisie de l'*immédiateté* de l'unité de la Vie absolue en toute forme d'existence.

Le recours au concept de vision s'explique par cette immédiateté. Il s'agit de la saisie immédiate d'une réalité intérieure. Reste encore une précision décisive quant à la nature de cette vision. Immédiate et interne, cette vision ne porte pas sur une « objectité » d'un genre particulier. Aucune image ne l'accompagne, mais elle est à la source de toutes les images. C'est une « vision interne à un acte », la vision du voir lui-même considéré comme acte pur, l'ouverture au déterminable.

Dès la *Sittenlehre* d'Iéna (1798), Fichte en appelait à une intuition intellectuelle de l'autonomie de la volonté. Cette intuition porte également sur un acte absolu. Cet acte détermine totalement l'effectivité de la conscience de soi comme responsabilité morale. Fichte en appelait, dès ce moment, à une intuition interne de l'effectivité de la vie absolue de la conscience. Dans l'*Anweinsung*, Fichte reprend ce thème dans l'esprit de la *Wissenschaftslehre* de 1804 en l'appliquant à la conscience du monde en général. L'éthique prend dès lors une signification plus conforme à Spinoza qu'au maître Kant[2] et devient l'accomplissement (par la volonté) d'une vie selon la science, c'est-à-dire selon la vision interne de l'unité de la Vie absolue en toutes les formes déterminables d'existence.

La vision de la conscience absolue a pour corrélat sa tendance immanente à se déterminer comme conscience de soi de l'existence. Cette vision ne peut se constituer que dans l'activité parce qu'elle saisit immédiatement la disposition passive qui est la source d'animation de cette activité, *i.e.* sa déterminabilité essentielle par la Vie absolue. Comme activité, elle n'est pas fermée sur soi par la volonté propre, mais ouverte intérieurement à la réalisation de la volonté éternelle. Dans sa *Neuvième conférence*, Fichte illustre cette activité spirituellement détachée de soi et ouverte à l'immanence de la finalité éthique de la Vie par l'Hymne

1. F.W. V, p. 472.
2. Cf. F.W. V, p. 475 et 518.

paulinien à la charité[1]. Seule l'activité enracinée dans l'Amour s'unit effectivement au plan de la volonté éternelle.

Toutes les images utilisées par Fichte, ainsi que ses références néotestamentaires, vont dans le même sens : maintenir le lien entre l'activité et la passivité ou entre l'immanence et la transcendance ; le dépassement du faire par l'éternelle volonté est intérieur et l'action n'est pas mesurée par sa réussite extérieure, mais par son enracinement intérieur.

La foi authentique est ainsi élévation à la conscience absolue de l'*affection* de l'existence par l'Être ou de toute vie déterminée par la Vie absolue. Cette conscience voit en *ce qu'*est son existence le pouvoir d'une destination d'être, une *Bestimmung* à laquelle elle peut s'unir, comme conscience de soi existante, en s'arrachant à une autonomie apparente pour reconnaître l'autonomie véritable de la vie en elle.

L'action de la conscience de soi procède ainsi de l'être déterminable par soi qu'elle est et qu'elle reconnaît en elle comme sa pure essence, c'est-à-dire comme le *concept* de sa vie d'être déterminable par soi qu'elle est antérieurement à toute détermination effective et qui *affecte* toute son existence. Ce concept d'une vie originaire relève de la vision ou de l'intuition intellectuelle propre à la conscience absolue qui ouvre la conscience de soi à sa *destination*.

Sans cet accès à la conscience absolue par la réduction[2], le concept en question ne serait que l'idée régulatrice qui clôture le formalisme de la conscience transcendantale. L'idée d'une pure déterminabilité de soi par soi serait la limite spéculative de l'autonomie en rapport au monde sensible, le fondement transcendantal de la légalité[3]. Le passage à la conscience absolue supprime cette idée vide de la légalité absolue[4] pour saisir une finalité vivante de l'existence accessible à toute conscience de soi qui refuse de limiter son existence à la maîtrise du monde sensible et cherche plutôt à s'inscrire dans une communauté d'appartenance du monde et du soi à la Vie absolue.

Le passage à la conscience absolue correspond ainsi au passage de l'idée transcendantale au concept en tant que « modification du Moi par soi-même », comme le précisait déjà la *Rechtslehre* de 1796[5]. Cette modification de soi par soi est le concept du Moi absolu en tant que pure

1. F.W. V, p. 533.

2. Dans la *Sittenlehre*, on lit que « par la conscience de son absoluité, le moi s'arrache lui-même à lui-même et se pose en être autonome » (F.W. IV, p. 32 ; trad. de P. Naulin, P.U.F., Paris, 1986, p. 36 et 37).

3. Cf. F.W. V, p. 466-8 ; ainsi que p. 500-4.

4. Cf. F.W. V, p. 506.

5. F.W. III, p. 4 et 5.

activité réflexive ou en tant qu'ouverture (ou éveil) à son être déterminable par soi. Si, pour le concept, la réflexivité n'est pas déterminée par une passivité première à l'égard du réfléchi, c'est parce que le « réfléchi » est le « réfléchissant » lui-même si bien que l'opération réflexive est le *devenir* identique à soi du Moi absolu qui existe par la saisie de son être déterminable. Dès 1798, la notion d'*intuition intellectuelle* permet de fixer l'opération intellectuelle correspondant à cette saisie interne du Moi absolu. Dès lors, le *factum rationis* de la philosophie transcendantale est contesté comme point de départ possible d'une élucidation du savoir de la conscience[1] : il faut à la philosophie, pour commencer réellement, un *Moi vivant*, celui-là même qui se saisit immédiatement dans son concept comme être effectivement déterminable par soi, c'est-à-dire le Moi dont le concept est l'assomption d'une « force absolue et réelle »[2] ou, encore, une « *faculté* pure »[3].

Dans sa défense contre l'athéisme, Fichte va considérablement préciser le rapport de sa philosophie avec la vie. La raison en est qu'un des arguments clés de cette défense est que comme « il n'y a de Dieu et de religion que dans la vie »[4], une philosophie cohérente avec elle-même, c'est-à-dire limitée à « l'homme dans la condition de l'abstraction »[5], ne peut entrer en contradiction avec une vraie religiosité[6] (porteuse d'un savoir pour la vie[7]) et ne peut même se poser que dans un rapport de reconnaissance de la vraie religiosité en tant que vécu. Cet argument découle d'une double limitation : de la religion au vécu de foi de la conscience commune et naturelle[8] et de la spéculation à l'abstraction qui ne connaît que le *concept* de la vie sans sa dimension sensible[9].

Mais cette distinction ne justifie pas une séparation ou un dualisme de la vie et de la spéculation. Elle introduit plutôt à un double mode de liaison que le système de Fichte lui-même n'a de cesse d'intégrer. D'une part, la spéculation n'est possible qu'à partir de la vie dont elle s'abstrait[10]

1. F.W. IV, p. 37.

2. F.W. IV, p. 33.

3. « Il s'agit », écrit Fichte, « d'un concept tel que, par la pensée, on peut lui relier, comme à son fondement, une réalité effective, sans que se trouve en lui la moindre donnée indiquant *quelle sorte* de réalité ce sera » (F.W. IV, p. 38 ; trad. citée, p. 42).

4. F.W. V, p. 348 (trad. de J.-Chr. Goddard, Vrin, Paris, 1993, p. 146).

5. *Ibid.*

6. F.W. V, p. 347.

7. Cf. F.W. V, p. 349.

8. Cf. F.W. V, p. 347.

9. Cf. F.W. V, p. 343.

10. *Ibid.*

et toute son activité n'est qu'une façon de reconnaître la vie[1]. D'autre part, la vie n'est possible qu'à partir de l'activité spéculative de la conscience qui tend à s'abandonner à la sensibilité[2]. A l'activité « sans vie » ou extérieurement passive de la spéculation correspond donc la passivité « sans spéculation » ou intérieurement abandonnée de la vie. On ne peut donc concevoir ni un pur sujet, ni un pur objet, mais uniquement un rapport d'unité de la spéculation et de la vie pour « l'homme complet »[3]. Or ce rapport, même s'il est *réversible* (la vie se définit par la spéculation et la spéculation par la vie), est cependant *asymétrique*, car il est possible de vivre sans spéculer, pas de spéculer sans vivre[4].

Cependant, cette limitation du *rapport d'abstraction à la vie* propre à la spéculation renvoie à une seconde asymétrie du rapport d'unité entre vie et spéculation : l'activité demeure entièrement du côté de la spéculation. Ainsi, même dans l'abandon de toute activité spéculative, la vie garde la trace d'une « intelligibilité intrinsèque » de sa déterminité. Cette trace est en fait la condition d'une « sagesse de vie » (*Lebensweisheit*[5]) telle que la conçoit la philosophie populaire authentique. Cette sagesse porte sur le sens de la vie, sur la destination de l'existence. Elle traduit ainsi dans une attitude éthique l'*abandon actif* (*thätiges Hingeben*[6]) que suppose la vie comme totalité objective intelligible. Cet *abandon actif*, la science spéculative le connaît comme « postulat pratique de la raison théorique », selon l'expression de la *Nova Methodo*[7]. C'est le postulat d'un ordre éthique du monde ou d'un gouvernement divin.

> La certitude absolue et la conviction (non la simple opinion, le simple avis, ou le vœu) qu'il est possible, non pas de se déterminer soi-même, c'est-à-dire de déterminer sa volonté par le concept du devoir – car cela nous le reconnaissons comme possible du fait que nous le faisons effectivement –, mais de promouvoir par cette détermination de notre volonté conforme au devoir la fin de la raison aussi hors de notre volonté, – cette certitude est l'immédiat de la religion et se fonde, ainsi que nous l'avons mentionné, au cœur de l'homme[8].

1. Cf. F.W. V, p. 342.
2. Cf. F.W. V, p. 343.
3. F.W. V, p. 348.
4. Cf. F.W. V, p. 343 et 348.
5. F.W. V, p. 349.
6. F.W. V, p. 343.
7. Cf. Fichte J.G., *La Doctrine de la science Nova Methodo*, traduction par I. Radrizzani, L'Age d'Homme, Lausanne, 1989, p. 308 (*Gesamtausgabe*, 4, 2, p. 265).
8. F.W. V, p. 359 ; trad. citée, p. 157 (§ 28 – Résultat).

3) *Gesinnung et Bestimmung comme modalités de l'être-au-monde*

De la conscience absolue comme *primum passivum* à la conscience absolue comme *Affekt des Seins*, c'est le corrélat de déterminabilité qui modifie profondément, dans la philosophie de Fichte ou de Schelling, l'originalité du point de vue transcendantal : le monde auquel ouvre l'*habitus* préréflexif de la conscience absolue est en effet tantôt *Gesinnung* tantôt *Bestimmung ;* tantôt temps immanent de l'existence comme grâce ou providence, tantôt finalité immanente de l'existence comme ordre éthique du monde.

L'ouverture à la sphère de déterminabilité de la conscience absolue relève donc aussi intrinsèquement de l'ordre de la *croyance :* la constitution d'un monde pour la détermination consciente de soi est supportée par la croyance en une sorte d'*éthos* général caractérisant la réceptivité du monde comme contexte opérant.

Pour nous, c'est la mise en cause épistémologique de cette forme d'*éthos* inhérente à toute entreprise intellectuelle qui définit le plus radicalement l'enjeu d'une philosophie transcendantale pour aujourd'hui en tant qu'elle instaure la critique des régimes de justification des prétentions d'applicabilité des modèles formels à des mondes sensés s'y conformer.

Marc Maesschalck

DE L'INTUITION INTELLECTUELLE À LA SENSATION TRANSCENDANTALE

A travers chaque sensation,
sentir l'univers [1]

Parmi les dits essais poétologiques de Hölderlin, le fragment connu sous le titre *Die Verfahrungsweise des poetischen Geistes* (« La démarche de l'esprit poétique ») est sans doute un des plus obscurs et des plus difficiles[2], en raison tout à la fois de sa longueur, de son inachèvement et de ses lacunes, mais surtout de sa composition extraordinairement enchevêtrée et stratifiée qu'illustre exemplairement la première phrase du texte : elle court dans l'édition Beißner sur 66 lignes, sans compter la

1. Simone Weil, *Œuvres Complètes*, VI, 1, Cahiers, Gallimard 1994, p. 293.

2. L'essai a été publié pour la première fois en 1911, dans l'édition Wilhelm Böhm, Fr. Hölderlin, *Gesammelte Werke* (t. 3). Le titre couramment retenu est celui donné par Zinkernagel, à partir de la formule qui apparaît pour la première fois dans le texte p. 247, 19-20 (*Sämtliche Werke,* Grosse Stuttgarter Ausgabe, éd. Fr. Beissner, Stuttgart 1961, tome IV, 1, p. 241-265). Nous citons, par commodité, la GSt. Ausg. qui constitue, aujourd'hui encore, l'édition de référence. On se reportera cependant aussi à l'édition de Francfort (FHA), sous la direction de D.E. Sattler (t. 14 des *Sämtliche Werke : Entwürfe zur Poetik*, p. 303-322). Signalons enfin pour sa commodité et la qualité de son annotation, l'édition de la "Bibliothek Deutscher Klassiker", Francfort 1994, due à Jochen Schmidt et Katharina Grätz (t. II, p. 527-552). Plusieurs études ont été récemment consacrées thématiquement à ce fragment : Michael Konrad, *Hölderlins Philosophie im Grundriß,* Bouvier, Bonn 1967 ; Fred Lönker, *Welt in der Welt,* Göttingen, Vandenhoeck & Ruprecht, 1989 ; Sieglinde Grimm, *« Vollendung im Wechsel » – Hölderlins Verfahrungsweise des poetischen Geistes als poetologische Antwort auf Fichtes Subjektphilosophie*, Francke Verlag, Tübingen, 1997.

L'essai a été traduit naguère par Denise Naville dans le volume de la Pléiade, publié sous la direction de Philippe Jaccottet (p. 610-631). En 1978, Emmanuel Martineau en a proposé une nouvelle traduction beaucoup plus précise et exigente (*PO&SIE*, n° 4, p. 6-22). – Dans ce qui suit, nous retraduisons.

longue note consacrée à l'identité matérielle, mais elle propose aussi une démarche quasi transcendentale admirablement maîtrisée au cours de laquelle se déterminent les différents réquisits qu'il incombe préalablement au poète de satisfaire pour répondre à la double exigence de l'esprit : l'esprit doit en effet maintenir la communauté, la simultanéité de toutes les parties, et en même temps s'ouvrir à la progression, à l'alternance ou au change (*Wechsel*), grâce auxquels il peut « se reproduire en soi-même et en d'autres », et s'engager enfin dans l'épreuve décisive : le choix d'un sujet ou d'une matière (*Stoff*) caractérisée par la réceptivité.

On aurait tort cependant de voir dans cette surenchère des préalables et des conditions de possibilité (Hölderlin en compte 12) le signe de la maladresse spéculative d'un apprenti philosophe qui s'embrouille dans ses explications. En ce sens, l'appréciation très négative de Xavier Tilliette, dans son dernier grand livre consacré à l'intuition intellectuelle[1], nous paraît bien sévère. « On a affaire – écrit-il – à d'interminables phrases répétitives, asyndétiques, qui se ressentent des prodromes de la démence... Les textes esthétiques et poétologiques tardifs de Hölderlin tracent une limite de l'interprétation, et le critique qui après beaucoup d'efforts parvient à un résultat dérisoire, doit avouer honnêtement son impuissance... »[2].

Face au projet hölderlinien de “Logique poétique”, destiné à dégager le “statut calculable” de l'œuvre poétique, à la hauteur de ce que le poète croyait pouvoir thématiser comme la μηχανή des Anciens, chacun reconnaîtra sans doute volontiers son impuissance, et certains (dont je suis) pourront même revendiquer quelques fascinations devant de tels mouvements de pensée, dont le tourbillonement, vertigineux et précipité, fait effectivement ressortir les limites de l'interprétation. Je demeure cependant, de mon côté, enclin à penser que les efforts conjugés des interprètes, accumulant peut-être résultats dérisoires sur résultats dérisoires, peuvent contribuer à l'élucidation de ces essais, qu'ils s'agissent de ceux, hyper-spéculatifs, de Hombourg ou qu'il s'agisse des *Remarques* et des *Commentaires* qui accompagnent les traductions plus tardives de Sophocle ou de Pindare. Le travail remarquablement endurant de Dieter Henrich qui n'a pas cru superflu de consacrer une étude de plus de 850 pages à l'unique feuillet, recto-verso, *Urtheil und Seyn* peut ici servir d'exemple[3].

1. *L'intuition intellectuelle de Kant à Hegel*, Paris, Vrin, 1995.

2. *Op. cit.*, p. 81.

3. Dieter Henrich, *Der Grund im Bewußtsein. Untersuchungen zu Hölderlins Denken (1794-1795)*, Klett-Cotta 1992.

Dans tous les cas, je ne prétends pas ici esquisser une interprétation d'ensemble de la *Verfahrungsweise*, je voudrais seulement soumettre à la discussion une hypothèse – aux conséquences peut-être dérisoires – concernant un seul mot de ce long essai, ou plutôt la polysémie, dans ce texte, du terme d'*Empfindung*, tel qu'il fait l'objet d'une remarquable surdétermination au fil de la réflexion poétologique.

Mais avant d'aborder le passage décisif pour la nouvelle élaboration hölderlinienne du concept d'*Empfindung* (§ 25), il me faut présenter brièvement sa situation dans l'économie, assez complexe, de l'essai. L'objet explicite de ce texte – que caractérise bien le titre qui lui est généralement attribué – est en effet de déterminer, dans le cadre d'une réflexion poétologique, la méthode à suivre, la procédure ou la démarche à respecter pour le traitement d'une matière ou d'un sujet, dans l'horizon de la production d'une œuvre poétique et dans le respect des spécifications induites par son "genre" : épique, lyrique ou dramatique (au sens du drame tragique). En ce sens, le propos hölderlinien relève bien d'une poétique et prolonge les réflexions relatives à l'alternance des tons, à la distinction des genres, à la mise en lumière de la signification ou de la fondation (*Bedeutung, Begründung*) propre à chaque "genre", réflexions développées notamment dans l'essai *Über den Unterschied der Dichtarten*. C'est ainsi que Hölderlin évoque à maintes reprises dans notre texte la *geistige Behandlung*, le traitement spirituel que le poète doit accorder à la détermination de sa matière (*Stoff*), en fonction de sa réceptivité, et les effets en retour de celle-ci. Pris dans sa dimension poétologique, l'*Essai* cherche à élucider méthodologiquement la production poétique, ses conditions, ses lois, ses règles, mais une telle préoccupation "technique" ne doit pas cependant masquer l'aspect philosophique et spéculatif du texte qui porte aussi ou surtout sur la destination de l'homme[1].

La poétique se trouve ainsi élevée à une dimension proprement transcendantale, elle devient la pierre de touche pour une réflexion plus générale consacrée à l'esprit, à sa formation, à son histoire et à ses actes ordonnés selon une série ascendante, jusqu'à une ultime tentative (celle-là même que Hölderlin nomme « hyperbole de toutes les hyperboles » (IV, 1, 252, 13), cette tentative qui conduit enfin à la langue ou à son pressentiment.

Si l'objet premier de cette réflexion poétologique est encore le "Moi poétique", c'est dans la mesure où celui-ci figure comme la reprise et la

1. Hölderlin souligne d'ailleurs lui-même expressément cette complémentarité des deux dimensions principales de l'*Essai*, quand il note que « si tel est le cours et la destination de l'homme en général, alors cela même est le cours et la destination de toute et de chaque poésie... » (IV, 1, 263, 3-5).

détermination du “Moi pur” ou “Moi absolu” de Fichte et de Schelling, auxquels Hölderlin opposera l’individualité poétique en laquelle se réfléchit la “vie en général”, le “divin” ou le “pur”.

Il apparaît clairement, dès la première longue phrase du texte que l’esprit dont il est ici question, ne saurait s’entendre univoquement comme l’esprit du poète, mais que ce dernier propose bien plutôt comme une figuration exemplaire de l’homme, pris en vue dans la dimension de son essence, et eu égard à sa vocation ou destination essentielle : contribuer à l’auto-production et à la re-production de l’esprit (IV, 1, 241, 15). Par là même, de poétologique, au sens restreint, qu’elle était au départ, la réflexion se fait historico-philosophique et débouche sur la thèse centrale[1] qui concerne directement le cours de la vie et la destination de l’homme[2] :

> C’est donc en vain que l’homme, dans un état trop subjectif, comme dans un état trop objectif, cherche à atteindre sa destination qui consiste à se reconnaître contenu comme unité dans l’harmoniquement opposé divin, de même qu’elle consiste à l’inverse à reconnaître le divin, l’uni, l’harmoniquement opposé contenu en soi comme unité. *Car cela n’est possible que dans la belle, sainte, divine sensation* (*in schöner heiliger, göttlicher Empfindung*)[3].

Telle est sans doute la thèse centrale du texte.

« Belle, sainte et divine sensation » que Hölderlin caractérise ensuite unitairement comme *transcendentale Empfindung* en l’opposant à l’intuition intellectuelle. Tel est l’unique point que je voudrais tenter d’élucider ici. Je rappelle d’abord le texte, difficile, ou plutôt son argument général :

> Cela n’est possible que dans la belle, sainte, divine sensation, dans une sentation qui est *belle*, parce qu’elle *n’est pas seulement* agréable et heureuse, *ni seulement* unie et tranquille, mais *tout cela à la fois* ; cela n’est possible que dans une sensation qui est *sainte* parce que, *sans* s’adonner *simplement* à son objet..., *ni* reposer *simplement* sur son fondement interne..., *ni* flotter *simplement* entre son fondement interne et son objet..., elle est et peut être tout cela à la fois ; cela n’est possible que dans une sensation qui est

1. Centrale au moins pour la première grande partie de l’*Essai*, avant les “indications” concernant la “langue” que nous laisserons ici entièrement de côté.

2. C’est en sens qu’Emmanuel Martineau a pu, à bon droit, intituler sa traduction (citée) : *Le cours et la destination de l’homme en général.*

3. IV, 1, 259, 1-7. Cf. aussi IV, 1, 257, 12-16 : « C’est ainsi que [l’homme] atteint sa destination qui est – connaissance de l’harmoniquement opposé en lui, en son unité et son individualité, et à l’inverse connaissance de son identité, son unité et individualité dans l’harmoniquement opposé. Telle est la véritable liberté de son essence... »

divine, parce que, *sans* être *simple* conscience, *simple* réflexion... impliquant la perte de la vie intérieure et extérieure, *ni simple* aspiration..., avec perte de l'harmonie intérieure et extérieure, *ni simple harmonie, comme l'intuition intellectuelle et son sujet objet mythique figuratif,* impliquant perte de la conscience et de l'unité, elle est *tout cela à la fois,* et ne peut l'être que dans une *sensation qui n'est et ne peut être que transcendantale*...<nous soulignons>.

Voilà la formule clef qui m'intéresse ici : cette formule tout à fait nette, mais assez surprenante, qui conduit en effet à envisager l'hypothèse d'une récusation de l'intuition intellectuelle par Hölderlin aux alentours de 1800, récusation tournée contre Fichte ou davantage encore contre Schelling, mais aussi auto-critique qui pourrait bien annoncer un tournant décisif dans l'œuvre du poète.

S'il est permis de parler d'auto-critique, c'est qu'en effet Hölderlin avait quelques années auparavant invoqué à plusieurs reprises l'intuition intellectuelle comme le seul moyen qui permît d'accéder, par delà la "limitation kantienne" à l'être absolu. C'est ainsi qu'il notait, dans le fragment *Urteil und Seyn,* du printemps 1795 :

> *Sein* – l'être exprime la liaison (*Verbindung*) du sujet et de l'objet. Quand sujet et objet sont absolument unis, et non pas seulement unis pour partie, c'est-à-dire quand ils sont unis de telle manière que l'on ne puisse effectuer aucune partition sans porter atteinte à l'essence de ce qui doit être séparé, c'est là et nulle part ailleurs qu'il est possible de parler d'être *purement et simplement* (*Sein schlechthin*), comme c'est le cas dans l'intuition intellectuelle.

A cette unité absolue de l'être qui est liaison intime (*Einigkeit, Innigkeit*) s'oppose dans le même fragment le "jugement" ou mieux le "partage originaire" :

> Le jugement (*Urteil*) est en son sens le plus élevé et le plus rigoureux, la séparation originaire de l'objet et du sujet intimement réunis dans l'intuition intellectuelle, cette séparation grâce à laquelle seulement l'objet et le sujet deviennent possibles : la partition originaire (*Ur-theilung*).

C'est encore cet être absolu (l'être purement et simplement) que Hölderlin évoquait, mais cette fois, sans nommer l'intuition intellectuelle comme ce qui y donne accès, dans la Préface à la *vorletze Fassung* d'*Hypérion* :

> ...Nous n'aurions aucune idée de cette paix infinie, de cet être, au seul sens du mot (*jenes Sein, im einzigen Sinne des Worts*),

> nous n'aspirerions nullement à nous unir avec la Nature, nous ne penserions ni n'agirions, il n'y aurait absolument rien (pour nous), nous ne serions rien nous-mêmes (pour nous), si cet être au seul sens du mot n'était pas présent (*vorhanden*). *Es ist vorhanden – als Schönheit :* il est présent – comme beauté ; pour parler avec Hypérion, un nouveau royaume nous attend, où la beauté sera reine. Je crois qu'à la fin, nous nous écrierons tous : saint Platon, pardonne-nous ! nous avons gravemment péché contre toi.

Si j'ai tenu à rappeler aussi ce passage bien connu, c'est qu'il contribue indirectement à éclairer deux autres occurences, parfois mal comprises, parce qu'artificiellement opposées, de l'expression "intuition intellectuelle", occurences qui apparaissent dans la lettre à Schiller du 4 septembre 1795 et dans la lettre à Niethammer du 24 février 1796 :

Hölderlin écrit, s'adressant à Schiller :

> J'essaie de développer à mon usage l'idée d'un progrès infini de la philosophie, j'essaie de prouver que ce que l'on doit incessamment exiger de tout système, l'union du sujet et de l'objet en un Moi absolu (ou quel que soit le nom qu'on lui donne <*eg. das Sein schlechthin*>) est sans doute possible *sur le plan esthétique,* dans l'intuition intellectuelle ; mais ne l'est sur le plan théorique que par une voie d'approximation infinie (tr. fr., Pléiade, p. 364, lettre n° 104).

Une telle intuition intellectuelle, déployée dans sa dimension esthétique, pour correspondre à l'être en tant qu'il se présente comme "beauté", fait assurément écho aux considérations platoniciennes de la *vorletzte Fassung*, et c'est elle encore qu'évoquera Hölderlin s'adressant cette fois à Niethammer, pour souligner l'importance du "sens esthétique" à l'arrière plan de cette intuition :

> Dans les *Lettres philosophiques,* je voudrais trouver le principe qui m'explique les divisions dans lesquelles nous pensons et existons, mais qui possède aussi le pouvoir de faire disparaître le conflit (*Widerstreit*) entre le sujet et l'objet, entre notre ipséité (*Selbst*) et le monde, et même entre raison et révélation – sur le plan théorique, par l'intuition intellectuelle, sans qu'il faille renoncer à la raison pratique. Pour cela, nous avons besoin de sens esthétique, et j'appellerai mes Lettres philosophiques « Nouvelles Lettres sur l'éducation esthétique du genre humain ».

Quand Hölderlin, dans la *Verfahrungsweise,* récuse l'intuition intellectuelle comme ce type de connaissance par lequel l'homme pourrait atteindre sa destination et accéder à la véritable liberté de son essence, il songe peut-être aux idées qui étaient les siennes dans les années 95-96.

Pourtant, si l'on regarde de plus près le texte clef qui nous intéresse, on remarque aussi que ce qui condamne à présent l'intuition intellectuelle aux yeux de Hölderlin, ce qui la frappe, elle aussi, d'unilatéralité, c'est qu'elle est *bloße Harmonie*, simple harmonie, ou encore – ce qui revient ultimement au même – qu'elle est "trop harmonique", qu'elle harmonise ou réconcilie dans l'unité trop immédiatement. L'auto-critique ici porte donc moins sur ce qui faisait le principe des *Lettres philosophiques* projetées, ou sur l'appréhension de l'être, au seul sens véritable du terme, comme beauté, que sur la conception que Hölderlin venait tout juste de développer, à la suite des différentes esquisses de l'*Empédocle*, de la réconciliation ou de l'unification tragique, trop unitaire ou "intime" précisément.

L'"intuition intellectuelle" est en effet aussi un motif central de la thématisation hölderlinienne du drame tragique, dans le cadre de sa réflexion sur les genres de poème. Au seuil de l'essai *Sur la différence des genres poétiques*, Hölderlin définit la tragédie (le "poème dramatique tragique") comme la "métaphore d'une intuition intellectuelle". Le terme de "métaphore" n'ajoute, semble-t-il, aucune détermination spécifique, propre à la tragédie, puisque c'est celui-là même qu'emploie également Hölderlin, dans ce même texte, pour caractériser le poème épique et le poème lyrique. Mais, demandera-t-on, qu'est-ce qui tient lieu d'intuition intellectuelle dans la tragédie ? Rien en particulier ! Ce qu'il importe de souligner, c'est plutôt que la tragédie est ici envisagée, dans son ensemble, comme ce qui met en œuvre ou comme ce qui expose dramatiquement l'intuition intellectuelle. Au fondement de la tragédie, sous-jacente à celle-ci, il convient toujours de reconnaître une "intuition intellectuelle". L'intuition s'entend d'abord comme unité, non point *Einheit*, l'unité de ce qui est un ou unique, dans son identité à soi et sa distinction d'avec tout le reste, avec ce qui n'est pas l'un lui-même ou lui seul ; mais bien plutôt comme "uni-té" (*Einigkeit*), au sens de ce qui tient ou fait tenir ensemble comme un, comme uni, ce qui par soi tend à se distinguer, à se séparer, à se singulariser. L'uni-té de l'intuition intellectuelle, unité active, si l'on peut dire, est *Vereinigung*, synthèse ou ré-unification synthétique : Ἓν au sens du Ἓν καὶ πᾶν, ou mieux de l'ἕν διάφερον ἑαυτῷ, selon la paraphrase platonicienne, dans le *Banquet*, du fragment 51 d'Héraclite. Paraphrase d'ailleurs transformée et abrégée par Hölderlin, dans la dernière lettre du tome I de l'*Hypérion* où se trouve évoquée l'Antique Athènes qui a su donner naissance à la poésie et à la philosophie à partir de la beauté. Cette grandiose parole d'Héraclite : *das Eine in sich selbst unterschiedne* : l'Un différant de soi-même, l'Un différent en soi-même, seul un Grec pouvait la formuler !

L'aspect intensif de cette uni-té (*Einigkeit*), c'est, selon Hölderlin, l'*Innigkeit,* terme qui désigne à la fois l'intériorité ou l'intimité de cela qui, sans reste, ne comporte plus aucun dehors, plus d'extériorité. Ainsi entendu, *das Innige,* l'intime ou l'intense (l'intensément intime) a également pour nom approprié le "divin" (*das Göttliche*), au sens de ce qui est tout en tous. Mais le point capital, dans la réflexion poétologique hölderlinienne, c'est que cette Uni-té, l'unité de ce qui tient tout ensemble du dedans de soi et au-dedans de soi, n'est jamais immédiate ou en tout cas ne se laisse jamais appréhender immédiatement. S'il arrive à Hölderlin d'écrire que l'intuition intellectuelle est "au fondement de la tragédie", il faut comprendre cependant que cette uni-té est bien plutôt résultat du procès tragique, ou plus précisément encore peut-être qu'elle ne se déploie comme telle qu'à travers l'exposition dramatique tragique, laquelle devient ainsi, selon l'acception première du terme, "métaphore", "transport". Soit à dire encore, cette fois selon les formules du *Grund zum Empedokles* : « C'est l'intimité/intensité la plus profonde (*die tiefste Innigkeit*) qui s'exprime dans le poème dramatique tragique ». Mais précisément, à la différence par exemple du poème lyrique qui est davantage "langage immédiat du sentiment" (*unmittelbare Sprache der Empfindung*), le poème dramatique-tragique doit commencer par "voiler" (*enthüllen*) dans son exposition l'intimité/intensité (*Innigkeit*) ; il ne l'exprime, ajoute Hölderlin, qu'à travers les "distinctions/différenciations" les plus fortes, les plus marquées. Ici le sentiment, ou mieux ce que Hölderlin nomme aussi, à titre de quasi-synonyme de l'intuition intellectuelle, la *Totalempfindung*, le sentiment du tout ou de la totalité, « ne s'exprime plus immédiatement » (*drückt sich nicht mehr unmittelbar aus*). C'est d'ailleurs pourquoi, encore une fois, et de manière accentuée, la tragédie est nécessairement la *métaphore* d'une intuition intellectuelle.

On peut, me semble-t-il, tenir pour parallèles ou équivalentes, les formules du *Grund zum Empedokles* et de l'essai *Sur la différence des genres poétiques*, également destinées à caractériser la tragédie, dans son articulation : *Grund – Ausdruck*, ou encore "signification" – "caractère artistique" : « *die zum Grunde liegende Empfindung, die zum Grunde liegende Totalempfindung, die zum Grunde liegende intellektuelle Anschauung* », formules que l'on peut encore compléter par les variantes : *die innigste Empfindung*, *die tiefste Innigkeit.* Car une telle équivalence – j'y reviendrai – ne remet pas du tout en question la critique de l'intuition intellectuelle et de son "mythique sujet-objectif figuratif" au nom de la "sensation belle, sainte, divine", au nom de la "sensation transcendantale", dans l'essai sur la *Démarche de l'esprit poétique.* Rien ne serait en effet plus trompeur que de chercher à fixer dans une acception centrale et unitaire le terme d'*Empfindung* dans les essais poétologiques hölderliniens. Ici plus qu'ailleurs sans doute s'impose la règle d'une lecture saussurienne différencielle. Il est certes permis de regretter ce que l'on peut considérer comme des "flottements terminologiques", mais il faut remarquer aussitôt que ce sont ceux là même que l'on rencontre aussi dans les écrits théoriques de Schiller, et que c'est aussi par là, sans doute, que Hölderlin se distingue le plus nettement de ses camarades d'étude du *Stift*, Hegel ou Schelling.

Mais revenons à l'exposition dramatique tragique et à la médiation qu'elle opère. Pourquoi faut-il que la tragédie, forme suprême de l'art, mette en œuvre les divisions, les oppositions, les distinctions ? Tout se passe un peu comme si Hölderlin n'avait cessé de revenir, durant ses années de Hombourg, pour le compléter, le complexifier sur le bref fragment de Iéna, déjà cité, *Urteil und Sein.*

> *Urteil ist im höchsten und strengsten Sinne die ursprüngliche Trennung des in der intellektualen Anschauung innigst vereinigten Objekts und Subjekts.* – Le jugement (archi-partition) est au sens suprême le plus rigoureux la séparation originelle de l'objet et du sujet tels qu'ils sont le plus intimement unis dans l'intuition intellectuelle.

On sait que Hölderlin – il n'est pas le seul à l'époque, et il sera suivi sur ce point par Hegel, jusque dans la *Science de la logique* – interprète, selon une étymologie populaire qui semble controuvée, le jugement (*Urteil*), à partir du verbe *teilen* ou de la *Theilung* : division-séparation-partition. Ainsi, ce qui, dans l'intuition intellectuelle (dans sa détermination fichtéenne ou schellingienne) se trouve le plus étroitement ou intensément uni, l'objet et le sujet, doit être dissocié selon une division originelle, celle du jugement. Une telle division-séparation est en effet nécessaire, si du moins l'être (l'être emphatique) auquel répond l'intuition intellectuelle doit être présent à soi, accéder à soi, à la conscience de soi. Au jugement ou à l'archi-partition, encore abordé abstraitement et dans sa plus grande généralité, dans le fragment de Iéna, répond un peu plus tard, dans le contexte d'une réflexion poétologique, l'effort ou la tentation pour les parties de se séparer, de s'isoler jusqu'à faire sécession par rapport au tout : « ...l'originellement uni doit nécessairement sortir de lui-même », note à présent Hölderlin dans l'essai *Sur la différence des genres poétiques.* « L'immobilité – ajoute-t-il – ne peut avoir place en lui », « le mode de réunion en lui ne doit pas demeurer toujours le même ». La nécessité ici, le "il faut", que Hölderlin formule de manière frappante comme "le nécessaire arbitraire de Zeus", c'est encore "la loi éternelle", "la loi de justice" qui veut que l'unité pour se sentir (*sich fühlen*) doive se sensibiliser à travers la séparation des parties.

Après ce long retour en arrière, je reviens à présent à la *Verfahrungsweise* et à sa thèse centrale : mon hypothèse est ici que si la réflexion poétologique du *Fondement pour Empédocle* ou de l'essai *Sur la différence des genres poétiques* marque une reprise et un approfondissement de la nécessaire articulation entre l'être et le jugement (ou l'archi-partition), la *Verfahrungsweise* franchit un nouveau pas décisif dans la reconnaissance des différences et des distinctions constitutives de l'unité ou de l'unitotalité de ce que Hölderlin nomme à présent l'harmoniquement opposé. L'accent porte désormais sur le risque d'unilatéralisation inhérent à chacune des déterminations ou des dimensions fondamentales de l'harmonique, ainsi menacé d'être "simple harmonie" ou "trop harmonique" (*zu harmonisch*). Si l'intuition intellectuelle se voit désormais récusée, c'est en effet essentiellement parce que, reconduisant au sujet-objet, ou à l'être, dans son acception stricte, d'unité ou d'intense intimité (*Einigkeit, Innigkeit*), elle est une synthèse trop harmonique, c'est-à-dire aussi bien trop peu réceptive à l'égard du "véritable infini". Qu'est-ce que l'infini véritable ou propre ? Celui que la "sensation transcendantale" permet d'appréhender comme une "infinité effective déterminée" (*eine bestimmte wirkliche Unendlichkeit*). La formule évidemment antinomique répond à l'oxymore de la "sensation transcendantale" : l'infinité à laquelle on accède par le mode de connaissance ici en question – c'est en termes de connaissance qu'est définie la destination de l'homme – est une infinité déterminée et par là effective, ni mythique, ni figurée ou fictive : l'infini effectif est celui qui transparaît dans le sensible où il trouve à s'incarner, si l'on peut dire. Le type de réceptivité (*Empfänglichkeit*) qui y correspond ne se définit que différenciellement, y compris par rapport à l'intuition intellectuelle, comme ce qui parvient à éviter l'ensemble des propriétés ou des qualifications toujours menacées d'excès ou d'insuffisance, celles-là même qu'indique dans le texte la série des prépositions : *zu..., noch zu..., noch zu...* La sensation ici caractérisée comme "transcendantale" intègre en elle les trois précédentes déterminations : belle, sainte et divine, qui, chacune à son tour, reposaient sur l'exclusion de trois qualifications restrictives (*weder bloß..., noch bloß..., noch bloß...*). La sensation est dite "transcendantale", parce que, dans cette "synthèse et action réciproque" (*Vereinigung und Wechselwirkung*) des qualités qui ont été mentionnées, la sensation n'est « ni trop agréable et sensible, ni trop énergique et sauve, ni trop intime/intense et exalté (*schwärmerisch*) » <on reconnaît là dans le *zu innig und schwärmerisch* ce qui caractérise le héros tragique...et l'intuition intellectuelle>, ni trop...etc. Chacune des trois déterminations unilatérales propres à chacune des qualifications primaires de la “sensation” se trouve ainsi récapitulée dans la caractérisation de la sensation transcendantale, qui donc se définit par l’exclusion de neuf traits. C’est par là, précise encore Hölderlin, qu’elle est moins exposée à l’unilatéralité (*Einseitigkeit*), justement parce qu’elle est « présente sous cette triple qualité/propriété » (*Eigenschaft*) : belle, sainte, divine.

Une brève récapitulation, avant de conclure :

Atteindre sa destination, c’est pour l’homme (et il s’agit ici de l’homme en général, et pas seulement du poète ou de l’esprit poétique), « se reconnaître contenu comme unité dans le divin harmoniquement opposé, de même qu’elle consiste à l’inverse à reconnaître le divin, l’harmoniquement opposé contenu comme unité en soi ».

La destination est ici connaissance ou reconnaissance d’une double immanence, dont la condition de possibilité est à son tour l’*Empfindung* : « Cela n’est possible que dans la belle, sainte, divine sensation ». Chacune des qualifications, dans cette triade (belle, sainte, divine) est elle-même explicitée par la réunion ou la totalisation (*alles zugleich*) de trois déterminations que menace à chaque fois l’unilatéralité. Ainsi à propos de la beauté : la sensation en question est “belle” parce qu’elle n’est pas seulement agréable et heureuse, ni seulement sublime et forte, ni seulement unie et tranquille, mais « tout cela à la fois ». C’est le *alles zugleich* (tout cela à la fois, *total simul*, en même temps, du même coup) que reprend à son tour la quatrième et dernière détermination qualitative de la sensation, celle qui réunit en elle la première triade : « Cela n’est possible que dans une sensation qui est et ne peut être que transcendantale ».

Revenons un instant sur la troisième qualification : la sensation en question est dite “divine”. Pourquoi ? Parce qu’elle n’est pas seulement ou simplement conscience, pas simplement réflexion (subjective ou objective), avec perte de la vie intérieure ou extérieure, pas simplement aspiration (déterminée subjectivement ou objectivement), avec perte de l’harmonie interne et externe…

Le mouvement pourrait apparemment s’arrêter là : le caractère divin de la sensation tiendrait alors à l’intégration de trois déterminations qui prises séparement deviendraient unilatérales. La sensation “divine” serait tout cela ensemble, à savoir : conscience, réflexion, aspiration (en laissant ici de côté les deux variantes complémentaires : subjectivement, objectivement, qui valent pour la réflexion et pour l’aspiration).

Mais Hölderlin brise ici le parallélisme frappant de la construction : ni seulement ceci…, ni seulement cela…, ni seulement cela…, et il introduit un dernier élément de contredistinction, particulièrement important parce que ce dernier élément peut se donner pour harmonique ou du moins ouvrir sur une harmonie, et constituer ainsi une figure de la complétude et de la réconciliation. Harmonie, c'était précisément, on s'en souvient, le terme clef pour désigner d'un mot la structure complexe de l'ἕν διάφερον ἑαυτῷ héraclitéen. Si donc la sensation est ce grâce à quoi l'homme atteint sa destination en se reconnaissant contenu à titre d'unité dans le divin, l'harmoniquement opposé, et en reconnaissant à l'inverse (ou complémentairement) l'uni, le divin, l'harmoniquement opposé comme contenu, à titre d'unité, en lui (*Gott in uns*), c'est parce qu'elle n'est pas seulement harmonie ou pas "simple harmonie" (*bloße Harmonie*). La simple harmonie, c'est ici ce qu'est ou ce que livre l'intuition intellectuelle. Comment comprendre si l'intuition intellectuelle est ce qui donne accès à l'absolu, à l'inconditionné, à l'unité ou à l'identité du sujet ou du Moi absolu ? Mais une telle harmonie est dite ici "simplement ou seulement harmonie". L'harmonie elle-même s'unilatéralise (si l'on peut ainsi parler) dans l'intuition intellectuelle : c'est une harmonie trop harmonieuse, trop monocorde ou monotone (ignorante de l'alternance des tons, du *Wechsel*), une harmonie trop peu héraclitéenne, différente de celle véritable de l'arc et de la lyre, une harmonie qui fait "un" trop vite, comme dans le cas de l'intuition intellectuelle, avec son sujet-objet mythique et imagé. Par là, la sensation "belle, saine, divine" n'est justement pas synonyme de l'intuition intellectuelle, et si elle se rassemble sous la figure du "transcendantal", comme *transzendentale Empfindung*, le "transcendantal" ici ne se laisse plus indifféremment remplacer par l'"intellectuel", comme ce sera le cas dans les dernières pages (à peu près contemporaines) du *Système de l'idéalisme transcendantal* de Schelling.

Que veut dire "transcendantal" quand l'adjectif qualifie, comme ici, une sensation, ou un mode de sensibilité, une *Empfindungsweise*, pour utiliser l'expression de Schiller dans *Poésie naïve et poésie sentimentale* ou dans *Les lettres sur l'éducation esthétique ?* Certes, le terme n'a pas l'acception scolaire et canonique que Kant lui a assignée. Mais s'il ne s'agit pas pour Hölderlin, dans ce passage, de s'interroger sur les conditions de possibilité de la connaissance ou sur ce qui fonde le rapport à l'objet, il s'agit bien pourtant de mettre en évidence quelque chose comme une expérience fondamentale au fondement de toutes les relations possibles à un monde. En ce sens, il serait permis de soutenir l'idée que ce que la sensation transcendantale donne à connaître, c'est le monde, l'"univers" dira Simone Weil, ou plus précisément sans doute ce que Hölderlin nommait dans l'essai *Über Religion*, le monde « dans sa connexion la plus haute », cette connexion par laquelle « les hommes s'élèvent au-dessus du besoin physique et moral », et grâce à laquelle ils vivent “une vie humainement supérieure”, cette connexion supérieure dont l’autre nom est *Geschick*, destin. On s’étonnera moins alors de voir Heidegger dans le premier cours qu’il consacre à Hölderlin, en 1934-1935, retraduire l’*Empfindung* hölderlinienne de notre essai en termes de *Grundstimmung*, tonalité fondamentale dont le propre est en effet de livrer accès au monde comme tel (*die Welt als solche*). L’intuition intellectuelle, dans son accentuation unilatérale (nonobstant le paradoxe consistant à reprocher à l’intuition intellectuelle, définie ailleurs comme “unité avec tout ce qui est”, son unilatéralité) est perte de la conscience, de la réflexion, de l’aspiration. Elle se confond avec l’immobilité et l’impassibilité du repos divin.

On peut d’ailleurs noter que dès l’époque d’*Hypérion*, Hölderlin avait entrevu la séduction inhérente à l’intuition intellectuelle, même si, encore une fois, le terme “technique” ne venait pas sous sa plume dans le roman : la fin du fragment *Thalia* présentait en ces termes l’esquisse d’un moment extatique :

> Perdu dans les immensités bleues, souvent je lève les yeux vers l’Ether, ou je les abaisse sur la mer sacrée ; alors, il me semble voir s’ouvrir devant moi la porte de l’Invisible, et que je m’anéantis avec tout ce qui m’entoure, jusqu’à ce qu’un bruissement dans les taillis m’éveille de cette bienheureuse mort et me ramène malgré moi à l’endroit d’où je suis parti (GStA.III, 184).

Motif que l’on retrouve dans la version définitive (Ier livre, 2e lettre – GStA. III, 8-9) :

> Perdu dans le bleu immense, souvent je lève les yeux vers l’Ether ou je les abaisse sur la mer sacrée, et il me semble qu’un esprit fraternel m’ouvre les bras, que la souffrance de la solitude se dissout dans la vie divine.
>
> Mais qu’est-ce que la vie divine, le ciel de l’homme sinon de ne faire qu’un avec toutes choses ?
>
> Ne faire qu’un avec toutes choses vivantes, retourner, par un radieux oubli de soi, dans le Tout de la Nature, tel est le plus haute degré de la pensée et de la joie, la cime sacrée, le lieu du calme éternel où midi perd sa torpeur et le tonnerre sa voix, où le bouillonnement de la mer se confond avec la houle des blés.
>
> Ne faire qu’un avec toutes choses vivantes ! A ces mots, la vertu rejette sa sévère armure, l’esprit de l’homme son sceptre ; toutes pensées fondent devant *l’image* du monde éternellement un…
>
> Si je foule souvent ces hauteurs, Bellarmin, il suffit d’un instant de réflexion pour m’en précipiter. Je médite, et je me retrouve seul comme avant, au milieu des tourments de la condition mortelle ; l’asile de mon cœur, le monde éternellement

> un, se dérobe ; la Nature me refuse ses bras et je suis en face d'elle comme un étranger, incapable de la comprendre.

Peut-être l'image (*Bild*) annonce-t-elle la critique du *bildlich* qui caractérise le "sujet-objet".

Citons encore, dans le même sens, les derniers mots de la troisième lettre :

> Si la splendide Nature a un Père, le cœur de l'enfant ne sera-t-il pas Son cœur ? Ce qu'elle a de plus intérieur ne se confondra-t-il pas avec Lui ? Mais puis-je le posséder, ce centre, le connaître ?
>
> *Je crois voir ;* puis je m'effraie à la pensée de n'avoir vu peut-être que moi-même. *Je crois sentir* l'Esprit du monde comme dans la mienne la main chaude d'un ami ; quand je me réveille, je doute si je n'ai pas serré que mes propres doigts. (GStA., III, 12)

Là encore, il est permis de reconnaître comme une anticipation de la critique-récusation propre à l'essai.

Et enfin, ceci, tiré de la *Jeunesse d'Hypérion* (GStA., III, 201) :

> ...Le jour où le bel univers a commencé pour nous, a commencé l'indigence de la vie. Eussions-nous été jadis intacts (*mangellos*) et libres de toute barrière, nous n'aurions pas perdu en vain la Toute-Suffisance, le privilège des esprits purs. Nous avons échangé le repos impassible des dieux contre *le sentiment de la vie, la conscience lumineuse*. Pense si possible l'esprit pur ! Il ne s'occupe pas de matière, aussi un monde ne vit-il pas pour lui ; pour lui le soleil ni ne se lève ni ne se couche ; il reste tout, et c'est pourquoi il n'est rien pour soi. Il ne lui manque rien, parce qu'il est sans désir, il ne souffre pas, car il ne vit pas...La pauvreté de la finitude est unie inséparablement en nous avant la surabondance de la divinité...

Inutile de multiplier davantage les témoignages : ce que je voulais souligner, c'était d'une part la reconnaissance (très tôt) de l'ambivalence ou de l'ambiguïté de l'intuition intellectuelle (comme le fera de son côté le Schelling des *Lettres sur le dogmatisme et le criticisme*), c'était d'autre part l'accent mis (déjà) sur la "conscience", "le sentiment de la vie", la "séparation", en un mot la finitude. Ce qui, par parenthèse, contribue à faire ressortir le caractère simpliste de l'opposition instituée par Beda Allemann entre la période de jeunesse (celle d'Empédocle et du Principe Royal) et la période marquée par le retournement natal [1].

1. Beda Allemann, *Hölderlin und Heidegger*, Atlantis Verlag, Zürich, 1954.

Certes, après 1800, Hölderlin approfondira le motif de la “distinction”, de la “médiateté”, dans ses *Remarques* sur Œdipe et sur Antigone, et plus encore dans son commentaire à la traduction des fragments de Pindare.

Au début de la troisième section des *Remarques sur Antigone,* il note :

> La présentation tragique repose...sur le fait que le Dieu immédiat, tout Un avec l’homme [...], que l’infinie possession par l’esprit (*die unendliche Begeisterung*), en se séparant salutairement, se saisit d’elle-même infiniment ...(GStA., V, 269).

Et Hölderlin d’ajouter cette parenthèse, sur laquelle j’insiste à présent : « car le dieu d’un Apôtre est plus médiat, est entendement le plus haut (*höchster Verstand*) au sein de l’esprit le plus haut ». – *Verstand*, qu’il faut ici sans doute bien traduire par “entendement”.

Tout ce passage est lui aussi très difficile et je n’entends pas tenter de le commenter ici maintenant, je veux souligner simplement – là encore, dans le souci de marquer une certaine continuité trop souvent négligée – la proximité avec le développement consacré à la tragédie dans l’essai *Über den Unterschied der Dichtarten.*

Il faudrait donc s’attacher à l’éloignement croissant de Hölderlin vis-à-vis de l’intuition intellectuelle depuis l’ambivalence d’*Hypérion*, en passant par les versions successives de l’*Empédocle* et l’abandon du projet d’écrire une tragédie moderne, jusqu’aux traductions de Sophocle et de Pindare. Sur ce chemin, le passage de l’essai sur lequel je me suis arrêté, marque certainement une étape décisive.

Dans son commentaire du célèbre fragment de Pindare (Snell, 169) : ὁ νόμος πάντων Βασιλεύς..., Hölderlin, opposant mortels et immortels, caractérise l’homme comme *erkennendes Wesen*, l’être doué de connaissance. Qu’est-ce qui est à connaître aux mortels ? La loi, le statut, la distinction (*Unterscheidung*) et la médiateté (*Mittelbarkeit*) qu’ils induisent. L’autre nom de cette médiateté, c’est ici la “figure” (*Gestalt*) ou même la “figuration”, pour autant qu’elle s’oppose à une insupportable immédiateté a-figurative (*gestaltlose Unmittelbarkeit*), pour autant que la *Gestalt* est ce qui rend possible une rencontre (*Begegnung*) non annihilante de l’homme et du dieu. Rencontre immédiatement opposée à la conflagration tragique où l’homme, le “signe”, égale zéro, comme l’indique le bref fragment *Sur la signification des tragédies*. La “rencontre” dont il est ici question n’a donc rien à voir avec la *Paarung*, l’accouplement monstrueux de l’homme et du dieu, qui définit le tragique d’Œdipe et surtout d’Antigone. Le monstrueux, c’est ici, selon les paroles des *Remarques* « la manière dont le dieu et l’homme s’accouplent, et dont, sans limite (*grenzenlos*) la puissance de la nature et ce que l’homme a de plus intérieur deviennent un dans le courroux » (GStA., V, 201).

« En ce qui concerne la science, je m'occupe uniquement de la philosophie kantienne et des Grecs », écrivait Hölderlin, dans une lettre datée de la Pentecôte 1794.

La *Verfahrungsweise* ne me semble pas infidèle à cette préoccupation : si elle marque pourtant un tournant, ou plus prudemment peut-être, si elle amorce le virage que l'on a caractérisé, avec toutes sortes d'ambiguïtés – sur lesquelles il n'est pas nécessaire de s'arrêter – d'occidental ou de natal, c'est peut-être justement parce que vers 1799 ou 1800, Hölderlin a renoncé au projet qu'il formulait en octobre 1794, dans une lettre à Neuffer, de « franchir la limite kantienne » (*einer Schritt... über die kantische Grenzlinie*). C'est peut-être par là que Hölderlin demeure, comme le soupçonnait Heidegger, mais pour d'autres raisons, relativement étranger à l'idéalisme allemand ou à la métaphysique absolue en train de s'élaborer, en dépassement réel ou prétendu du criticisme kantien. Hölderlin, plus fidèle sans doute au "transcendantal" que ses compagnons du *Stift*, est celui pour lequel Kant sera demeuré jusqu'au bout, voire même de plus en plus décidément à mesure qu'il approfondit les "droits" de l'individuel, du proche et du prochain (*das Nächste, Beste*), le « Moïse de notre Nation », selon la formule de la lettre à son frère, du 1er janvier 1799. C'est en tout cas dans cet horizon, qui est aussi celui des "fils de la terre" que nous voulons voir dans la *Verfahrungsweise* le rejet de l'intuition intellectuelle à laquelle se substitute une sentation transcendantale, plus directement référée à la "loi", au "statut", à la "médiateté", aux "distinctions" et "différenciations".

> Garder Dieu dans sa distincte pureté / c'est la tâche qui nous fut confiée

redira Hölderlin dans l'hymne tardif en esquissé intitulé *Le Vatican.*

Jean-François Courtine

TRADUCTION (J.-F. Courtine)
HÖLDERLIN
LA DÉMARCHE DE L'ESPRIT POÉTIQUE,

[§ 24] C'est donc en vain que l'homme, dans un état trop subjectif, comme dans un état trop objectif, cherche à atteindre sa destination qui consiste à se reconnaître contenu comme unité dans l'harmoniquement-opposé-divin, de même qu'elle consiste à l'inverse à reconnaître le divin, l'uni, l'harmoniquement-opposé comme unité contenue en soi. *Car cela n'est possible que dans la belle, sainte, divine sensation*, dans une sensation qui est belle parce qu'elle n'est pas seulement agréable et heureuse, ni seulement sublime et forte, ni seulement unie et tranquille, mais tout cela à la fois, ce qui n'est possible que dans une sensation qui est sainte, non parce que, oublieuse de son intérêt propre, elle est seulement tout entière adonnée à son objet, ni parce que, oublieuse de son intérêt propre, elle repose seulement sur son propre fondement, ni seulement parce que, oublieuse de son intérêt propre, elle flotte entre son fondement interne et son objet, mais dans une sensation qui est et peut être tout cela à la fois ; dans une sensation qui est divine, parce que, sans être simple conscience, simple réflexion (subjective ou objective) impliquant la perte de la vie intérieure et extérieure, ni simple aspiration (subjective ou objective), avec perte de l'harmonie intérieure et extérieure, ni simple harmonie comme l'intuition intellectuelle et son sujet-objet mythique-figuratif, impliquant perte de la conscience et de l'unité, elle est tout cela à la fois, et ne peut l'être que dans une sensation qui n'est et ne peut être que transcendantale, parce que, dans la synthèse et l'action réciproque des qualités citées, elle n'est ni trop agréable et sensible, ni trop énergique et sauvage, ni trop intime et exaltée, ni trop désintéressée, c'est-à-dire adonnée à son objet dans l'oubli de soi, ni reposant de manière trop dés-*intéressée*, c'est-à-dire trop *maître* de soi, sur son fondement interne, ni flottant entre son propre fondement interne et son objet de manière trop intéressée, c'est-à-dire trop indécise et vide et indéterminée, [et cette sensibilité est encore transcendantale parce qu'elle n'est] ni trop réfléchie, trop consciente de soi, trop aiguë et par là inconsciente de son fondement interne et externe, ni trop mobile, trop prise dans son fondement interne et externe, et par là même inconsciente de l'harmonie de l'intérieur et de l'extérieur, ni trop harmonique, et par là même trop peu consciente de soi-même et de son fondement interne et externe, par là même trop indéterminée, et moins réceptive à l'égard du véritable infini qu'elle détermine comme une infinité effective *déterminée,* comme ce qui demeure extérieur, et moins capable de durée. Bref, parce que cette sensation est présente en cette triple qualité, et ne peut qu'être telle, elle est moins exposée à l'unilatéralité dans l'une ou l'autre de ces trois qualités. Au contraire, de cette sensation proviennent originellement toutes les forces que comportent ces qualités, de manière certes plus déterminée et connaissable, mais aussi plus isolée, de même que ces forces, ainsi que leurs qualités et leurs manifestations se concentrent à nouveau en elle, et conquièrent en elle, et grâce à une connexion réciproque, à la fois et une déterminité vivante et subsistant pour soi-même, dans la mesure où elle sont ses organes, et la liberté, dans la mesure où elles lui appartiennent et ne sont pas, dans leur étroitesse, restreintes à soi-même, et la complétude, dans la mesure où elles sont comprises dans leur entièreté, ces trois qualités, en tant qu'aspirations à reconnaître l'harmoniquement-opposé dans l'unité vivante ou celle-ci dans celui-là, peuvent s'exprimer dans un état plus subjectif ou plus objectif. Car justement ces différents états procèdent d'elle dans la mesure où c'est elle qui les réunit.

HEGEL CLASSIQUE, OU SPÉCULATION ET DIALECTIQUE DU TRANSCENDANTAL

Le transcendantal et le spéculatif se définissent selon la *Differenzschrift* par leur égale opposition au bon sens, ou plutôt à ce sens commun auquel Hegel s'en prenait dans l'article sur Krug. Au lieu de s'en tenir en effet au donné, ne s'agit-il pas, en Philosophie transcendantale, de dégager la part du sujet connaissant qui en conditionne la position, c'est-à-dire de retrouver dans le produit figé la trace de l'activité productrice, du processus de connaissance où la conscience se montre dans son aspect fondateur. A cet égard, les postkantiens trouvent dans l'intuition intellectuelle l'organe leur permettant de construire ou de reconstruire le réel selon les concepts philosophiques et Hegel n'hésite pas d'ailleurs à la nommer tout simplement intuition transcendantale. Pourtant pour lui, comme pour Schelling, il ne s'agit que d'un pan de la philosophie et cette activité demeure le pôle subjectif du processus d'identification sujet-objet. Ainsi l'identité à saisir requiert-elle encore autre chose, et cette saisie de l'unité dans la différence, de l'identité dans le rapport, est ce à quoi toujours Hegel réservera l'appellation de « spéculatif ». Mais, pour le Hegel d'Iéna, l'organe est le même, et la construction parallèle que donne la philosophie de la nature s'effectue bien au moyen de cette même intuition toujours nommée transcendantale et qualifiée ainsi dans la *Differenzschrift*.

Mais, pour qu'il y ait unité et que l'identité soit vraiment spéculative, encore faut-il que l'on trouve la raison de la différence, de même l'infinité de l'absolu ne peut se trouver identifiée aux conditions mêmes de la finitude du donné – sauf à risquer si l'on veut le sauver d'en faire un pur néant, cette nuit vide où « toutes les vaches sont noires ». Et l'on verra d'ailleurs comment l'unité du fini et de l'infini est bien à cet égard paradigmatique. Dès lors c'est aussi bien à l'idée même de la construction héritée de la philosophie transcendantale qu'à l'intuition qui lui sert d'organe que Hegel va s'en prendre ultérieurement, en revendiquant pour la spéculation qui veut se saisir de l'infini tout un travail préparatoire visant à la dégager de la finitude que l'on ne fait autrement que transporter dans l'absolu par l'intermédiaire d'un formalisme stérile. Kant au moins se méfiait de cette façon de procéder, mais il avait formulé le mauvais diagnostic en faisant de la spéculation l'accusé du procès. Reste donc à opérer la vraie critique, celle du fini, que le fini opère lui-même de soi, en se livrant à sa propre négation. Telle est la dialectique par laquelle Hegel gagne sa propre spéculation – définitivement dégagée par là de tout transcendantalisme.

C'est pourquoi il nous semble utile tout d'abord de rappeler les concepts par lesquels Schelling et Hegel ont élaboré au temps d'Iéna la spéculation identitaire dans un rapport étroit à un transcendantal bien différent de celui de Kant. Nous montrerons ensuite comment la dialectique permet seule la réalisation de la spéculation authentiquement hégelienne en assumant et en dépassant les exigences d'un entendement auquel, tout en ayant vu la charge de contradiction qu'il devait à son statut fini, Kant n'a pas su assigner la destination négative qui est la sienne en vue de la raison et du « positivement rationnel » qui définit le spéculatif.

Or, dans ce nouvel usage d'une raison libérée de l'entrave de la finitude, nous tenterons d'indiquer une proximité plus grande alors avec une philosophie classique, dont Hegel se rapproche toujours davantage à la fin de sa vie, qu'avec la philosophie transcendantale vis à vis de laquelle, que ce soit en sa version postkantienne ou en son origine kantienne, Hegel manifestera un éloignement proportionnellement toujours croissant. Tel sera le classicisme hégelien évoqué en titre.

Philosophie transcendantale et philosophie de l'identité à Iéna

La leçon spéculative de la philosophie transcendantale kantienne consiste pour les Dioscures d'Iéna dans le dynamisme et la logique unitaire qui se dégagent lorsque l'on reconduit la connaissance à ses conditions au lieu de la perdre dans l'objet. Au lieu d'en rester alors à la fixité des objets et à leur dispersion contingente, l'on retrouve dans tout donné l'acte qui l'a constitué et dans le sujet le fondement qui unifie par là le domaine le plus empirique. C'est ainsi que, dès le début de la *Differenzschrift*, Hegel loue Fichte d'avoir dégagé « l'esprit » du kantisme de sa lettre en trouvant dans le « principe d'une déduction de catégories » ce qui fait de cette philosophie un « véritable idéalisme ». Unité de principe qui seule permet une déduction au lieu d'une collection (reprochée à Kant lui-même), activité de ce principe qui fait le caractère génétique de celle-ci et en garantit l'apriorisme au lieu d'une revue empirique immédiate, et tout cela grâce au sujet transcendantal qui, contrairement au sujet empirique, ne s'oppose à l'objet qu'en tant qu'il le pose et se pose, voilà comment la philosophie transcendantale devient, aux yeux de Hegel et de Schelling, constitutive et non plus critique, depuis que Fichte l'a vraiment constituée ou édifiée sur les matériaux que Kant s'était, à leurs yeux, contenté de lui livrer.

Dès lors, il ne s'agit plus d'indiquer une relativité d'une connaissance à ses conditions de possibilité, mais de plonger le savoir dans l'Absolu où il s'ancre, et auquel il s'identifie originairement. Telle est cette philosophie transcendantale revendiquée par les auteurs du *Journal critique de Philosophie* comme synonyme de l'idéalisme et de la spéculation dans les années mêmes où s'élabore et surgit leur philosophie de l'identité que, dans la même *Differenzschrift*, Hegel va veiller à distinguer du transcendantalisme subjectif de Fichte. Car, même si le sujet transcendantal permet bien la déduction de l'objectivité en retrouvant l'activité originairement constructive du Moi, comme Schelling l'avait montré dans le *Système de l'idéalisme transcendantal* de 1800, c'est l'identité sujet-objet, à laquelle conduit l'ancrage de la spéculation dans l'Absolu, et la nécessité de procéder par le savoir à la construction du réel à partir de lui, qui comptent par dessus tout. Le sujet transcendantal n'est plus alors condition de possibilité de l'expérience empirique, mais sujet prédicatif d'un absolu dont il exprime l'identité sujet-objective en développant à partir de soi l'objet.

D'où l'aspect à la fois partiel et absolu d'un savoir transcendantal fondé sur un principe absolu mais qui n'est pourtant qu'un pôle, un pan, une des deux philosophies constituant Le système. Dès lors, si la tâche de la philosophie transcendantale consiste, comme l'écrivait Schelling en 1800[1] à « partir du subjectif comme premier et absolu et faire surgir de lui l'objectif », reste-t-il à une philosophie de la nature à adopter la direction opposée et à « faire de l'objectif le terme premier et en dériver le subjectif »[2]. Philosophie de la nature et philosophie transcendantale se sont donc partagé les deux directions possibles de la philosophie et « toute philosophie doit chercher ou bien à faire de la nature une intelligence ou bien de l'intelligence une nature »[3] ; ce qui détermine la tâche de chacune de ces deux sciences fondamentales nécessaires. Et Schelling n'hésitait

1. *Système de l'idéalisme transcendantal*, traduction C. Dubois, Bibliothèque philosophique de Louvain, Louvain 1978, page 9.

2. *Ibid.*

3. *Ibid.*

d'ailleurs pas, dans la préface à son œuvre, à insister sur ce parallélisme qui exige ces deux sciences « éternellement opposées » et totalement équivalentes[1].

Comment garantir pourtant l'unité que ces deux sciences équivalentes ont pour mission de prouver par la convergence de leur déduction, alors qu'elles ne peuvent, comme le dit Schelling, « jamais se fondre en une seule »[2] ? Seul le dynamisme même de l'absolu, dont la puissance génétique doit être retrouvée par une voie ou par l'autre par le savoir, semble l'assurer. Dès lors que pourtant ce n'est plus une science une qui puisse être la garantie de l'unité du savoir, mais au contraire le développement de ses deux aspects, comment encore prétendre à un savoir de l'unité ? La question pourrait d'abord sembler tranchée au profit de la philosophie transcendantale elle-même, qui, centrée sur le savoir dont il faut expliquer comment il est possible, absorberait tout savoir, même celui de la Science de la nature, et il est vrai que celle-ci est bien évoquée dans le système. Ainsi, en se définissant elle-même en son sein, la science garantirait au transcendantal sa prééminence ou, comme le dit Hegel, « dans cette mesure la totalité réside assurément en elle (la philosophie transcendantale) et toute la philosophie de la nature relève de ce domaine comme un savoir »[3]. Mais ce serait alors réduire le système à une partie, *Wissenschaftslehre*, qui n'est qu'une partie de la philosophie transcendantale et néglige de toute façon d'indiquer cette prééminence du facteur subjectif qui en fait à jamais la limitation. D'autre part on en resterait de toute façon, comme le remarque Hegel[4], à un aspect purement formel : qu'on n'espère pas trouver le contenu de la philosophie de la nature ailleurs qu'en elle-même[5].

L'on ne peut donc trouver de réelle assurance de l'identité que dans le développement même du principe ou dans l'identification à laquelle conduit toute construction ; bref, le centre auquel se relient les deux pôles des sciences de l'absolu « est lui-même double, une fois identité, une fois totalité ; dans cette mesure les deux sciences représentent la progression de l'identité qui se développe ou se construit elle-même comme totalité »[6]. Hegel ajoute : « Le point d'indifférence vers lequel tendent les deux sciences dans la mesure où, sous l'aspect de leur facteurs idéels, elles

1. *Ibid.*, page 3.

2. *Ibid.*

3. *Differenzschrift*, *Gesammelte Werke*, édition Meiner *(GW)*, GW 4 page 76. Traduction B. Gilson, Vrin Paris 1986, page 182.

4. *Ibid.*

5. Cf. Réponse à Krug *in « Comment le sens commun comprend la philosophie »*, traduction J.-M. Lardic, Actes Sud 1989, pages 48-49.

6. *Differenzschrift*, GW 4 page 74. Traduction page 180.

s'opposent, c'est le tout représenté comme une construction de l'Absolu par lui-même, le point ultime et suprême de ces sciences »[1]. Voilà bien l'essentiel : la construction de l'Absolu par soi qui garantit la réalisation de l'identité en l'identifiant lui-même à la totalité. Cette totalisation qui réalise la vraie déduction des catégories, c'est-à-dire celle qui ne laisse pas subsister d'extériorité entre forme et contenu, se définit comme la construction, à la fois dès lors des concepts et du réel lui-même, ou plutôt comme une reconstruction par le philosophe, de l'Absolu qui s'est d'abord construit. Or, pour procéder à cette construction philosophique, le moyen, on le sait, c'est, à l'inverse cette fois-ci de la leçon kantienne, l'intuition intellectuelle prônée par Schelling relayé par Hegel à Iéna. Bref, pour ressaisir la construction à laquelle préside l'Absolu, auquel s'identifie alors la totalité des étants finis, est requise pour le philosophe l'activité intuitionnante qui lui permettra, comme l'exige Schelling[2], de mener ses démonstrations « à partir du mécanisme originaire de l'intuition elle-même, c'est-à-dire grâce à une construction effective des objets ». Hegel va jusqu'à déclarer que c'est là, dans la philosophie de Schelling, comme dans celle de Fichte, « l'unique fondement réel, le point de vue philosophique stable »[3], autre manière d'exprimer l'identité du sujet et de l'objet.

Cette intuition, seule susceptible de garantir notre lien au centre, au point d'indifférence où l'identité se construit, est certes désignée encore comme intuition transcendantale; mais il faut justement, comme Hegel l'écrit dans la *Differenzschrift*[4], « saisir l'intuition transcendantale à l'état pur ». Car, « comme fondement de la philosophie, cette intuition ne doit être ni subjective ni objective, ni une conscience de soi opposée à la matière, ni une matière opposée à la conscience de soi, mais l'identité absolue, pas plus subjective qu'objective, l'intuition transcendantale pure »[5]. Ainsi la réflexion spéculative, en opposant « non plus un objet et un sujet mais une intuition transcendantale subjective et une intuition transcendantale objective », doit-elle être dépassée par la Raison qui « voit la vérité dans l'absolue contradiction » des deux termes, moi et nature, connaissance et être, posés à la fois. En somme, ce qui garantit la valeur du transcendantal c'est l'outil de la construction opérée à la fois dans la philosophie transcendantale et celle de la nature par une une intuition qui permet, au rebours du transcendantalisme kantien, une vraie construction

1. *Ibid.*
2. *Système de l'idéalisme transcendantal*, page 4.
3. *Differenzschrift*, GW 4 page 76. Traduction, page 183.
4. *Differenzschrift*, GW 4 page 77. Traduction, page 183.
5. *Ibid.*

philosophique. Nous avons ailleurs insisté sur ce point et nous nous contenterons d'évoquer ici un texte peu connu, mais bien représentatif, du *Journal critique de Philosophie* dont on se demande d'ailleurs encore s'il est de la plume de Schelling ou de celle de Hegel. Il s'agit de l'écrit qui, sous le prétexte d'un compte rendu, s'intitule « *Sur la construction en philosophie* »[1]. L'auteur y montre tout d'abord comment Kant a été sans doute « le premier à concevoir » le concept général de construction « de façon aussi profonde et authentiquement philosophique », en exigeant, pour l'adéquation du concept et de l'intuition, une « intuition non empirique qui d'une part comme intuition est singulière et concrète, d'autre part comme construction d'un concept doit exprimer une validité universelle pour toutes les intuitions possibles qui rentrent sous le même concept »[2]. Pourtant, en refusant la possibilité de la construction en philosophie, sous prétexte que celle-ci n'a affaire qu'aux purs concepts sans intuition, tandis qu'il « accorde à la mathématique une intuition non-empirique pour construire », Kant montre qu'il ne prise dans celle-ci que son rapport à la sensibilité. Car l'on ne pourrait « limiter la philosophie à de purs concepts sans intuition que s'il avait été prouvé qu'il n'existe aucune intuition non-empirique adéquate à ses concepts ; or Kant refuse cette intuition non-empirique à la philosophie parce qu'elle devrait être intellectuelle, alors, qu'à son avis, toute intuition est nécessairement sensible »[3]. Pourtant il est clair, aux yeux de l'auteur, que ce qui, dans l'intuition mathématique, est l'universel, « l'unité pure de l'universel et du particulier n'est pas sensible, mais bien plutôt est ce qu'il y a de purement intellectuel même »[4]. Ainsi donc l'originalité de l'intuition mathématique vient de ce qu'elle est « l'intuition intellectuelle réfléchie de façon sensible ». La différence entre la mathématique et la philosophie ne réside donc pas dans le fait que celle-ci requièrerait une intuition non empirique, qui n'existerait pourtant pas, mais en ce que, tandis que le mathématicien ne dispose que de l'intuition intellectuelle réfléchie dans la sensibilité, le philosophe dispose de l'intuition intellectuelle pure réfléchie en soi-même.

Il est une thèse kantienne liée à ce problème, et qui et l'objet d'une critique acerbe, à savoir l'opposition absolue de l'universel et du particulier, dépassée par la construction mathématique, tandis qu'elle demeurerait le lot de la philosophie, sous prétexte que « la connaissance mathématique considère l'universel dans le particulier, tandis que la connaissance philosophique ne considère le particulier que dans l'uni-

1. GW 4, pages 277-293.
2. *Ibid.*, page 279.
3. *Ibid.*
4. *Ibid.*

versel ». Hegel, ou Schelling, s'empresse alors d'indiquer que cette identité vraie de l'universel et du particulier ne pouvant être qu'intuition, on doit envisager seulement deux intuitions différentes, mais tombant justement dans la division au sein de la mathématique même, l'arithmétique envisageant un particulier en l'universel, et la géométrie un universel dans le particulier. La philosophie, par contre, opère sa construction dans le point d'indifférence absolu, présentant « les unités dans l'absolue indifférence »[1]. Dès lors, la véritable présentation du particulier dans l'universel peut bien désigner la philosophie, à condition, contrairement à ce que pense Kant, d'entendre par cette universalité celle de l'Idée, ou de l'universel qui, objet d'intuition, se comprend de façon purement intellectuelle. Telle est d'ailleurs, en retour, la seule manière de comprendre l'égalisation du particulier et de l'universel dans la géométrie elle-même qui, sous un triangle purement intuitionné, voit déjà l'universel présenté, c'est-à-dire son idée.

Conférer ainsi l'intuition pure à la philosophie c'est lui permettre d'effectuer ces jugements synthétiques a priori qui lui étaient interdits par Kant, à condition de bien comprendre qu'il ne s'agit pas de « construire avec les concepts », mais de les construire dans les Idées qui ramènent à l'unité de l'absolu, comme le géomètre ramène ses figures à l'unité de l'espace qui les contient[2]. Cette unité, « comme principe de construction »[3], a manqué à Kant, et ce manque l'a forcé à tirer son tableau des catégories de l'expérience, tandis que toute démonstration doit procéder de et reconduire au point d'identité du pensé et de la pensée.

On le voit, non seulement l'intuition est bien l'organe de la philosophie, mais elle donne à celle-ci son véritable statut de spéculation, dans la mesure où elle seule garantit l'unité même des concepts comme celle de notre pensée avec l'absolu qui se construit. Et pourtant Hegel ne va pas, on le sait, tarder à critiquer ce modèle de la construction et de l'intuition, encore qualifiée de « transcendantale » en 1802, qui lui sert d'outil. Car, sous une apparente discursivité des développements, c'est en fait un formalisme monochrome qui, comme le dit la *Phénoménologie de l'esprit* en 1807, est alors plaqué sur le réel selon un mécanisme immédiat et répétitif. De même l'intuition de l'identité, d'où procèdent et où ramènent alors toutes les analyses, ne peut prétendre nous livrer l'absolue unité du savoir selon le seul développement de ses deux faces subjective ou objective. Indifférenciée, et plus du tout transcendantale, elle ne nous garantit pas le moindre savoir de l'unité. Pas un savoir car elle est plongée

1. *Ibid.*, page 280.
2. Cf. page 282.
3. *Ibid.*

dans l'immédiat, et pas de l'unité qui, comme indifférence n'unifie pas tant qu'elle n'absorbe dans la fameuse nuit... D'ailleurs, puisque la construction était celle de l'absolu lui-même, le réel fini, dans lequel elle devait permettre de déceler une étape de l'absolu, s'identifierait alors à l'absolu quand il était envisagé en sa totalité, ainsi que nous le disions plus haut. Bref, construire le fini c'était assister à la construction de l'infini et réduire la différence et par là l'unité réelle, au profit de la seule Indifférence. Si l'on ne prétend construire que le fini, on se contredit ; et si l'on construit l'infini par le fini, plus rien n'est dit, ni de l'un ni de l'autre. L'infini est néant et le fini abandonné à son empirie de façon indépendante. On aura reconnu là les griefs de Hegel à l'égard du panthéisme du Schelling de l'Identité, aussi bien qu'à l'endroit de l'immédiateté intuitive. D'ailleurs, on le sait, à la réception de la *Phénoménologie de l'esprit*, c'est le point sur lequel Schelling, clairvoyant, a insisté. Car c'est d'un même mouvement que Hegel destitue l'intuition intellectuelle de sa place de principe et refuse la construction du réel qui réduisait le fini à l'infini, ou celui-ci à celui-là. En effet, d'une part il va s'agir d'élaborer un savoir de l'unité de ces deux sciences parallèles et opposées qu'étaient pour Schelling la philosophie transcendantale et celle de la nature ; et, au lieu de se référer alors à une intuition garantissant l'unité, c'est la discursivité philosophique même qui va se voir investie d'une absoluité, permettant la rationalité intrinsèque de l'infini. D'autre part, à l'élaboration du discours de l'absolu, qui sera l'instance spéculative de la logique, va répondre le statut du fini envisagé dans sa réelle différence d'avec l'absolu, bref dans sa contingence, et c'est plutôt alors de destruction que de construction qu'il peut s'agir, comme nous le montrions dans notre livre sur *Hegel et la contingence*[1]. Ces deux conditions définissent alors l'accès au vrai idéalisme, qui, pour Hegel, fait surgir la prééminence de l'infini sur le fini qui s'y fonde dans sa négativité. La pureté de l'instance logique, qui permet le déploiement de la pure intellectualité visée par l'intuition de naguère, est alors rendue possible en la dégageant de la finitude enfin exposée en sa négativité, et c'est la dialectique. La condition de possibilité du spéculatif et de l'idéalisme véritable, dégagé du transcendantalisme postkantien, est bien la mise en évidence de la dialectique du fini. Tel est le point sur lequel nous voulons maintenant insister.

1. *Hegel et la contingence*, Actes Sud 1989, page 64.

La dialectique et le spéculatif

La remise en cause à laquelle procède Hegel à partir de 1805-1806 à l'égard de la pensée de Schelling, et finalement de la sienne propre, va consister à dégager radicalement le spéculatif du transcendantal, dans le sens postkantien du terme, en contestant l'intérêt de sa méthode constructiviste et de son organe qui est l'intuition intellectuelle. Serait-ce donc pour nous ramener au sens premier du transcendantal alors, dans le criticisme kantien ? Certes non. Hegel insiste bien sur les conditions de l'accès de notre savoir à l'absolu, et il se montre plus soucieux que Schelling de la médiation exigée par notre finitude et dont témoigne la *Phénoménologie de l'esprit,* l'exigence conceptuelle, par opposition à l'intuition qui, « comme au coup de pistolet », démarre dans l'absolu ; la différence du fini et de l'infini semble alors valorisée. La nouveauté de la *Phénoménologie de l'esprit* par rapport au postkantisme n'est pas le savoir absolu, mais la difficulté et le cheminement pour l'atteindre, ce savoir n'étant pas un point de départ, mais un but. Pourtant, il s'agit toujours d'unité et d'une identité qui doit vraiment être celle de l'identité et de la différence. Ainsi, ce qui surgit alors c'est le domaine du savoir de l'unité qui développe l'Identité, médiatise, par la logique, les deux sciences schellingiennes toujours opposées, articule la nature et l'esprit par la dialectique plus générale du fini et de l'infini qui le différencie pourtant de soi, contrairement à ce qu'il en était dans la construction, par la négativité que la dialectique fait assumer au fini et au seul fini. Bref, il s'agit, par le surgissement de la logique spéculative, de réaliser ce savoir absolu de façon conceptuelle ; la spéculation – et non plus la réflexion comme en 1804 à Iéna – se confondra de plus en plus, pour Hegel, avec la logique même. Loin de prôner pour l'homme une intuition intellectuelle, Hegel va donc plutôt ancrer la *discursivité* en *Dieu.* La distance prise à l'égard de Schelling ne tend donc pas à le rapprocher de Kant. Certes, pour dégager l'instance logique en toute sa pureté spéculative, il convenait de redonner par constraste à l'entendement fini toute latitude de développer ses contradictions pleines de sens, afin de le mener réellement à sa contradiction ou à sa sursomption. A cet égard la dialectique constitue bien la vraie « critique » de l'entendement fini. D'ailleurs lorsque la *Logique* ou l'*Encyclopédie* parlent du mérite de Kant, ce n'est plus alors seulement comme au temps d'Iéna, pour évoquer l'aperception transcendantale ou l'imagination transcendantale où était présente l'unité spéculative malheureusement inaperçue par l'auteur lui-même, mais plutôt la dialectique transcendantale et les contradictions dans lesquelles Kant a bien vu que se prenait le fini [1]. Mais, aux yeux de Hegel, Kant a eu (dans sa grande tendresse!) le grand tort de trancher en faveur du fini les contradictions qui devaient justement en montrer l'inanité! Bref, il a inversé le résultat, et, au lieu de faire de la spéculation le bénéfice de la dialectique, le caractère transcendantal, au sens kantien, de cette dernière l'a empêché de trouver par là l'accès au savoir de l'absolu, pour relativiser la spéculation à nos facultés de connaître finies, c'est-à-dire la nier.

Ainsi est-ce bien le transcendantal qui cette fois-ci s'oppose au spéculatif, et la dialectique, qui régit ce rapport, doit mettre en évidence la nécessaire *Aufhebung* de celui-là dans celui-ci, l'un représentant le fini et l'autre l'infini. La dialectique transcendantale en effet fait bien ressortir l'essence dialectique du transcendantal lui-même, c'est-à-dire le fait que sa vérité soit le fini comme négation, auquel s'attache pourtant désespérément Kant en faisant supporter aux Idées, ou à l'usage métaphysique de l'entendement, la négation qui concerne les choses, et en laissant alors l'entendement abandonner ce qui aurait pu le sauver : l'accès aux Idées qui l'eût sursumé en Raison. Ce qui empêche tout simplement la spéculation. D'où l'autodestruction de la critique qui ne perçoit pas sa propre négativité, nie ce qu'elle devrait affirmer, et affirme ce qu'elle devrait nier, laisse être les phénomènes comme un absolu, tandis que leur fondement même, par la seule connaissance possible, les pose comme déjà médiatisés. D'où, à l'inverse, le transcendantalisme postkantien qui tente en réaction de développer les germes de spéculation contenus dans la doctrine kantienne en convertissant le transcendantal en idéalisme et en tentant d'exprimer par là l'absolu. Seulement l'outil n'est pas adéquat et une conversion de l'entendement en Raison ne suffit pas sans le travail du négatif de la dialectique. Si Kant n'a pensé qu'au fini, Fichte et Schelling l'ont oublié ou confondu avec l'infini. Ou plutôt, piégés dès le début par le sujet transcendantal, ils n'ont pu que s'inscrire dans un nouveau dualisme du fini et de l'infini, posant un infini abstrait ou indifférencié.

Ainsi c'est du transcendantalisme même que la dialectique doit nous libérer, une fois entendue dans son vrai sens comme conduisant à la spéculation dont elle dégage toute la teneur en infinité. La tâche est très exactement d'inverser le transcendantal en son pouvoir de constitution : au lieu de dégager les conditions de possibilité de l'expérience pour une conscience finie, il s'agit de voir dans la destruction de celle-ci la condition de possibilité de la spéculation car Hegel déclare que c'est du fini que vient toute illusion. L'accès à l'infini passe donc par cette dialectique de la finitude qui constitue selon les mots de la petite

1. Cf. § 46 de l'*Encyclopédie*.

Logique : « l'élévation vraie, non extérieure, au-dessus du fini » [1]. Puisque « la dialectique est la nature propre, véritable, des déterminations d'entendement, des choses et du fini en général », et comme « tout ce qui est fini a pour être de se supprimer soi-même », alors « la dialectique est ce dépassement immanent dans lequel la nature unilatérale et bornée des déterminations d'entendement s'expose comme ce qu'elle est, à savoir comme leur négation » [2].

Ce qui est en jeu ici c'est en fait le statut de l'idéalisme qui ne peut être transcendantal ni au sens kantien, ni au sens fichtéano-schellingien. C'est en effet la compréhension du rapport dialectique du fini à l'infni qui régit tout véritable idéalisme. Hegel le rappelle au § 95 de l'*Encyclopédie* (1827-1830) qui effectue la transition au pour-soi et vise à bien distinguer l'infini véritable de celui du dualisme, du progrès à l'infini et de l'infini négatif :

> L'être-là appréhendé tout d'abord seulement suivant son être ou son affirmation a une réalité, par conséquent la finité elle aussi est *tout d'abord* dans la détermination de la réalité. Mais la vérité du fini est bien plutôt son *idéalité*...Cette idéalité du fini est la proposition capitale de la philosophie, et toute vraie philosophie est pour cette raison un idéalisme [3].

Seulement, encore faut-il savoir reconnaître cette idéalité ou négativité du fini, c'est-à-dire le fait qu'il soit, dans le rapport à l'infini, ce qui est « seul supprimé » [4], tandis que « l'infini est l'affirmatif », « la négation de la négation » n'étant « pas une neutralisation » [5]. Or c'est ce que n'a pas su faire Kant qui se contredit en s'en tenant au fini dont pourtant il a perçu l'aspect phénoménal. Ainsi, non seulement est-il condamné à en rester au dualisme, mais encore sombre-t-il, pour Hegel, dans « l'inconséquence » d'accorder que l'entendement ne connaît que les phénomènes et d'affirmer pourtant « cette connaissance comme quelque chose d'absolu en disant que la connaissance ne peut davantage, que c'est là la borne naturelle, absolue du savoir humain » [6]. Or « quelque chose n'est su comme borne que pour autant qu'on est au-delà de lui », et la désignation de la finitude phénoménale, aussi bien que cognitive, contient en fait la preuve inaperçue

1. § 81, *Encyclopédie*, GW 19, page 92.
2. *Ibid.*, Traduction B. Bourgeois, Vrin 1970, page 344.
3. GW 19, page 103. Traduction B. Bourgeois, page 360.
4. *Ibid.*, Traduction B. Bourgeois, page 359.
5. *Ibid.*
6. *Encyclopédie*, § 60, GW 19, page 14. Traduction B. Bourgeois, page 321.

de la « présence effective de l'infini », l'illimité étant alors forcément su par là [1].

A cet égard, dans la différence avec le transcendant, qui, pour Hegel, permet de dégager le sens du transcendantal (qui semble à beaucoup quelque chose « d'inouï »), c'est le transcendantal qui signifie la limitation à la subjectivité et le maintien de la différence avec la chose en soi, tandis que « le transcendant, tel qu'il se rencontre dans la mathématique », « est d'une façon générale ce qui va au-delà de la déterminité de l'entendement » [2].

Et pourtant, Kant avait bien vu, et c'était son mérite, que les déterminations d'entendement appartenaient à la finitude,

> et que la connaissance qui se meut à l'intérieur d'elle ne parvient pas à la vérité. Mais l'unilatéralité de cette philosophie consiste alors en ce que la finitude de ses déterminations d'entendement soit placée en ceci qu'elles appartiendraient seulement à notre pensée subjective pour laquelle la chose en soi doit rester un au-delà absolu. En fait pourtant, la finitude des déterminations d'entendement ne réside pas dans leur subjectivité, mais elles sont en soi finies, et leur finitude est à montrer en elles-mêmes. Selon Kant, au contraire, ce que nous pensons est faux parce que *nous* le pensons [3].

Ainsi perd il de vue l'essentiel, à savoir que les choses finies ne sont pas seulement pour nous, « mais en soi de simples phénomènes et que c'est la détermination propre des choses en cela finies que d'avoir le fondement de leur être non pas en elles-mêmes, mais dans l'idée divine universelle » [4]. Faute donc d'avoir saisi que l'identité est l'absolu, le vrai lui-même, et non l'activité subjective de la conscience de soi, on laisse perdre le bénéfice spéculatif initial de l'aperception transcendantale. Dans l'unité du subjectif et de l'objectif sous le mode du sujet transcendantal interdisant de voir dans les catégories des déterminations des choses mêmes, l'être qui reste à ces dernières semble alors radicalement coupé de la pensée [5]. Le transcendantal reste seulement subjectif, et l'idéalisme est congédié. Il convient donc de retrouver le vrai sens spéculatif de l'unité de

1. *Ibid.*

2. *Encyclopédie*, Addition 2, § 42, *Sämtliche Werke*, édition Glockner (SW), SW 8, page 130. Traduction B. Bourgeois, page 500. Hegel prend l'exemple de la circonférence du cercle composé d'un nombre infini de lignes droites infiniment petites.

3. *Encyclopédie*, § 60, Addition, SW 8, page 161. Traduction B. Bourgeois, page 508.

4. *Encyclopédie*, Addition au § 45, SW 8, page 135. Traduction B. Bourgeois, page 503.

5. Cf. Addition 1, § 42, *Encyclopédie* SW 8 page 129. Traduction B. Bourgeois, page 500.

l'être et de la pensée et du fini et de l'infini. Or celui-ci est clair : dans la mesure où « l'idée est processus, l'expression utilisée pour l'absolu : unité du fini et de l'infini, de la pensée et de l'être, etc. est fausse ; car l'unité exprime une identité abstraite, persistant en repos »[1]. « Dans l'unité de l'idée, l'infini a prise sur le fini, la pensée sur l'être, la subjectivité sur l'objectivité »[2].

Cette subjectivité est dès lors absolue et non plus unilatérale, comme la subjectivité transcendantale, car la pensée est elle-même l'infini ou l'infini est pure pensée. Ainsi l'unité caractérisant la spéculation est-elle bien à atteindre sous le régime de la pensée, même si, comme le dit Hegel dans l'addition au § 28 de l'*Encyclopédie*,

> l'expression de pensée infinie peut apparaître comme choquante lorsqu'on maintient ferme la représentation des temps modernes selon laquelle la pensée serait toujours bornée. Or en fait la pensée est, suivant son essence, en elle-même infinie. « Fini » signifie, exprimé formellement, ce qui a une fin, ce qui est mais cesse là où il est en connexion avec son autre et par conséquent est borné par celui-ci. Le fini consiste ainsi dans une relation à son autre, lequel est sa négation et se présente comme sa limite. La pensée est auprès d'elle-même, se rapporte et a elle-même pour objet. En ayant une pensée pour objet, je suis auprès de moi-même. Le Moi, la pensée, est par suite infini parce qu'il se rapporte dans la pensée à un objet qui est lui-même. L'objet en général est un autre, un négatif à l'égard de moi. Si la pensée se pense elle-même, elle a un objet qui en même temps n'en est pas un, c'est-à-dire un objet supprimé, idéel. La pensée comme telle, dans sa pureté, n'a donc en elle aucune borne. Finie, la pensée ne l'est que pour autant qu'elle s'en tient à des déterminations bornées, qui pour elle valent pour quelque chose d'ultime. Par contre, la pensée infinie ou spéculative détermine également, mais, en déterminant, en limitant, elle supprime en retour cette déficience[3].

D'où l'équivalence des termes de « pensée infinie » et « spéculative »[4]. Tel est le sens des passages canoniques consacrés à ce thème dans le *Vorbegriff* de l'*Encyclopédie*[5]. Dans ces pages concernant la seconde

1. *Encyclopédie*, § 215, SW 8, page 428. Traduction B. Bourgeois, page 449.

2. *Encyclopédie*, *Ibid.*, page 429. Traduction B. Bourgeois, page 450. Ou encore : « en disant qu'ainsi l'infini et le fini ne font qu'un... seul le fini est ce qui est supprimé ». *Encyclopédie*, § 95.

3. *Encyclopédie*, § 28, Addition, SW 8, pages 101-102. Traduction B. Bourgeois, page 484.

4. *Ibid.*

5. § 40 à 60 dans l'édition de 1830.

position de la pensée vis à vis de l'objectivité, la philosophie critique figure en seconde position, après l'empirisme dont on apprendra finalement au paragraphe 60 qu'on le retrouve dans la philosophie transcendantale elle-même, à cause de son dualisme. Et pourtant, à maints égards, Kant avait bien vu les choses, notamment à propos de trois aspects évoqués aux paragraphes 41 et 42 et dans leurs additions.

Il s'agit tout d'abord du rapport de la subjectivité et de l'objectivité. Contrairement à la conscience commune, qui prête à l'objet sensible l'objectivité pour réserver le terme péjoratif de subjectif à la pensée ravalée au rang d'opinion, Kant montre bien que c'est au contraire la pensée qui garantit la seule objectivité, tandis que le jugement de perception reste de l'ordre de la subjectivité empirique. Le sujet transcendantal est porteur alors de la vérité du jugement d'expérience. Et pourtant,

> l'objectivité kantienne de la pensée elle aussi n'est elle-même à son tour que subjective dans la mesure où selon Kant, les pensées, bien qu'elles soient des déterminations universelles et nécessaires, sont pourtant *seulement nos* pensées et diffèrent de ce que la chose est en soi par un abîme infranchissable. Au contraire, la véritable objectivité de la pensée est celle-ci, à savoir que les pensées ne sont pas simplement nos pensées, mais en même temps l'en-soi des choses et de l'être objectif en général[1].

Bref, la pensée est repoussée dans le domaine du pur subjectif dont le transcendantal devait la libérer, et le transcendantal dans celui de l'empirique, faute d'avoir saisi que l'essence de la chose ne peut résider en elle comme chose en soi, mais dans la pensée elle-même, qui est l'en-soi des choses. Kant néglige la négativité qu'implique l'emprise de la pensée sur l'être, ou le fait que « penser le monde empirique signifie bien plutôt essentiellement : changer entièrement sa forme empirique et la transformer en un universel ; la pensée exerce en même temps une activité négatrice sur cette assise fondamentale-là »[2]. Ce qui fait l'absoluité de la pensée (à l'opposé du Moi transcendantal), c'est le néant de ce sur quoi elle exerce son emprise[3]. Ne soumettant pas dès lors à la dialectique le fini pourtant nié dans son indépendance par son fondement même et par la pensée, il n'est pas étonnant que s'il veut affirmer l'indépendance de la raison, Kant soit alors condamné au dualisme comme le premier type d'empirisme qui, contrairement au matérialisme plus conséquent, veut maintenir à la fois le

1. *Encyclopédie*, addition 2 au § 41, SW 8, page 127. Traduction B. Bourgeois, pages 498-499.

2. *Encyclopédie*, § 50, SW 8, page 146. Traduction B. Bourgeois, page 311.

3. § 45, Addition, *Uebergreifen*.

sensible et le suprasensible -tandis que l'unité des deux ne peut être que *modo negationis*[1] ou dialectique.

Il en va de même pour le Moi[2]. Dans sa critique de l'Analytique transcendantale, Hegel commence par louer Kant d'avoir saisi que, par rapport à la diversité extérieure sensible, seul le Moi, comme être « originairement identique et qui est absolument chez lui »[3], est en quelque sorte « le creuset et le feu par lesquels la diversité indifférente est consumée et réduite à l'unité. C'est là ce que Kant appelle l'aperception pure, à la différence de l'aperception ordinaire qui accueille en elle le divers comme tel, tandis que l'aperception pure est à considérer comme l'activité qui rend mien » et il ajoute : « Par là la nature de toute conscience est bien assurément exprimée de façon juste. L'aspiration des hommes va bien en général à connaître le monde, à se l'approprier et à se le soumettre, et à cette fin il faut que la réalité du monde soit pour ainsi dire broyée, c'est-à-dire idéalisée »[4]. Et pourtant, là encore, Kant n'a pas reconnu que cette négativité de la pensée est celle même de l'absolu qui unifie et fonde en relativisant le reste à soi.

D'où – et c'est le troisième aspect – sa position eu égard aux catégories, telle que l'envisage la troisième addition au même paragraphe 42. Là encore il y a quelque chose d'exact dans le fondement des catégories en la subjectivité transcendantale :

> Les catégories ne sont pas contenues dans la sensation immédiate. Considérons, par exemple, un morceau de sucre ; celui-ci est dur, blanc, doux, etc.. Nous disons alors que toutes ces propriétés sont réunies en un objet, et cette unité n'est pas dans la sensation. Il en est de même lorsque nous considérons deux événements comme étant entre eux dans le rapport de cause à effet ; ce qui est ici perçu, ce sont les deux événements singularisés qui se suivent l'un l'autre dans le temps. Mais que l'un soit la cause et l'autre l'effet... cela n'est pas perçu, mais est présent seulement pour notre pensée[5].

Mais,

> bien que les catégories... appartiennent à la pensée comme telle, il ne s'ensuit pourtant aucunement qu'elles soient pour cette raison simplement quelque chose qui nous est propre, et ne soient

1. Cf. § 215.
2. Le Moi est analysé au § 42 et dans son addition.
3. § 42 de l'*Encyclopédie*, Addition 1, SW 8, page 129. Traduction B. Bourgeois, page 499.
4. *Ibid.*, traduction B. Bourgeois, page 500.
5. *Ibid.*, Addition 3, SW 8, pages 130-131. Traduction B. Bourgeois, page 501.

> pas aussi des déterminations des objets eux-mêmes. Or tel doit bien être le cas d'après la manière dont Kant appréhende les choses, et sa philosophie est un idéalisme subjectif[1].

Une fois encore, la subjectivité est rejetée dans le domaine de l'empirique au lieu d'être haussée à l'absolu, faute d'avoir été jusqu'à voir dans le fondement catégorial transcendantal le signe que la pensée était fondement. D'où le vide qu'on attribue à tort aux catégories[2]. Dès lors, le plus intéressant c'est justement pour Hegel ce qui est interdit : l'application des catégories à l'inconditionné[3]. En effet, face à cet inconditionné, qu'il soit l'âme, le monde ou Dieu, les catégories ne peuvent servir à un jugement déterminant, mais alors c'est qu'elles sont elles-mêmes susceptibles d'être jugées, et que, contrairement au formalisme subjectif auquel se réduit finalement le jugement d'expérience, ici enfin il va s'agir du contenu catégorial lui-même. Que le verdict hégelien soit différent du verdict kantien, on le sait, mais le plus important c'est que, dans la Dialectique transcendantale (à laquelle Hegel consacre cinq paragraphes), ce ne sont plus les objets qui importent, mais les catégories comme objets, qui, dans leur usage dialectique, révèlent leur capacité à étreindre le réel d'autant plus porteur de dialectique qu'il est plus riche : à ce titre l'âme, le monde et Dieu nous permettent beaucoup. Ainsi, par exemple, ce n'est pas qu'on donnerait trop en attribuant à l'âme un attribut catégorial, mais qu'au contraire on ne lui donnerait pas assez[4]. La logique spéculative peut alors apparaître, qui, ayant proprement ces catégories pour objet, ne reste pas dans le vide, si l'on a compris que, dans leur « application à l'inconditionné », elles constituent alors l'autoprédication de celui-ci, fondement de tout comme pensée. Bref, pensant les catégories qui sont la pensée elle-même, nous attribuons à l'absolu ses propres prédicats et la pensée qui est l'en-soi des choses est la seule chose en soi, dès lors « la plus connue », comme le dit encore Hegel.

Or la logique est cette science qui considère la pensée en son activité et en sa production, et la pureté spéculative qui est la sienne, loin d'être une déficience, indique son absoluité : « On dit ordinairement que la Logique a affaire seulement à des formes et doit emprunter leur contenu ailleurs. Les idées logiques ne sont cependant pas un « seulement » vis-à-vis de tout autre contenu, mais tout autre contenu est seulement un « seulement » vis-

1. *Ibid.*
2. Cf. § 43, addition, SW 8, pages 132-133. Traduction B. Bourgeois, pages 501-502.
3. § 46, SW 8, pages 136-137. Traduction B. Bourgeois, page 305.
4. Il ne faut pas avoir peur de mettre en rapport les catégories, comme Hegel l'indique aux paragraphes 47 et 52 consacrés à ces problèmes.

à-vis d'elles »[1]. A cet égard, la logique est la philosophie « essentiellement ou purement spéculative »[2] et peut être dotée de la signification de « théologie spéculative »[3]. Devant son caractère infini ou sa pureté même d'être dans le seul éther de la pure pensée, la logique est donc bien la pensée en acte qui contient tout et, à ce titre, « présentation de Dieu avant la création du monde ». Pouvant seule porter la rationalité, elle ne doit son abstraction qu'à notre statut, à nous, esprits finis, rivés à l'être, et qui limitons alors toujours notre pensée à celle de l'entendement fixe et représentatif, habitué à séparer le sujet des objets. Il nous faut alors nous élever par la dialectique à la pure pensée, c'est-à-dire vivre notre destin d'êtres finis destinés à passer, dont l'être passe et est toujours passé dans la logique si nous consentons à plonger dans le concept notre pensée qui s'y fluidifie. Tel était le travail de la *Phénoménologie*, de nous mener à la *Logique*, tel sera celui des *Leçons sur les preuves de l'existence de Dieu* de 1829 de nous y élever, nous n'y reviendrons pas ici. Mais si la logique est tout, comment alors y a-t-il autre chose ? C'est de la seule liberté de l'infinité spirituelle que peut surgir « le monde de la nature et de l'esprit fini », et l'on voit que la déduction ou construction, en sa nécessité, d'un monde, n'est pas la leçon hégelienne, puisque la déduction totale de l'intelligibilité logique montre au contraire que la contingence radicale du monde ne permet que de déduire la liberté avec laquelle l'infini laisse être le fini hors de soi. L'intelligibilité d'emprunt de celui-ci nous permet alors de retrouver en lui les formes logiques comme seulement une application à ce réel animé par elles[4]. Application de la logique par laquelle nous autres, esprits finis, pouvons la comprendre mieux, et l'*Encyclopédie* est la vraie phénoménologie en sa fonction protreptique, en nous permettant de comprendre l'infinité de la logique et de la pensée divine.

Or ce que nous voudrions ici mettre en évidence, c'est que, tout en dégageant de plus en plus la dimension spéculative d'une logique d'autant mieux distincte dès lors de tout statut transcendantal que la dialectique a purifié l'entendement fini de son caractère unilatéral pour le sursumer en la raison, Hegel semble se rapprocher d'autant plus de la métaphysique classique qu'il s'éloigne de toute forme de transcendantalisme kantien ou postkantien.

Même si, comme on sait, cette métaphysique est souvent réduite, elle aussi, à une pensée d'entendement par Hegel, il nous est apparu que le verdict doit être d'autant plus affiné que l'évolution de Hegel est nette à cet

1. Addition 2, § 24, SW 8, pages 88-89. Traduction B. Bourgeois, page 478.
2. *Encyclopédie* de 1817, § 17.
3. *Ibid.*
4. *Encyclopédie*, Addition au § 24, SW 8 page 87. Traduction B. Bourgeois, page 477.

égard, et totalement parallèle à cette modification dans l'appréciation du postkantisme. L'ultime médiatisation du transcendantal serait alors celle-ci : même pas sursumé par le spéculatif, il est l'instance de sursomption de la métaphysique d'entendement dans ce qu'elle avait de fini lui permettant l'élévation à la spéculation. Le transcendantal est le moment critique dialectique qui purifie la métaphysique, restaurée à un degré supérieur par la logique spéculative. En montrant le caractère subjectif, étant-là, fixe, de mainte détermination métaphysique trop immédiate, il permet à celle-ci d'être sursumée et infinitisée. Mais telle est son unique leçon.

Ainsi, au lieu d'en rester à un face à face, voire à une opposition statique, entre le sujet pensant et un objet transcendant, ne faisant qu'accentuer la différence entre le fini et l'infini que cette métaphysique avait pour but de résorber, la prise de conscience des conditions de connaissance de la position du sujet et de la modalité de son lien à l'objet, traité en fonction de la nature de celui-ci, est chose capitale. Mais c'est pour mieux faire ressortir la loi qui s'impose alors et qui est celle du sujet absolu comme véritable objet de la métaphysique sursumant le sujet fini et supprimant tout type de relation fondée sur une dualité et la considération de l'absolu comme d'un objet à connaître par nous. Car s'il est vraiment esprit, c'est lui qui se connaît, et comme infini ; c'est pourquoi notre savoir de lui n'est qu'un aspect de son savoir de soi-même, et nous pouvons à la fois reconnaître notre finité et la dépasser en l'ancrant dans l'infini qui la porte et l'élève à lui [1]. En somme, le transcendantal s'inverse dans le spéculatif, puisque la mise en évidence du rôle du sujet dans la connaissance aboutit à notre relativisation au sujet absolu et à l'élévation nécessaire au-dessus de la finitude de notre entendement pour saisir la raison infinie. Cela implique bien sûr la prise de conscience que non seulement on ne peut se contenter d'analyser par exemple les prédicats finis ou définir Dieu comme un être-là, essence, suprême, etc., mais encore qu'il ne peut s'agir d'une réflexion extérieure dont les prédicats sont présents dans notre représentation, la connaissance devant procéder de Dieu lui-même [2]. « La liberté et l'objectivité de la pensée métaphysique, c'est de laisser Dieu se déterminer librement à partir de lui-même ce qui déleste la pensée de toute présupposition, de toute matière extérieure » [3]. En même temps que cela lui assure son pur être-chez-soi dans « l'élément libre de la pure pensée », qui, dans sa solitude, est capable de connaître

1. Schelling l'indiquait déjà dans les *Aphorismes* de 1805, traduction J.-F. Courtine, Gallimard, pages 30-31.

2. Cf. Addition au § 28, SW 8, pages 102-103. Traduction B. Bourgeois, page 485.

3. *Encyclopédie*, Addition au § 31, SW 8, page 105. Traduction B. Bourgeois, page 487. Cf. aussi Addition au § 41.

Dieu, c'est-à-dire elle-même en elle[1] : seule la raison pure peut connaître Dieu.

On saisit dès lors le sens des lignes du *Vorbegriff* concernant cette métaphysique au titre des positions de la pensée vis-à-vis de l'objectivité, et plus précisément de la première de ces positions. L'ambiguïté de cette métaphysique est aussi évoquée de façon intéressante au paragraphe 27 de l'*Encyclopédie* de 1830, cette ambiguïté étant due, d'ailleurs, à son ancrage dans la dialectique du fini et de l'infini. Dans sa manière d'envisager l'unité entre l'être et la pensée, elle peut « aussi bien » nous dit Hegel « être une authentique démarche philosophique spéculative, qu'également séjourner dans des déterminations de pensées finies, c'est-à-dire dans l'opposition non encore résolue »[2]. Si pourtant Hegel parle surtout de ce dernier aspect, c'est, précise-t-il, qu'il ne s'agit ici que de l'introduction dont l'intérêt est alors centré sur l'immédiateté d'une position qui appelait la critique. Mais alors sachons bien voir qu'en soi, une fois dépouillé de sa finitude et de son immédiateté dans le développement de la logique, l'autre aspect pourra pleinement ressortir. Par cet autre aspect, « elle se tenait plus haut que la philosophie critique postérieure », dans la mesure où « cette science considérait les déterminations de pensée comme les déterminations des choses » et « par cette présupposition que ce qui est, du fait qu'il est pensée, est connu en soi »[3]. La relève assurée par la logique, qui tient alors la place de cette métaphysique[4], vise à conserver ce noyau en l'élevant à la spéculation pure et en ne supprimant que ce qui était fini en elle et que la critique kantienne a pleinement assumé. Selon les termes du paragraphe 95, seule cette dernière (de même que le devoir-être fichtéen qui reste dans la finitude en ne faisant de l'idée qu'un idéal) est supprimée, tandis que l'infinité spéculative de la pensée est conservée, dans la mesure du moins où elle se trouvait exprimée dans la métaphysique. Or c'est bien un tel idéalisme que l'on peut trouver, aux yeux de Hegel, dans la philosophie classique, notamment, comme nous l'avons montré ailleurs, dans la philosophie de Malebranche.

L'on trouve les pages les plus nettes à ce propos dans la dernière édition de la *Logique de l'Être* vouée à paraître en 1832, reflétant donc l'ultime pensée de Hegel à ce sujet. Il s'agit justement encore une fois d'une remarque consacrée au Pour-soi, cette fois-ci dans la Grande Logique, et donc à l'idéalité : Hegel montrait, déjà dans la première

1. *Encyclopédie*, 2nde Addition au § 19, SW 8, pages 69-70. Traduction B. Bourgeois, pages 468-469.

2. *Encyclopédie*, SW 8, page 99. Traduction B. Bourgeois, page 293.

3. *Encyclopédie*, § 28, SW 8, page 100. Traduction B. Bourgeois, page 294.

4. Cf. *Vorbegriff* de 1817, § 17 et § 18.

édition, comment, contrairement au pseudo-idéalisme de la philosophie la plus moderne, il fallait montrer que la détermination qui fait des choses ce qu'elles sont, en les reconduisant à leur fondement idéel, indique leur pour-soi comme ce qui sursume en elles leur être-autre à l'égard de l'infini, c'est-à-dire leur finité. L'idéalité est donc la même chose que l'infinité, et cet infini idéel, et non seulement idéal, montre pourquoi seul il est sans borne, puisque c'est l'autre qui n'est que pour lui [1]. Le fini limité, ayant en propre la seule négation, son identité à l'infini, en lui conférant son essence et sa réalité, fait éclater la prééminence du seul infini en même temps que s'indique la pensée pure comme fondement de l'essentialité de ce réel transitoire qui est aussi son caractère toujours accidentel et contingent. Or, celui qui a le mieux saisi que la pensée, en son infinité, était ce en quoi le fini trouvait à la fois ses déterminations essentielles et dans le même mouvement sa caducité fondamentale, à cause de sa relativité idéelle à l'absolu, c'est bien Malebranche, si élogieusement cité par Hegel dans la remarque, ajoutée avec d'autres profondes modifications structurelles sur lesquelles ce n'est pas le lieu ici de se pencher, dans la seconde édition. Dans ce passage, qui tient lieu de celui consacré à l'idéalité, Hegel définit « l'idéalisme du noble Malebranche » comme « pur », « profond », « élevé » et « complet » et émanant d'un « pur esprit spéculatif » dont le contenu est le suivant :

> Comme Dieu contient en soi toutes les vérités éternelles, les idées et les perfections de toutes les choses, de sorte qu'elles soient seulement les siennes, nous les voyons alors seulement en lui... De même donc que les vérités éternelles et les idées (essentialités) des choses, de même leur être-là est-il en Dieu idéel, pas un être-là véritable ;... ce moment de l'idéalisme explicite et concret, qui manque dans le spinozisme, est ici présent en tant que l'idéalité absolue est déterminée comme savoir [2].

On voit comment, plus que d'analogies par ailleurs faciles à multiplier, il s'agit d'une profonde communauté d'inspiration. Ne manque que l'instance « logique », dit Hegel. C'est bien elle qui effectue à ses yeux la relève par laquelle l'idéalisme spéculatif médiatise le fini en recevant par là son objectivité universelle [3] dont héritent ensuite nature et esprit. Là où la contingence du monde est fondée dans une logique, pour Malebranche elle est garantie par la présence des idées en Dieu qui laisse les êtres finis à leur opacité existentielle. Mais, dans sa logique, Hegel ne bénéficie-t-il

1. GW 11, page 88.
2. GW 21, page 148 (notre traduction).
3. Cf. *Encyclopédie* de 1817, § 17, SW 6, page 37.

pas de la leçon du classicisme qui va le conduire, selon nous, à accentuer toujours davantage l'aspect spéculatif de la logique et la dépendance vis-à-vis d'elle des sciences dites réelles de la nature et de l'esprit, au plus loin du schéma postkantien d'un esprit inconscient se réalisant dans ces deux domaines ? L'union véritable que la logique rend possible entre la nature et l'esprit est d'autant plus spéculative qu'elle s'ancre en un esprit infini et éternellement conscient de soi selon la leçon de la métaphysique classique, par laquelle la nature et l'esprit finis ne peuvent avoir de sens qu'en Dieu. La dialectique destructrice du fini a reconduit la pensée à l'instance spéculative du *Logos*.

Contrairement aux termes de la Differenzschrift, le transcendantal caractérise pour le Hegel de la Science de la logique le sens commun par opposition au spéculatif. Du moins en ses derniers avatars, chez les Kantiens vulgaires, ou dans « la doctrine exotérique de la philosophie kantienne » qui veut justifier « le renoncement au penser spéculatif » comme le dit Hegel dans la préface à la première édition de la Science de la logique[1]. D'où le paradoxe de ce peuple cultivé sans métaphysique que déplore Hegel dans cette même préface. La dialectisation du transcendantal a permis de retrouver un sens pour cette métaphysique dans la logique spéculative. Force est donc de constater que les deux pensées les plus modernes du transcendantal et de la dialectique, ou celle du transcendantal dialectisé, ont finalement pour effet spéculatif d'aboutir à la désignation d'un nouvel idéalisme revendiquant un idéal classique à la fin de la vie de Hegel. Mais, dépouillée de l'illusion constructiviste du transcendantalisme potskantien, comme d'une interprétation immanente d'une dialectique mal comprise, qui identifierait l'infini au fini et le rationnel au réel en les neutralisant, par delà les illusions modernes d'un rationalisme historiciste, cette pensée d'un classique qui affirme l'infinité de la pensée pure pour mieux accuser sa différence avec le fini dans sa caducité irréductible, pourrait bien alors être vraiment notre contemporaine.

Jean-Marie Lardic

1. *Science de la logique*, Préface, GW 11, page 5.

SPÉCULATION ET EMPIRICITÉ DANS LA *PHILOSOPHIE DU DROIT* DE HEGEL

La nature du spéculatif hégélien est progressivement précisée. De nombreuses références données dans les *Principes de la philosophie du droit* assimilent le spéculatif pur au logique, et renvoient à la *Logique* (1812-1816) pour plus de précisions quant au développement des concepts pour eux-mêmes. Il importe de rappeler à ce sujet comment Hegel présente la spéculation elle-même comme la pensée qui va au cœur du sujet, dans l'élément substantiel même. En 1817, soit quatre ans avant les *Principes*, Hegel écrivait, dans sa première *Encyclopédie des sciences philosophiques*, dite de Heidelberg, que : « Le logique a, suivant la forme, trois côtés : *le côté abstrait* ou relevant de l'*intellect*, *le côté dialectique* ou *négativement rationnel*, le *côté spéculatif*, ou *positivement rationnel* » (§ 13). Cette division formelle n'a de sens que pour l'intellect. En effet, elle est tout à fait extérieure. En tant que la véritable *Logique* est l'auto-déploiement du Logos lui-même, elle ne connaît que le côté dialectique et le côté spéculatif. Et c'est seulement du point de vue spéculatif proprement dit que le côté dialectique a un sens véritable. Si l'on considère selon l'intellect la dialectique, elle est ou bien pur scepticisme, comme dans le cas des Sophistes ou des sceptiques grecs, ou bien pur *art des contradictions* comme chez Aristote. Selon la considération spéculative, il en va autrement ; le dialectique est le rationnellement négatif, et ce facteur négatif est la condition de la négation de la négation, ou négativité, qui est elle-même le rationnellement positif, à savoir le spéculatif. C'est alors que le dialectique est « l'âme motrice de la progression » (§ 15) ; Hegel prend le terme d'âme en son sens aristotélicien de principe de vie et de mouvement. Le passage, autrement dit le devenir, est le positif, qui pour Hegel a ce sens de productif, voisin de ce que Kant appelait le *synthétique*. Le spéculatif est *concret*, en ce qu'il est l'unité de déterminations différentes ; il n'est pas un retour à l'unité simple, mais un résultat qui nous élève à une unité supérieure. Concret signifie en quelque sorte ici dialectiquement synthétique. La Logique spéculative est la science de l'Idée qui se donne à elle-même forme et contenu. « Dans le spéculatif le *contenu* et la *forme* ne sont absolument pas isolés... ; les *formes* de l'Idée sont ses *déterminations*, et l'on ne saurait dire d'où devrait lui venir encore un autre contenu vrai que ces déterminations mêmes qui sont les siennes » (§ 17 R).

Ici apparaît la différence en laquelle va se glisser l'empiricité dans la philosophie du droit. C'est qu'elle n'est pas purement spéculative. La Logique est la seule partie de la philosophie qui soit « purement spéculative » en ce sens qu'elle est « *l'Idée dans la pensée* », c'est-à-dire science subjective de l'absolu encore enfermé en son éternité. Il lui manque donc l'objectivité et l'historicité. Fondée sur la réflexion, la logique spéculative montre la conscience de soi de l'Idée, et devient *théologie spéculative* en tant que riche du contenu propre qui est le fondement absolu du réel. Mais elle n'a pas pour autant l'objectivité qui n'appartient qu'à l'Esprit, et dont l'élément est le droit. En réalité, la spéculation pure a pour fonction de se substituer à ce que les philosophies antérieures pensaient sous le terme de métaphysique ; et l'on sait que Hegel a d'abord hésité entre logique et métaphysique. Le projet de système de 1804-1805 comportait trois parties, Logique, Métaphysique et Philosophie de la nature[1]. Hegel y traitait du connaître, des objets de la métaphysique classique (l'âme, le monde, Dieu) et enfin de la conscience et de l'Esprit absolu. « L'acte de connaître, écrivait-il, en tant que passant dans la Métaphysique, est le dépassement de la Logique elle-même entendue comme la dialectique, en d'autres mots comme l'idéalisme »[2]. Mais la philosophie, prenant conscience d'elle-même comme idéalisme spéculatif, effacera cette distinction, et englobera dans la logique toute la science de la pensée pure, assignant à la philosophie de l'Esprit la science philosophique du droit, de l'histoire et de l'art, de la religion et de la philosophie.

La tension entre spéculation et empiricité, pur concept et exemples ou réalisations historiques déterminées, semble maximale dans la philosophie du droit. Elle n'est pas aussi grande quand il s'agit de l'Esprit absolu ; la philosophie de la religion de Hegel commence en effet par une longue analyse du concept de religion en tant que fondement de la religion ; dans le droit, il n'en va pas de même, car la philosophie du droit laisse le droit exister par lui-même, elle est en quelque sorte une philosophie appliquée qu'il ne faudrait pas confondre avec une philo-

1. GW 7, traduction française par Denise Souche-Dagues de *Logique et Métaphysique (Iéna 1804-1805)*, Paris, Gallimard, 1980.

2. GW 7 127, traduction (modifiée), p. 151.

sophie juridique. La philosophie de la religion élabore le concept philosophique de la religion à partir de l'existence historique du christianisme ; mais l'objectivité de la religion n'est pas abstraite comme celle du droit, en ce que l'Esprit y est entièrement présent à lui-même. La nécessité philosophique de la religion est le contenu même de l'Idée absolue[1]. Au contraire, le droit devient objet de philosophie en se distinguant du *droit positif*. L'idéalisme hégélien donne à l'Idée du droit, entendue comme le conept du droit posant sa propre effectivité, la prééminence sur le droit positif ; l'Idée du droit a pour contenu le « droit naturel ou la science de l'État », les deux termes étant équivalents dans le sous-titre donné par Hegel à sa philosophie du droit. L'Idée du droit déploie donc dans leur mouvement dialectique propre toutes les institutions sociales et politiques que l'Esprit se donne pour atteindre une objectivité encore abstraite. Hegel écarte donc, dès les § 2 et 3, le *droit positif*, mais ce n'est pas pour l'opposer terme à terme au droit philosophique ou droit naturel. C'est au contraire que le droit positif, pris en sa nécessité interne, et dégagé de toutes les contingences historiques, n'est qu'un facteur très limité de la réalité effective du droit, à savoir la réalité objective du droit comme la nécessité des institutions judiciaires, la loi et le tribunal, pour garantir la propriété (§ 209-229). L'élément positif du droit positif, énoncé dans les code de lois civiles, est en fait, du point de vue de l'Idée du droit, le moment ou facteur qui réconcilie la société civile bourgeoise avec l'universel. La société civile est en effet le « système des besoins » (§ 182), « le système de la réalité morale perdue en ses extrêmes » (§ 184), ce qui signifie qu'elle est l'élément du droit philosophique représentant le nécessaire moment de la dissémination, de l'individualisme atomistique. L'institution judiciaire est donc nécessaire comme correctif à cet éclatement de l'Idée du droit « perdue dans la particularité et disloquée dans la séparation de l'intérieur et de l'extérieur » (§ 229). Elle ramène la société civile à l'unité qui se conclut entre, d'une part, l'universel qui est en lui-même, et, d'autre part, la particularité subjective. Les codes de lois, ou droit abstrait positif, sont l'élément universel, et son application dans le cas singulier est l'unité de l'universel et du particulier. On sait que, du point de vue logique, l'universel concret hégélien est singulier[2].

1. *Philosophie der Religion*, édition Lasson, t. I, p. 182 ; cf. Albert Chapelle, *Hegel et la religion*, Paris, Editions universitaires, t. I, p. 205.

2. *Logique*, tome second, le concept, trad. Labarrière et Jarczyk, p. 94-95.

Faudra-t-il dire que l'empiricité de la philosophie du droit tient à la nature ? L'expression de droit naturel pour désigner l'Idée philosophique du droit est étrange, en ce qu'elle semble rattacher Hegel au jusnaturalisme qui déduit le droit de l'ordre naturel voulu par le décret créateur de Dieu. Il n'y a pas d'empirisme naturaliste de la conception hégélienne du droit. La longue remarque au § 3 dit l'essentiel. Du point de vue historique,

> c'est Montesquieu qui a donné la vision historique véritable, le point de vue authentiquement philosophique : considérer la législation en général et ses déterminations particulières, non d'une façon abstraite et isolée, mais au contraire comme un facteur dépendant d'*une* totalité, en liaison avec toutes les autres déterminations qui constituent le caractère d'une nation et d'une époque.

L'hommage à Montesquieu renvoie en fait l'étude de la législation à la philosophie de l'histoire ; et l'on doit reconnaître que, sur ce point, Hegel se révèle un bon lecteur, et un bon adaptateur de *L'esprit des lois*. En effet, sa philosophie de l'histoire n'a rien d'une dialectique de l'évolution historique, ni d'une dialectique des événements, mais est une analyse philosophique des grandes figures historiques, grands empires, grands hommes, etc... Dès lors, Hegel critique les juristes qui isolent abstraitement le droit de la totalité historique dont il fait partie. Mais il est encore plus sévère avec ceux qui confondent l'histoire du droit et la philosophie du droit. « Le fait de considérer la *manifestation temporelle* du surgissement et du développement des déterminations juridiques » est un effort purement historique ; on ne peut en tirer la justification rationnelle du droit ; les explications historiques expliquent tout sauf le concept même de la chose. Bien mieux la justification historique, étant empirique, peut se retourner en une démonstration d'inutilité empirique actuelle. C'est le cas des monastères. Hegel écrit :

> Ainsi, par exemple, si, pour établir [la situation juridique] des *monastères*, on fait valoir les services qu'ils ont rendus pour défricher et peupler des lieux déserts, pour maintenir l'instruction par la parole et par l'écriture, et si l'on envisage ces services rendus comme fondement et détermination de la prolongation de ces monastères, il s'ensuit plutôt que, dans des circonstances complètement changées, ils sont devenus pour le moins superflus et sans finalité (§ 3 R).

EMPIRICITÉ ET NATURALITÉ

L'objet de la philosophie du droit est l'Idée du droit, dont le sens est la réalisation effective de la volonté libre. D'où la phrase, belle et énigmatique à la fois, du § 4 : « le système du droit est le royaume de la liberté réalisée effectivement, et le monde de l'Esprit est tiré de celui-ci même comme une seconde nature ». La liberté est la substance du droit, et c'est dans l'Idée de l'État que cette substance se manifeste dans sa réalité effective. Que signifie l'expression de « seconde nature » pour désigner l'existence effective que se donne l'Esprit à lui-même sous la forme des institutions qui réalisent la volonté libre ? Kant opposait la volonté à la nature dans l'expérience du devoir. Hegel serait-il aristotélicien dans sa conception du droit ? Il nous dit que l'Esprit tire de lui-même un monde par l'effort de la volonté pratique, ce qui n'a rien d'aristotélicien. En termes hégéliens, l'Esprit s'oppose à la Nature en la dépassant ; il critique donc au § 6 ceux qui, comme Kant et Fichte, en restent à l'opposition du dualisme abstrait entre infinité et finitude, volonté illimitée du Moi s'opposant à la nature finie de l'homme. En fait la volonté est l'unité de ces deux éléments, la liberté de la volonté constituant la substantialité du concept ou son poids. La réalité effective de la volonté libre est la singularité, en tant qu'unité de l'universel et du particulier. La Logique en tant que philosophie purement spéculative établit la singularité du concept comme unité de l'universel et du particulier.

A cet égard, considérer le droit comme une seconde nature, c'est le considérer comme coutume ou *éthos* à la manière d'Aristote, si l'on veut ; mais c'est en même temps le considérer, spéculativement, comme la nature que crée l'Esprit pratique, c'est-à-dire, paradoxalement, une nature qui ne doit d'exister qu'à l'Esprit lui-même, à la volonté libre des hommes. Il en va du statut spécifique de l'Esprit objectif, en tant qu'il n'est pas l'Esprit absolu, même si l'État peut être dit divin, en tant qu'Idée philosophique de l'État. Certes l'idéalisme hégélien, si fermement affirmé dans la thèse que l'existence véritable ou réalité effective (*Wirklichkeit*) est celle que l'Idée se donne à elle-même, n'implique aucune tentation d'empirisme. Et cependant la philosophie du droit ne construit pas entièrement son objet à partir de l'Idée logique ; elle prend en charge de nombreux éléments qui viennent des mœurs, de la coutume, de l'attitude d'esprit (*Gesinnung*). Le système hégélien est en ce sens une totalité ouverte, un cercle qui ne se referme pas sur lui-même.

Deux remarques préalables s'imposent : l'Esprit objectif n'est pas le dernier mot de l'Esprit ; il n'est pas absolu, de sorte que l'État se divisera en une multiplicité d'États en conflit dans l'histoire. Le processus de l'autodéploiement de la pensée pure dans la *Logique*, à savoir cette formidable affirmation hégélienne que la pensée pure se suffit à elle-même et n'a pas besoin de sujets qui la pensent, ce processus, entièrement intemporel et anhistorique, n'est retrouvé par l'Esprit, en sa manifestation historique, que dans la forme la plus achevée de l'Esprit absolu, à savoir dans la philosophie, dont l'histoire dépasse toute historicité politique et est en quelque sorte l'histoire même de l'absolu.

En second lieu, la « seconde nature » désigne la volonté libre effectuée, à savoir la *Sittlichkeit*, ou morale concrète, en tant qu'elle dépasse l'opposition entre un droit abstrait qui gère les biens, et une morale subjective qui gère les consciences. La volonté libre n'est donc pas une faculté humaine parmi d'autres ; elle est l'énergie humaine à l'œuvre dans toutes les manifestations de la culture, et se donnant l'apparence d'être comme une nature. Et ici, Hegel retrouve le sentiment qui était celui de Montaigne et de Montesquieu, à savoir que la société est l'œuvre des hommes, qu'elle n'est pas une fatalité extérieure, mais qu'elle suit des règles que l'individu ne maîtrise pas. La *Sittlichkeit* est « le *concept de la liberté devenu le monde présent* et *la nature de la conscience de soi* » (§ 142). Il n'est pas difficile de voir que la liberté devient le monde présent en s'incarnant dans les structures sociales et politiques, l'État impliquant en lui-même la société civile bourgeoise. Mais comment la liberté devient-elle « la nature de la conscience de soi » ? La réponse de Hegel est nette : c'est par la vertu. « La réalité morale, dans la mesure où elle se réfléchit dans le caractère individuel déterminé par la nature en tant que tel, est la *vertu*, qui dans la mesure où elle ne montre rien, sinon la conformité de l'individu aux devoirs dérivant des situations dont il relève, est la *rectitude* » (§ 150). La doctrine des vertus ne doit pas se limiter à une théorie des devoirs, qui n'est qu'un point de vue subjectif. Elle est « une histoire spirituelle de la nature » (*eine geistige Naturgeschichte*), en tant qu'elle traite des vertus comme de l'élément moral en application au particulier, comme dans l'*Ethique à Nicomaque* d'Aristote. La critique que fait Hegel de la pure intentionnalité morale subjective ne le fait pas retomber dans un empirisme positiviste à l'égard des pratiques et coutumes. La nature moralisée est le caractère effectif de la personne vertueuse.

Notons enfin que monde et nature sont fortement liés dans la figure suprême de l'Esprit objectif ; c'est ainsi que le § 552 de l'*Encyclopédie* donne à comprendre l'*Esprit-du peuple* ou *Zeitgeist*, en expliquant qu'il « renferme une nécessité relevant de la nature » ; c'est là la particularité et la limite de la substance éthique. Nous devons donc comprendre comme une restriction, comme un caractère borné, le fait que le système du droit soit pour la volonté libre comme une seconde nature. La métaphore de la « seconde nature » signifie qu'en effet la réalisation effective de la volonté libre a pour un peuple un côté subjectif de « coutume inconsciente » (§ 552). C'est seulement dans la philosophie que l'Esprit absolu est conscient de lui-même en sa forme appropriée, à savoir le concept, de telle sorte que l'histoire de la philosophie a pour résultat la théologie spéculative, autrement dit la Logique de la pensée pure.

Application et immanence du spéculatif dans le droit

Hegel souligne sans cesse le rapport entre l'Idée logique et l'Idée du droit, de telle sorte qu'on pourrait penser que la philosophie du droit est l'application de la logique spéculative à la sphère socio-politique. Mais en même temps, le droit philosophique apparaît comme se développant à partir de la naturalité immédiate qu'il dépasse. Il semble donc qu'il y ait deux schémas concurrents permettant de penser le droit comme Idée ; le premier est celui qui intéresse le plus les interprètes de Hegel, à savoir de partir de la Logique et de voir dans la philosophie du droit un champ d'application empirique. Le second serait plutôt celui que retiendraient les spécialistes de la philosophie politique et juridique.

Il semble que l'interprétation hégélienne des *Principes de la philosophie du droit* ne rendent pas vraiment compte de la rationalité interne du texte, et soulève plus de problèmes qu'elle n'en résout. Ainsi, André Stanguennec écrit que « la méthode hégélienne et le concept hégélien de droit permettront de déduire du développement du concept une totalité de déterminations empiriques seulement subsumées sous le concept chez Kant »[1]. Or s'il est vrai que les déterminations empiriques sont bien présentes dans le texte hégélien, il est impossible de prétendre qu'elles sont toutes déduites de l'Idée philosophique du droit. Par exemple, lorsque Hegel traite de la propriété littéraire et artistique (§ 68-69), il distingue la propriété d'une œuvre originale achetée par quelqu'un qui en devient le propriétaire et le droit de la reproduire ou de la plagier en s'appropriant en quelque sorte non pas l'œuvre comme chose, mais l'esprit même de l'œuvre. Et ce qu'il montre, c'est l'incapacité du droit abstrait à traiter du plagiat, qui est plus une affaire d'honneur qu'une affaire juridique. La considération est assurément philosophique, mais elle ne manifeste aucune application de l'Idée spéculative. De même, lorsque Hegel évoque le problème de savoir si les fleuves ou les mers sont destinés

1. *Hegel critique de Kant*, Paris, PUF, 1985, p. 239.

à séparer les États les uns des autres pour éviter les guerres, ou si au contraire ils sont des traits d'union et des moyens naturels d'échange (§ 247), il ne s'agit pas d'une application du spéculatif au droit international, mais d'une réflexion philosophique sur la contingence de la paix et de la guerre. Nous ne sommes pas là sur le terrain de la déduction systématique à partir de l'Idée du droit.

La théorie hégélienne du contrat présente un exemple plus complexe. En effet, Hegel pose la nature spéculative du contrat au § 73, en exposant que le contrat est « le lieu où cette nécessité du concept est réelle », à savoir la nécessité pour moi, en tant que propriétaire d'une chose, de me départir de cette chose pour que ma volonté existe objectivement pour moi. L'essence du contrat est la médiation entre deux volontés, l'une de renoncer à la propriété et l'autre de devenir propriétaire ; l'accord des deux volontés est nécessaire et indispensable. L'existence de la volonté du propriétaire se manifeste dans la désappropriation (*Entäußerung*) de son bien. La nature spéculative du contrat est dans la nécessité du concept de volonté libre à l'égard de la propriété. C'est une simple volonté commune, non une volonté générale et universelle. En fonction de cette nature spéculative, le contrat ne s'applique pas au mariage (§ 164), et encore moins à l'État (§ 75). La nécessité spéculative interne du concept de contrat ne lui permet de porter que sur des choses. En effet, le contrat implique un élément irrationnel qui est la volonté de choix individuelle, ou *Willkür*, et son côté formel, en ce qu'il reste extérieur à la chose elle-même, de la même façon que ce que je possède et combien je possède n'importe pas à la nécessité rationnelle de la propriété en tant qu'idée du droit abstrait.

Ceci dit, Hegel reprend textuellement et entièrement la classification des différentes sortes de contrats que Kant a établie dans sa *Doctrine du droit* (§ 80). Il considère que c'est la classification rationnelle, et qu'il a fallu attendre longtemps pour se débarrasser de la vieille division inadéquate entre contrats réels et contrats consensuels. Or la classification kantienne, pour rationnelle qu'elle soit, est empirique, au sens où elle est une mise en ordre des contrats de fait. L'analyse du contrat peut donc nous aider à comprendre comment spéculation et empiricité se mêlent dans les *Principes de la philosophie du droit*. Hegel ne procède pas par construction de concepts, mais fait converger les deux mouvements, celui qui vient de l'Idée pure vers l'Idée du droit, et celui qui vient de la société, de la réalité humaine vers l'Idée du droit. Les déterminations empiriques ne sont donc pas déduites de l'Idée pure du droit ; on pourrait dire qu'elles sont séduites par cette Idée de telle façon qu'elles y trouvent leur place appropriée, sous réserve de rectifications en vue d'améliorer leur dimension spéculative. A cet égard, la comparaison entre le manuscrit Wannenmann (cours de Heidelberg de 1817-1818) et le texte publié en 1821 est instructive; Hegel y disait avec une grande netteté que: «La classification des contrats est l'affaire de l'entendement»[1], ce qui semblerait la rejeter du développement de l'Idée du droit, qui est objectivement rationnelle; or il n'en est rien.

Ceci amène à distinguer dans la philosophie du droit deux formes différentes de l'empiricité. Il y a une empiricité rejetée par le mouvement dialectique de la rationalité objective, qui est spéculative, puisque le spéculatif est l'objectivement rationnel. C'est par exemple l'esclavage, analysé par Hegel au § 57. Il n'est pas empirique au sens de la contingence historique; il est opposé au droit. La Remarque dit:

> La justification affirmée de *l'esclavage* [...] comme tout examen *historique* du droit de l'esclavage et de la seigneurie, reposent sur le point de vue qui consiste à prendre l'être humain comme *être naturel* en général en raison d'une existence (dont relève aussi la volonté de choix), qui n'est pas appropriée à son concept. La thèse de l'absolue injustice de *l'esclavage,* inversement, s'en tient au *concept* de l'être humain comme Esprit, en tant qu'il est libre *en soi,* et elle est unilatérale en ce qu'elle prend l'être humain comme libre *par nature, ou* que, ce qui revient au même, elle prend pour le Vrai, non pas l'Idée, mais le concept comme tel dans son immédiateté. Cette *antinomie* repose, comme toute antinomie, sur la pensée formelle, qui établit et affirme séparément les deux dimensions d'une Idée, chacune pour soi, donc d'une façon qui n'est pas conforme à l'Idée et qui n'a pas de vérité.

Pour Hegel, la liberté n'est vraie que comme l'Idée de l'État se donnant l'existence; elle n'est donc pas naturelle, mais spirituelle. Le droit philosophique ne peut donc admettre l'esclavage. Cependant l'esclavage a existé et existe empiriquement dans l'histoire. Il est inférieur à l'Idée du droit; son niveau de réalité est empirique, et n'atteint pas la réalité effective. Le droit consiste ici à dépasser la naturalité empirique pour la poser dans l'élément du droit, ce que fait le mariage par rapport à l'union naturelle des sexes différents.

Il y a pour Hegel de l'empiricité sans concept dans l'histoire des sociétés. C'est le cas de la confusion qui règne dans l'examen de la punition (§ 99); c'est aussi le cas de l'alternance de la paix et de la guerre dans l'histoire des rapports des États entre eux; elle lui semble résulter de l'arbitraire des princes, et donc de la contingence (§ 320-326).

1. *Vorlesungen*, 1, Felix Meiner, 1983, § 35, p. 39; la classification kantienne est reproduite sans mention de Kant au § 36.

La seconde forme de l'empiricité serait celle, non pas de l'illustration ou de l'application du spéculatif, mais celle de la préparation de la voie à l'Idée du droit en sa réalité effective. C'est le cas de ce que Hegel appelle « le droit des héros » (§ 93 et § 350). La violence comme volonté seulement naturelle s'oppose à l'Idée de la liberté ; si l'on se trouve uniquement dans un état de nature, c'est la violence en général, « et alors, ajoute Hegel, l'Idée fonde contre cet état de nature un *droit des héros* ». Qu'entend-il par là ? Pour le savoir, il faut attendre le § 350, autrement dit les éléments de philosophie de l'histoire inclus dans la fin de la philosophie du droit. Hegel écrit :

> Pénétrer dans les déterminations légales et dans les institutions objectives, résultant de l'honneur et de l'arpentage (voir § 203 Rem.), c'est le droit absolu de l'Idée, que la forme de cette réalisation effective qui est la sienne apparaisse comme législation divine et bienfait ou comme violence et injustice ; – ce droit est le *droit des héros* pour fonder les États[1].

L'irruption de l'Idée dans les institutions élémentaires correspondant à la première structure sociale, fondée sur la délimitation des terres et le respect de l'honneur, se fait par l'acte fondateur d'un État par le héros. Le jugement qu'on peut porter sur cet acte de fondation importe peu ; mais c'est le droit absolu de l'Idée qui se manifeste ici comme il se manifeste dans le caractère naturel de la transmission de la monarchie par primogéniture. Hegel saisit alors une rationalité immanente à des faits qui paraissent injustifiables par l'intellect ratiocinant. Le mythe fondateur qui attribue la fondation d'un État à un héros est plus vrai que la genèse empirique de cet État. Car le droit des héros manifeste la souveraineté de la raison spéculative et de l'Idée du droit, contre le raisonnement qui subsume l'empiricité sous le concept. De la même façon le droit de grâce dont dispose le prince est le signe de sa majesté spéculative contre toutes les délibérations institutionnelles. Il reste toujours un recours à la souveraineté de l'Idée, même dans l'Esprit objectif. La fondation historico-mythique de l'État implique une rupture dans la trame des événements historiques.

On est dès lors renvoyé à l'un des problèmes les plus complexes posés par la philosophie hégélienne du droit, à savoir son rapport réel à la Logique. On peut soutenir que le droit abstrait est l'application de la

1. La culture classique de Hegel renvoie à cet arbitraire initial de la fondation des cités, en Grèce ou à Rome. Les héros sont à la frontière de l'humanité, ou explicitement des demi-dieux. Il faut donc comprendre qu'il y a là l'expression symbolique du fait que l'État repose sur l'Idée.

logique de l'être, la moralité l'application de la logique de l'essence, la réalité morale ou *Sittlichkeit* l'application de la Logique subjective ou logique du concept. Mais il faudra aussitôt observer que c'est dans cette dernière que Hegel traite de l'Idée du bien, et par suite de la conscience morale, alors que la subjectivité morale est traitée dans la philosophie du droit sous la rubrique de la moralité. De sorte que l'on mettrait continuellement Hegel en contradiction avec lui-même à vouloir mécaniquement appliquer le spéculatif pur logique à la sphère du droit. Hans-Friedrich Fulda a eu le mérite extrême de proposer, dans une analyse vive et problématique, toute une série de questions sur le non-dit du texte de Hegel[1]. Il considère comme métaphorique et très indéterminée l'expression de Hegel au § 31 de « progression immanente » ou de « développement du concept » (§ 32). Et montrant le caractère autoréférentiel des explications de Hegel, par exemple l'Idée du droit renvoyant à l'Idée elle-même, il souligne deux convictions du philosophe ; d'une part que les contenus descriptifs utilisés dans un système de jugements normatifs sont des concepts (comme Personne, Propriété, Contrat) qui sont utilisés par les individus singuliers ; d'autre part que néanmoins les normes préalables ne sont pas telles qu'elles se trouvent liées institutionnellement à l'exemplification empirique de ces concepts, mais qu'elles sont plutôt des normes qui valent pour une totalité vivante institutionnelle, qui englobe les individus comme ses membres, et pour laquelle les individus singuliers n'ont de sens que comme de tels membres. Autrement dit, selon Hegel, les concepts de la philosophie du droit, tels que nous les utilisons dans une théorie normative, ne trouveraient leur vérité adéquate que s'ils sont inclus dans les processus de développement du concept spéculatif, qui se porte lui-même à sa réalisation effective. Il s'agirait donc d'enchasser l'empirico-normatif dans le spéculatif (p. 406-407).

L'ÉTAT ET L'IDÉE DE L'ÉTAT

Les *Principes de la philosophie du droit* de 1821 s'opposent radicalement à l'idéalisme politique et en particulier à l'idéalisme pieux des théoriciens de la Restauration. La philosophie du droit est la science de l'État qui met en œuvre, il le répète souvent, les catégories de la *Science de la Logique*, parue peu auparavant (1812-1816). Dans l'objectivité, l'Esprit se réalise effectivement dans des institutions sociales, mais il ne se connaît

1. « *Zum Theorietypus der Hegelschen Rechtsphilosophie* », in *Hegels Philosophie des Rechts*, Stuttgart, Klett-Cotta, 1982, p. 393-427.

pas lui-même comme dans l'Esprit absolu, c'est-à-dire dans les domaines où il n'a pas d'autre objet que lui-même, à savoir l'art, la religion et la philosophie. Ceci étant posé, la tonalité générale de l'œuvre est donnée par la fin de la célèbre préface. Après avoir indiqué l'équivalence entre le rationnel et l'effectivement réel – toute la nuance étant dans la différence qui se révèlera irréductible entre le réel empirique (*real*) et le réel effectif (*wirklich*) –, Hegel explique avec nostalgie que la philosophie doit consentir à se soumettre au développement immanent de la rationalité effective. Le philosophe ne peut pas anticiper sur son temps, même s'il le souhaite ; Platon, dans la *République*, a exposé la réalité effective de la cité grecque, mais son erreur a été de croire qu'il pourrait la faire entrer dans la réalité empirique d'une façon immédiate, en conseillant le tyran Denys de Syracuse. Alors que l'Esprit absolu est une présence lumineuse de l'esprit à lui-même, la science de l'État n'est que la connaissance *a posteriori* d'une « figure de la vie qui est devenue vieille ». Hegel fait même allusion au premier *Faust* de Gœthe, et à son adage célèbre « Grise est la théorie, mais verte est la vie », en disant de façon volontairement redondante que la philosophie « peint son gris sur gris », et qu'elle doit se contenter de connaître les figures politiques du passé. Cet aspect rétrospectif de la lucidité rationnelle est le même que celui de la *Phénoménologie de l'esprit*. A la science de l'expérience de la conscience a succédé, après la science de la logique, la science de l'État. Il n'y a pas de science de l'avenir ; mais les figures du passé, nous pouvons les connaître de science sûre. Jamais Hegel ne donnera le statut de science à ses cours de *Philosophie de l'histoire*, qui n'ont donc pas le statut spéculatif des *Principes de la philosophie du droit*.

Dans cette démarche, Hegel a été précédé par Schelling, dans ses *Leçons de Stuttgart* de 1810. A l'époque d'Iéna, Hegel avait été l'assistant de Schelling, dont il a plus gardé qu'il n'a bien voulu le dire, y compris dans la *Phénoménologie de l'Esprit*, qui serait à relire dans la perspective d'éclairer la dette énorme de Hegel tant à l'égard de Fichte que de Schelling. Les oppositions de façade cachent une profonde méditation, et cette étude n'ôterait rien à l'originalité de Hegel ; elle en ferait seulement mieux comprendre les racines théoriques.

La thèse de Schelling est que les êtres libres sont désormais, dans notre monde actuel, séparés de Dieu. Ils ont perdu leur unité naturelle. Et dès lors, « l'unité naturelle, cette seconde nature supérieure à la première, où l'homme est contraint de prendre son unité, c'est l'*État* ». L'expression de seconde nature à propos du droit en général comme sphère du politique est reprise par Hegel d'une façon très fugitive, pour dire que le droit est une seconde nature, non pas pour s'en réjouir, mais pour en marquer la limite, l'État ne s'élevant pas au-dessus du niveau d'une seconde nature, marquée par les coutumes singulières immanentes aux *Esprits des peuples*. Pour Schelling, l'unité entre les hommes peut être établie de deux façons, ou plutôt sous deux aspects ; l'unité extérieure est obtenue par la contrainte (et l'on reconnaît là la thèse de Fichte selon laquelle tout État implique un élément de force contraignante) ; l'unité intérieure est obtenue par l'Eglise, fondée sur la Révélation. L'État étant l'organe de l'unité physique des hommes ne parvient pas à son propre but. Le véritable État, tel la Cité pure de Platon, « présuppose un ciel sur la terre, la véritable *politeia* n'est qu'au ciel... » Mais, sur terre, l'État est vicié par deux maux qui le rongent comme des chancres ; d'une part la guerre, expression de la naturalité des hommes et de leur impossibilité à retrouver leur unité perdue par la grâce de l'État ; d'autre part, la pauvreté des masses qui les ramène à la bestialité naturelle. La véritable unité ne peut être obtenue que par la voie religieuse.

Il n'est pas question d'entrer ici dans l'analyse détaillée des § 257 à 329 des *Principes de la philosophie du droit*, concernant l'État pris pour lui-même. Bornons-nous à signaler l'essentiel. « L'État est la réalité effective de l'Idée morale », écrit Hegel pour introduire cette troisième et dernière section consacrée à l'État (§ 257). L'Idée morale est identique à la « volonté libre », car Hegel ajoute aussitôt que : « L'État existe à titre de réalité effective de la *volonté* substantielle... » (§ 258), le devoir suprême de chaque être singulier étant de faire partie de l'État. Mais, au paragraphe immédiatement suivant ces deux premiers paragraphes, Hegel renverse la proposition : « L'Idée de l'État a la réalité effective immédiate » à titre de droit constitutionnel, de droit international, et d'Idée universelle engagée dans le processus de l'histoire du monde (§ 259). Autrement dit, l'État a la réalité effective en tant qu'Idée de l'État. C'est ce que des lecteurs inattentifs ont manqué d'une façon décisive, quand ils ont vu chez Hegel le divinisateur de l'État prussien, et, en quelque sorte, le digne successeur de Platon dans l'apologie anticipée du totalitarisme. Ces interprétations scandaleuses ne résistent pas à la lecture des textes. Car la guerre est là pour nous rappeler l'échec ou la limite de l'absoluité de l'État. Comme chez Schelling, l'État est chez Hegel une Idée divine, non réalisée dans l'histoire. La véritable différence est que l'échec de l'État à fonder parmi les hommes l'unité et l'harmonie, cette *Übereinstimmung* des hommes entre eux qui, dès les premiers textes de Fichte, apparaît comme le but de l'histoire et sa transfiguration, cet échec de l'État est pensé négativement par Schelling alors qu'il est pensé positivement par Hegel, en ce sens qu'aucune instance supérieure à l'État ne peut exister dans le monde historique.

On peut s'étonner de la facilité avec laquelle certaines interprétations hyperhégéliennes de Hegel effacent totalement la différence irréductible entre le droit et l'Idée du droit, entre l'État et l'Idée de l'État. C'est croire que la science philosophique du droit qui est fondamentalement science de l'État nie en quelque sorte l'histoire en sa contingence. Hegel a souligné la discordance entre l'auto-développement de l'Idée du droit et la réalité empirique du droit, à propos de la différence entre propriété et possession, au § 62, à la fin d'une longue remarque :

> C'est dans les mille cinq cents dernières années, en gros, que la *liberté de la personne* a commencé à s'épanouir grâce au christianisme, et est devenue un principe universel dans au moins une petite partie du genre humain. *La liberté de la propriété,* quant à elle, est reconnue ici ou là comme principe, depuis hier, si l'on peut dire. – C'est un exemple, tiré de l'histoire du monde, de la longueur du temps qu'il faut à l'Esprit pour progresser dans la conscience de soi – et contre l'impatience de l'opinion[1].

La patience du concept est identique à sa rationalité. Mais la discordance entre la rationalité spéculative et la rationalité immanente à l'évolution historique de l'Esprit subsiste tant que les États sont particuliers. Il faut dire que c'est la richesse de la philosophie hégélienne de n'avoir pas pris l'exigence fondamentale de penser le tout comme système pour un véritable carcan spéculatif. Par cette foule de remarques empiriques enchassées dans la structure systématique, Hegel a su échapper au dogmatisme comme à l'abstraction. En cela sa pensée révèle une vitalité jamais éteinte.

Jean-Louis Vieillard-Baron

1. Hegel souligne, une fois de plus, la nécessaire patience du concept. Platon, en allant à Syracuse pour appliquer sa conception de la cité juste, avait oublié que la raison ne fait son chemin dans l'histoire que lentement, et non sur une décision individuelle d'appliquer la rationalité de l'extérieur en quelque sorte, en l'imposant. La liberté de la propriété est reconnue très publiquement dans la Déclaration des droits de l'homme de 1789. C'est hier pour Hegel.

IDÉALISME SPÉCULATIF, SUBJECTIVITÉ ET NÉGATIONS

La fréquentation des textes de Hegel amène à cette constatation – incongrue pour celui qui accole mécaniquement l'expression « idéalisme absolu » à son œuvre – que le penseur souabe désigne moins sa philosophie par le mot d'idéalisme que par ceux de spéculation, de système, ou de science. Aucune œuvre publiée par Hegel (ni même aucun article) ne contient dans son titre ce terme. Il serait pourtant absurde de nier l'évidence : Hegel se proclame idéaliste et son idéalisme n'est pas prioritairement gnoséologique mais bien ontologique. Mais comment comprendre cet idéalisme ? Si Hegel est très prolixe lorsqu'il s'agit de critiquer ce qu'il appelle l'idéalisme subjectif, il ne thématise pas longuement le sien et il faut souvent se contenter d'indications qui peuvent parfois sembler marginales dans les textes où elles figurent.

Je voudrais ici m'attarder sur trois formules de ce type :

1. La première se trouve en un lieu assez curieux de prime abord puisqu'il s'agit de la remarque du § 359 de l'*Encyclopédie* consacrée au phénomène de l'assimilation dans les organismes vivants et plus précisément au sentiment du manque et à sa suppression. Hegel déclare comme en incise : « En cela commence l'idéalisme » (*Es beginnt darin der Idealismus*). Lieu peu digne en apparence d'accueillir un tel acte de naissance.

2. La seconde formule se trouve dans les *Leçons sur Platon*[1] : « On ne doit pourtant pas penser l'idéalisme de Platon comme (un) idéalisme subjectif, comme ce mauvais idéalisme qui est bien représenté à l'époque moderne »[2]. Pour indiquer l'authentique idéalisme, Hegel ne se tourne pas vers ses contemporains ou vers Descartes, mais vers les Grecs.

1. texte de 1825-26 édité et traduit en français par Jean-Louis Vieillard-Baron, Paris, Aubier, 1976, p. 84-85.

2. *Man muß jedoch den Idealismus des Plato sich nicht als subjektiven Idealismus*

3. La troisième formule figure dans un texte technique puisqu'il s'agit de l'onto-logique de la qualité. La remarque du § 95 de l'*Encyclopédie* déclare : « Cette idéalité du fini est la proposition capitale de la philosohie et toute véritable philosophie est pour cette raison (un) idéalisme »[1].

Je voudrais montrer que dans ces remarques en apparence disparates il y a une profonde cohérence et qu'en mettant à jour cette cohérence on peut comprendre la signification proprement *constitutive* du thème de la *négation* pour l'idéalisme hégélien et sa relation avec la Tradition métaphysique.

Idéalisme et subjectivité

Une première lecture de la remarque du § 359 de l'*Encyclopédie* nous oriente vers *une compréhension de l'idéalisme à partir de la subjectivité*. Lisons entièrement la phrase où figure la première formule : « En cela commence l'idéalisme, qu'absolument rien ne peut avoir une relation positive à un vivant si la possibilité n'en est pas celui-ci en et pour soi, c'est-à-dire n'est pas déterminée par le concept et par suite absolument immanente au sujet »[2].

Le commencement de l'idéalisme coïncide avec *l'émergence du sujet*. Or cette émergence n'est ni brutale, ni accidentelle. Elle s'effectue en trois temps :

1) La première occurence explicite du terme de subjectivité a lieu dix paragraphes plus tôt lorsque Hegel distingue la différenciation organique de la plante qui ne montre que des "parties" (*Teile*) et celle de l'animal qui montre des "membres"(*Glieder*). Lisons la fin du § 349 : « Ce moment de la détermination négative fonde le passage au véritable organisme, celui dans lequel la structure extérieure est en accord avec le concept, en sorte que les parties sont, de façon essentielle, des membres et que la *subjectivité*[3] existe en tant que *subjectivité une et compénétrante du tout* (*die Subjektivität als die durchdringende eine des Ganzen existiert*) ». Ce n'est pas parce que l'organisme animal présente l'unité de membres (et non de simples parties extérieures) qu'il marque l'émergence de la subjectivité

denken, als jenen schlechten Idealismus wie er in neueren Zeiten wohl vorgestellt ist.

1. *Diese Idealität des Endlichen ist der Hauptsatz der philosophie, und jede wahrhafte Philosophie ist deswegen Idealismus.*

2. *Es beginnt darin der Idealismus daß überhaupt nichts eine positive Beziehung zum Lebendigen haben kann deren Möglichkeit dieses nicht an und für sich selbst das heißt die nicht durch den Begriff bestimmt, somit dem subjektive schlechthin immanent wäre.*

3. Souligné par nous.

mais c'est parce que l'unité subjective compénètre ses parties que celles-ci sont proprement des membres. L'organisme n'est pas une étape dans la production de la subjectivité [1], c'est par la subjectivité que l'organisme est « un véritable organisme » (*wahrhafter Organimus*).

2) Au § 350, le passage de la subjectivité à l'idéalisme s'effectue par l'introduction du thème de *l'idéalisation* : « l'individualité organique existe en tant que *subjectivité* dans la mesure où l'extériorité propre de la structure (*Gestalt*) est *idéalisée* en membres (*zu Gliedern* idealisiert *ist*), où l'organisme dans son processus vers l'extérieur maintient en lui-même l'unité ipseique (*die selbstische Einheit*) ». L'idéalisation est le signe de l'unification subjective. Cette idéalisation ne concerne plus seulement la cohérence intime de la structure organique mais l'unité de l'organisme dans sa relation au milieu environnant [2].

3) Cette consistance subjective de l'organique offre à l'animal le privilège du sentiment (§ 351) et surtout du "sentiment de soi" (*Selbstgefühl*) – préfiguration naturelle de la conscience et de la conscience de soi.

C'est donc sous l'emprise naissante (ou plutôt apparaissante puisque toujours déjà agissante) de la subjectivité que notre remarque du § 359 peut parler du commencement de l'idéalisme. Ce qui caractérise ce texte c'est, en première approche, la domination de la subjectivité dans l'épreuve même d'une dépendance de l'organisme au milieu environnant. Ce thème de *la relation à l'autre* déjà évoqué au § 350 devient ici central. Lisons non plus ce qui suit mais ce qui précède immédiatement notre première formule sur le commencement de l'idéalisme : « que pour l'organisme, la détermination de l'excitation par des puissances extérieures se soit substituée à l'action de causes premières extérieures (*äusserlicher Ursachen*), c'est un progrès important dans la représentation véritable de l'organisme. C'est le commencement de l'idéalisme... »

1. Cette production n'est pas genèse empirique mais une "présentation" (*Darstellung*) qui actualise ce qui s'avère au principe. La subjectivité n'est pas terme-résultat mais terme-fondement par rapport à l'organisme. Sur le contresens qui consiste à assimiler le procès du concept à une explication génétique comme avènement de l'universel à partir du particulier, voir Gérard Lebrun "Hegel, lecteur d'Aristote" in *Les Etudes philosophiques,* n°3/1983, p. 335 : « L'ἐνέργεια est ce qui est antérieur à la possibilité : Hegel trouve-t-il une inspiration dans cette critique de tout schéma "évolutionniste", ou simplement la confirmation d'un thème qui lui tient à cœur ? Toujours est-il qu'il se réfère à cette primauté ontologique de l'ἐνέργεια chaque fois qu'il dénonce la fausseté des explications "génétiques" et oppose le développement conceptuel au pseudo-développement historique ».

2. Hegel cite Bichat (*Recherches physiologiques sur la vie et sur la mort,* Paris, 1800 et 1822) au § 355 de l'*Encyclopédie*. Sur ce point on consultera l'article de Jacques D'hondt "le Concept de la Vie chez Hegel" in *Hegels Philosophie der Natur*, Klett Cotta, Stuttgart, 1986, p. 138-150.

Laissons les références aux débats des sciences du vivant de l'époque et l'insistante critique de Schelling[1] pour nous concentrer sur notre problème : quelle conception de l'idéalisme se joue ici ?

Hegel ne parle plus seulement de l'organisme vivant dans sa structure intime et comme « individualité (...) se rapportant à elle-même » (§ 352). Il ne voit plus l'idéalisation de l'organisme dans la seule unité subjective compénétrante, mais dans cette unité en tant qu'elle se rapporte à son autre – ici dans le processus d'assimilation[2]. Or qu'est-ce qui caractérise ce rapport à l'autre ? En quoi permet-il de parler d'idéalisme ? Il y a – décrits dans les lignes que nous venons de rappeler – *deux types de relation* avec l'extériorité (*äusserlich* est repris deux fois) : dans un premier temps on va concevoir l'excitation comme le résultat ou l'effet d'une *cause extérieure*. C'est la position d'un empirisme naïf. Dans un second temps, on réalise que le principe de l'excitation est en fait *immanent* au sujet, que, de façon générale, la possibilité d'entrer en relation avec l'altérité appartient à l'organisme lui-même en tant qu'il est sujet. C'est le même qui fonde le rapport à l'autre. C'est à partir de ce primat du sujet que Hegel semble déployer son analyse du manque. Le *manque*, qui d'abord paraît n'être que dépendance à l'égard de l'extérieur, que domination de l'autre, est en fait le *privilège d'un sujet*.

A quelle compréhension de l'idéalisme cette première approche nous conduit-elle ? Il est d'abord évident que, pour Hegel, idéalisme et subjectivité sont liés. Mais comment? Notre première lecture de la remarque du § 359 semble nous mener vers une *interprétation heideggerienne*. Dans le 68e volume de la *Gesamtausgabe*, on voit Heidegger se demander quel est le "Principe" (*Prinzip*) de "l'idéalisme absolu" et répondre : « *Grund des Systems : Substanz ist Subjekt* ». Il fait ici allusion au célèbre 17e alinéa de la *Préface* de la *Phénoménologie de l'esprit* sur lequel il nous faudra revenir. L'idéalisme hégélien, c'est donc celui qui met le sujet au fondement. A notre remarque que l'organisme laisse apparaître la subjectivité parce que c'est d'avance l'unité subjective qui le fait organisme, semble répondre le 18e alinea de la *Préface* qui, parlant de l'Absolu-sujet, déclare : « il présuppose sa fin comme son but (*sein Ende*

1. Schelling n'est pas nommé. Cependant le deuxième alinéa de la remarque du § 359, reprend mot à mot les critiques des quinzième, seizième et cinquante et unième alinéas de la *Préface* de la *Phénoménologie de l'esprit :* "formalisme", réduction des différences qualitatives à des degrés quantitatifs d'équilibre entre sujet et objet (Hegel désigne ici la théorie schellingienne des "puissances") et conception de l'Absolu indifférencié qui engloutit toute détermination.

2. Le § 352 définit l'assimilation comme processus d'un organisme qui se rapporte à son autre et le "pose idéellement" : « *Der Organismus ist daher zu betrachten* (...) *als Idee, die sich zu ihrem Anderen, ihrer unorganischen Natur verhält und sie ideel in sich setzt* ».

als seinen Zweck voraussetzt) et l'a pour commencement (*und zum Anfange hat*) ». Le sujet en tant que Principe est l'alpha et l'oméga[1]. L'idéalime apparaît à la première lueur de la subjectivité avec la vie organique et tout le mouvement de l'*Encyclopédie*[2] consiste à passer de cette aube au grand jour de l'esprit[3].

Mais qu'est-ce que la sujectivité de ce sujet ? Il ne suffit pas de repérer la position principielle du sujet, il faut en penser l'essence. C'est également ce que fait Heidegger. Rappelons brièvement sa position en deux étapes : d'abord la caractérisation de l'idéalime hégélien au sein de la "métaphysique de la subjectivité", ensuite son commentaire de la cèlèbre formule de la *Préface.*

1) La première étape peut s'appuyer sur l'ouvrage que Heidegger consacre au traité schellingien de 1809, *Sur l'essence de la liberté humaine,* et plus précisément sur le texte clé intitulé "*Wesen und Grenzen der idealistischen Fragestellung*" (nature et limites de la problématique idéaliste). L'idéalisme allemand est le premier achèvement de la philosophie moderne en tant que métaphysique de la subjectivité. Au terme hégélien répond le commencement cartésien : « Dans la mesure, déclare Heidegger, où le penser est saisi en tant que "je pense" et le "Moi", l'*ego sum*, le *subjectum* passe pour la réalité effective fondamentale, l'idéalisme est désormais cette doctrine de l'être dans laquelle l'essence de l'être est déterminée à partir du "Moi", du sujet »[4]. L'Absolu-sujet hégélien achève un processus qui passe par l'extension de la subjectivité du Moi à tout étant dans la monadologie leibnizienne[5] et par l'idéalisme fichtéen dans

1. Hegel fait ici clairement référence à l'Apocalypse de Saint Jean I, 8.

2. Lue tout au moins selon le premier syllogisme de la philosophie (*Encyclopédie* § 575). On sait qu'il ne faut pas se contenter d'une lecture linéaire de l'*Encyclopédie* qui se borne à suivre le procès par lequel « le logique devient nature et la nature devient esprit » mais qu'il faut pratiquer une lecture proprement syllogistique par laquelle toute réduction du système à une montée de l'abstrait au concret est relativisée et même écartée. Voir Theodore F. Gereats, " les trois lectures philosophiques de l'*Encyclopédie* ou la réalisation du concept de philosophie chez Hegel" in Hegel Studien X, 1975, 231-254.

3. Il peut sembler significatif à cet égard qu'en 1807 (*Phénoménologie de l'esprit*) le texte qui marque l'avènement de la Raison (dont le chiffre est l'identité sujet-objet) s'ouvre par une réflexion générale sur l'idéalisme puisqu'en lui sont célébrées "certitude et vérité de la raison".

4. *Sofern aber das Denken als "Ich denke" begriffen wird und das "Ich", das ego sum, das Subjektum, als die Grundwirklichkeit gilt, ist der Idealismus jetzt diejenige Lehre vom Seyn, in der das Wesen des Seyns aus dem "Ich" (Subjekt) bestimmt wird* (*Schellings Abhandlung über das Wesen der menschlichen Freiheit* (1809), Max Niemeyer Verlag, Tübingen, Zweite durchgesehene Auflage, 1995, p. 110-111).

5. *Bei Leibniz taucht der Gedanke auf, daß jegliches Seiende, das als Seiendes überhaupt irgendwie in sich selbst steht, den eigentlichen Charakter des Seyns haben muß,*

lequel, selon Heidegger, « tout étant, dans la mesure où il est, reçoit son être du Moi »[1].

Or, Heidegger interprète l'idée et la subjectivité de l'idéalisme comme *représentation :* « l'idéalisme est l'interprétation de l'essence de l'être comme "idée" (*Idealismus ist die Auslegung des Wesens des Seyns als "Idee"*), comme représenteité de l'étant en général (*als Vorgestelltheit des Seienden im allgemeinen*) »[2].

2) Cette interprétation représentative de l'idéalisme touche la subjectivité comme l'idée. C'est ce que confirme la lecture heideggerienne de la formule du 17ᵉ alinéa de la *Préface* de la *Phénoménologie de l'esprit* : « Quand Hegel dans sa préface explique que "le vrai de la philosophie, ce n'est pas en tant que substance qu'il faut le saisir et l'exprimer mais tout aussi bien en tant que sujet", cela veut dire : l'être de l'étant, l'état de présence de ce qui est présent, est alors seulement patent et dès lors à sa plénitude, quand cette présence en tant que telle se présentifie pour soi-même dans l'idée absolue. Mais depuis Descartes *idea* veut dire *perceptio* »[3].

der sich nach Descartes bekundet in der Selbsterfahrung des Menschen als ego cogito – sum, d. h. als Subjekt, als ich denke, ich stelle vor (*id.* p. 111).

1. « *Alles Seiende, das überhaupt ist, hat sein Seyn aus dem Ich* » et Heidegger continue : « *das als Ich denke aber ursprünglich Setzung, Tat, und als Tat Tathandlung, Freiheit ist. Die Ichheit als Freiheit ist alles ; auch das* Nicht-*Ich ist, insofern es* ist : *Nicht*-Ich, *also Ich-haft* » (*id.* p111)

2. Alors que Hegel insiste dans les *Leçons sur l'histoire de la philosophie* (trad. Garniron, Paris, Vrin, 1972, Tome 3, p. 415) sur l'irréductibilité entre le sens platonicien et le sens moderne (représentatif) de l'Idée, Heidegger est plus ambigu. D'un côté il distingue l'ἰδέα platonicienne et l'*idea* représentative (*Nietzsche,* II, Paris, Gallimard, p. 330 : « l'ἰδέα devient l'*idea* et celle-ci la représentation ») et note que "l'idée" de la métaphysique de la subjectivité « ne signifie plus depuis longtemps le visage de l'étant présent, tel qu'il est en vue, son é-vidence, mais désigne, après son passage à travers le "je pense" de Descartes, la représentéité de l'étant » (*Schelling*, trad Courtine, p. 165) mais d'un autre côté (*Introduction à la métaphysique,* p. 185 et *Schelling*, p. 160) il décrit l'ἰδέα platonicienne elle-même avec un vocabulaire de l'op-position qui semble préfigurer la représentation (c'est-à-dire la *Vor-stellung*) : quand l'ἰδέα prend le pas sur l'ἀλήτεια, quand le couple ἰδέα-οὐσία relègue la φύσις, on entre dans l'expérience de l'étant dans le face à face du disponible, avec le modèle de l'ὁμοίωσις. On comprend alors pourquoi le *Schelling* parle du "mot grec ἰδέα" comme de « l'é-vidence de l'étant telle qu'elle est pro-posée (*vor-gestellt*) au sein d'un pro-poser devant soi (*Vor-sich–stellen*), d'un re-présenter (*Vor-stellen*) ». La présence, de prime abord surprenante, des termes de l'évidence et de la re-présentation (*Vor-stellung*) en contexte grec ne s'explique que par cette relation préfiguratrice.

3. *Das Ende der Philosophie und die Aufgabe des Denkens*, in *Zur Sache des Denkens*, Max Niemeyer Verlag, Tübingen, 1988, p. 68 : « *Wenn Hegel in der Vorrede erklärt : "das Wahre (der philosophie sei) nicht als Substanz, sondern eben so sehr als Subjekt aufzufassen und auszudrücken", dann sagt dies : das Sein des Seienden, die Anwesenheit des Anwesenden ist erst dann offenkundig und damit vollständige Anwesenheit, wenn sie als*

Faut-il souscrire à cette interprétation ? Sait-on ce qu'est l'idéalisme hégélien dans sa relation avec la subjectivité ? A-t-on véritablement compris ce qui fait la subjectivité du sujet ?

IDÉALISME ET SUBJECTIVITÉ NON-REPRÉSENTATIVE

Il est temps de lire la seconde formule que nous retenions en commençant : « On ne doit pourtant pas voir l'idéalisme de Platon comme un idéalisme subjectif, comme ce mauvais idéalisme qui est bien représenté à l'époque moderne comme si l'homme en général n'apprend rien, n'est déterminé par rien d'extérieur mais que toutes les représentations sont engendrées du sujet. » Alors que Heidegger, sans les confondre, décrit l'idée platonicienne et l'idée cartésienne par les termes de la pro-position ou de la re-présentation (*Vor-stellung* au sens du *vorgstellt,* ce qui est proposé ou posé-devant)[1], Hegel oppose strictement l'Idée de l'idéalisme platonicien[2] et l'idée représentative de la philosophie post-cartésienne et

solche für sich selbst gegenwärtig wird in der absoluten Idee. Seit Descartes aber heißt idea : perceptio ».

1. "Idee" *aber* heißt nach dem griechischen Wort ιδεα *das im Sehen Gesichtete, das Aussehen,* das im Vor-sich-stellen vor-gestellte *Aussehen des Seienden. Wie von hier aus in Platons Philosophie die ἰδέα eine Grundbestimmung des Seyns wird, ist hier nicht darzustellen, auch nicht wie die platonische Ideenlehre und der Begriff der Idee sich im Verlauf der Geschichte umbildete. Idealismus ist die Auslegung des Wesens des Seyens als "Idee", als Vorgestelltheit des Seienden im allgemeinen.*

Wir beachten jetzt nur die Sachlage zu Beginn der Neuzeit, welches Zeitalter bereits bezüglich der Entstehung der Systembildung gekennzeichnet wurde. Für Descartes heißt idea soviel wie Vorstellung, und zwar in der Doppelbedeutung : das Vorgestellte als solches und das Vorstellen als Handlung. (*Schelling,* p. 110).

2. *Der Mißverstand der platonischen Ideen geht nach zwei Seiten : die eine für das Denken, welches formal ist und allein das Sinnliche für realität hält (...) Der zweite Mißverständnis, das in Ansehung der Ideen obwaltet, ist, wenn die Idee nicht außer unserem Bewußtsein verlegt wird, als ob es Ideale unserer Vernunft seien, welche entweder unserer Vernunft notwendig, ihre Erzeugungen aber keine Realität haben, oder etwas, das nicht erreicht werden könne.* (Werke in zwanzig Bänden, Theorie Werkausgabe, Frankfurt, Suhrkamp Verlag, 1971-1979, Band 19, s. 41). La première erreur touche la pensée représentative qui oppose la pensée subjective déclarée formelle au regard de l'empirie sensible reconnue comme seule objective. L'idée platoniciennne n'est pas d'étoffe mentale, elle n'est pas la représentation d'un sujet faisant face au reste de ce qui est entendu comme objet. La deuxième erreur vise la compréhension kantienne de l'idée comme idéal de la raison. Là encore, aux yeux de Hegel, l'idée n'a pas d'autre consistance que celle d'une pensée seulement régulatrice – à distance de ce qui est.

engage, si l'on veut comprendre l'essence de l'idéalisme qu'il incarne, à boire à la source platonicienne plutôt qu'à se reporter à Descartes [1].

Or le sujet de l'idéalisme spéculatif n'est pas plus représentatif que l'idée. Ce que Heidegger désigne comme le terrain ou le terreau de l'idéalisme hégélien est très précisément ce que Hegel récuse comme idéalisme authentique [2]. On pourra bien montrer que l'idéalisme spéculatif est lié au "voir", mais à condition de ne pas se tromper de vision et de renvoyer le spéculatif non pas à la représentation cartésienne mais à la θεωρία platonicienne (irréductible à la simple représentation) [3] par la médiation de la speculatio boècienne et la Spiegulation de la mystique allemande (transmise par le piétisme souabe) [4].

A qui Hegel fait-il allusion lorsqu'il parle du "mauvais idéalisme", de l'idéalisme "subjectif" ou "idéalisme de l'époque moderne"? Dans une note qui accompagne sa traduction, Jean-Louis Vieillard-Baron indique justement que Hegel « vise ici directement Berkeley ». Il nous semble que, plus largement, *est ici visé tout idéalisme fondé sur la subjectivité représentative.* Cela est confirmé lorsqu'on se reporte précisément aux *Leçons sur l'histoire de la philosophie* [5] consacrées à Berkeley : « la plus mauvaise forme de cet idéalisme est celle où la conscience de soi, en tant que singulière ou formelle, se contente de dire : tous les objets sont nos

1. Bernard Bourgeois a bien montré ("Hegel et Descartes" in *Les études philosophiques*, n°2/1985, p. 221-235) comment la philosophie de Descartes, très peu citée dans l'œuvre hégélienne, "semble bien n'avoir jamais suscité un intérêt pour elle-même en Hegel *philosophe*" (p. 224) et ne représente que la figure héroïque qui affirme de façon naïve l'unité de la pensée et de l'être au sein de la conscience pensante. Hegel, tout en reconnaissant les promesses de cette affirmation, montre qu'en elle est perdu l'intérêt de la philosophie antique pour "l'être essentiel, le vrai comme être" (p. 227). La tâche de la philosophie spéculative est d'arracher la pensée à la simple conscience de soi pour retrouver l'unité de la pensée et de l'être au-delà de la représentation dans une métaphysique de l'Absolu comme liberté.

2. Il faut rendre hommage à Gérard Lebrun qui nous a appris à garder prudence. Dans *La patience du concept,* il déclarait à propos du rapprochement Hegel-Descartes : "on s'aperçoit que l'interprétation de Heidegger n'est lumineuse qu'au prix de beaucoup d'ombre. On ne comprend plus très bien, en lisant Heidegger pourquoi la *Phénoménologie de l'esprit* est une phénoménologie de l'esprit et non de la conscience ni pourquoi Hegel, après tout, s'acharne à détruire la notion de "sujet" au sens que lui donnèrent les philosophies qu'il appelle "réflexives". Si la première réserve de Lebrun pose problème car elle présuppose réglée la question de la cohérence de la *Phénoménologie de l'esprit*, la seconde nous semble irrécusable.

3. Voir notre article "Intuition et pensée, la venue au Sens" in *Métaphysique de l'esprit,* Pierre Magnard (dir.), Paris, Vrin, 1996, p. 222-233.

4. Voir sur ce point Françoise Dastur, *Dire le temps*, encre marine, 1994, p. 114, note 18.

5. trad. Pierre Garniron, Paris, VRIN, 1971-1978, p. 1664.

représentations. » Et Hegel ajoute, montrant ainsi l'unité de l'idéalisme subjectif : « C'est cet idéalisme subjectif que nous retrouvons chez Berkeley et nous en trouvons aussi l'expression chez Hume »[1]. Or, la *Science de la logique*[2] étend cet idéalisme à Kant en opposant le philosophe de Königsberg aux « idées vraiment spéculatives » des Anciens (Platon, Aristote) et en le rapprochant du « style de scepticisme à la Hume (dans la mesure où) il tient fermement la façon dont le Je apparaît dans la conscience de soi »[3].

Si l'idéalisme hégélien est bien pensé à partir de la subjectivité et de l'idée, mais si l'une comme l'autre ne sont pas commandées par la représentation, comment comprendre l'idéalisme spéculatif ?

SUBJECTIVITÉ ET NÉGATION

Revenons à notre première formule de la remarque du § 359 de l'*Encyclopédie* et à son contexte pour constater que l'émergence du thème de la subjectivité est liée à celui de la négation. Notons d'abord que nous avions négligé dans le § 349 (premier temps de l'émergence de la subjectivité) l'amorce du passage cité et qui qualifiait ce moment de "*Moment der negativen Bestimmung*" et lui accordait une valeur fondatrice[4]. Qu'est-ce à dire ? Hegel appelle "détermination négative" non pas une exclusion mais le dépassement (*Aufhebung*) de « l'extériorité de la vie végétale » (*das Aussereinander des vegetabilischen Lebens*). Que se passe-t-il ici ? Hegel est en train de nous dire que *l'intériorisation* qui permet de parler de subjectivité s'effectue *par négation de l'extériorité*. Même existant en soi (*an sich*) la subjectivité ne gagnerait pas l'effectivité sans cette négation. Pas d'émergence de la subjectivité sans négation.

Cette lecture est confirmée et précisée par un retour à la remarque du § 359 de l'*Encyclopédie*. Le paragraphe et le premier alinéa de sa remarque s'articulent en plusieurs moments scandés par plusieurs négations :

Négation 1 : l'organisme animal a "sentiment de soi", de son unité. Or cette unité a été conquise par négation de l'extériorité structurelle des

1. Werke in zwanzig Bänden, Theorie Werkausgabe, Frankfurt, Suhrkamp Verlag, Band 20, s. 270.

2. *Science de la logique*, trad. P-J Labarrière et G. Jarczyk, Doctrine du concept, Aubier, 1981, p. 306.

3. Voir sur ce point notre article "La figure de Hume chez Hegel" in *Cahiers philosophiques* n°61, Paris, décembre 1994.

4. *Dies Moment der negativen Bestimmung begründet den Übergang in den wahrhaften Organismus.*

"parties" (*Teile*) ainsi "idéalisées" en "membres" (*Glieder*). Cette première négation ne joue que dans l'économie interne de la structure organique.

Négation 2 : Ce que le § 359 prend en compte de nouveau, c'est la relation de l'organisme animal avec le milieu extérieur. Non plus l'extériorité de la structure (*Gestalt*) mais l'extériorité comme *altérité*. Or, la relation immédiate de cette unité organique est d'abord sentie comme "négation du sujet" (« le processus réel ou le rapport pratique à la nature inorganique, commence avec la séparation (*Diremtion*) en soi-même, avec le sentiment de l'extériorité en tant que négation du sujet » § 359).

Négation 3 : On n'en reste cependant pas à une négation saisie comme menace de destruction de l'unité subjective. La négation est en fait *constitutive* de la subjectivité. *La subjectivité* encore abstraite de la structure *ne devient concrète qu'en assumant l'épreuve négatrice de l'extériorité.* La subjectivité s'effectue par négation. Mais ici, il ne s'agit plus de la simple "détermination négative" du § 349 mais bien d'une négation *déterminante.*

C'est à partir de cela qu'il faut reprendre le thème du manque en tenant compte du fait que Hegel le thématise par la catégorie de la borne (*Schranke*). « Seul un vivant ressent le manque (*Nur ein Lebendiges fühlt Mangel*) ». Si, comme nous l'avons vu, le manque n'est pas une déficience mais bien le privilège d'une subjectivité organique, qu'est-ce qui fait ce privilège ? La relation à l'autre qui a lieu dans l'épreuve du manque ne semble d'abord relever que de la "privation" (στέρησις). Or, en décrivant le manque à partir de la borne, Hegel n'y voit pas une simple privation mais bien une négation (ἀπόφασις). Plus précisément, cette négation est plus concrète que celle qui joue dans la simple limite (*Grenze*) ; alors que la limite est dé-termination de quelque chose (*Etwas*) par la négation extérieure de ce qui n'est pas lui, la négation caractéristique de la borne implique ce que Hegel nomme un "être-au-delà-de-soi-même" (*das Darüberhinaussein*). Eprouver le manque, ce n'est pas simplement se heurter à un obstacle qui est négation extérieure, c'est, pour l'animal, exercer un pouvoir de négation-dépassement[1]. C'est donc dans une expérience de la négation que l'organisme, en tant qu'il peut "manquer", s'affirme comme sujet.

Mais il faut encore préciser la nature de cette négation. Hegel la décrit comme négation de la négation c'est-à-dire non plus comme opposition extérieure d'un négatif et d'un positif mais comme contradiction : « un tel <organisme> (*Ein solches*), qui est capable d'avoir en soi et de supporter la contradiction (*das den Widerspruch seiner selbst in sich zu haben und*

1. Sur "borne" et "limite", voir *Encyclopédie* § 92.

zu ertragen fähig ist), c'est le sujet (*ist das Subjekt*) ». Et Hegel ajoute : « cela constitue son infinité (*dies macht seine Unendlichkeit aus*) ».

Précisons notre acquis :

1. La subjectivité émerge par négation de l'extériorité de la structure végétale.

2. Elle devient effective dans une relation négative à l'altérité de son environnement qui comprend deux moments : d'abord le moment abstrait du sentiment de soi négateur de l'extériorité puis négation de cette négation dans l'expérience du manque et de la satisfaction.

3. Remarquons enfin que la négation est d'autant plus concrète et produit une subjectivité d'autant plus riche qu'elle n'abolit pas l'altérité mais la prend en charge ou la supporte. C'est pour cela que de même que pour Hegel, la borne est liée au "devoir-être" (c'est-à-dire au mauvais infini d'un dépassement toujours à reprendre) de même la satisfaction ne met en évidence qu'une subjectivité exposée à l'indéfinité de nouveaux manques et de nouvelles satisfactions. *C'est n'est donc pas dans l'affirmation de la satisfaction (toujours provisoire) que se reconnait la puissance subjective mais dans la capacité à supporter la contradiction.* Plus un vivant est élevé dans l'échelle des êtres, plus la subjectivité est concrète en lui et plus il est exposé au manque et au malheur et capable de les souffrir.

Mais *est-ce dans l'épreuve de la négation que l'on s'avère sujet ou est-ce parce que l'on est toujours déjà sujet que la négativité peut se manifester ?* Cette question n'est pas anodine et rhétorique mais engage la signification de la subjectivité caractéristique de l'idéalisme. C'est ici que s'impose à nouveau la lecture de Heidegger qui accorde[1] une importance capitale aux thèmes de la négation et de la négativité chez Hegel. Et l'on peut lire dans *Die Metaphysik des deutschen Idealismus*[2] : « Pour Hegel, le ne-pas et le non prennent leur source dans l'essence de la subjectivité, du "je-pose-devant" (je représente) ». Nous voilà revenus à une subjectivité représentative et voilà que la négation qui permettait de penser autrement la subjectivité semble en fait commandée par elle. Aux yeux de Heidegger la *négation* (le ne-pas et le non) *est ramenée à la subjectivité* – elle-même pensée comme représentation.

Nous avons établi l'illégitimité de la seconde réduction (de la subjectivité à la représentation). Que penser de la première ? Il nous semble que, pour des raisons fondamentales que nous examinerons plus loin, Heidegger inverse le message hégélien. Si Hegel reconnaît bien une

1. Voir en particulier *Gesamtausgabe*, Band 68, "Hegel 1. Die Negativität, Frankfurt, Klostermann, 1993.

2. *Für Hegel das Nicht und Nein entspringt im Wesen der Subjektivität, des "ich-stelle-vor" Gesamtausgabe*, Band 49, s. 83.

capacité négatrice de la subjectivité représentative, il ne suspend pas toute négation (et singulièrement la négativité) à cette subjectivité. Il va même jusqu'à montrer que la subjectivité du sujet ne devient effective que par négations. *Plutôt que de voir dans la subjectivité l'origine de la négation, ne faut-il pas considérer la négation comme productrice de la subjectivité ?* Etablissons ceci en deux étapes : d'abord, à partir de la figure capitale du sceptique, montrons comment Hegel cherche précisément à libérer la négation de la subjectivité pour lui restituer sa dimension ontologique, ensuite revenons à l'Absolu-sujet de la *préface* de la *Phénoménologie de l'esprit* pour voir comment cette compréhension de l'Absolu comme sujet est suspendue à la négation.

1. Depuis l'article de 1802 (*La relation du scepticisme avec la philosophie*) jusqu'aux *Leçons sur l'histoire de la philosophie* en passant par la *Phénoménologie de l'esprit* et l'*Encyclopédie*, la conception hégélienne du scepticisme est stable. Irréductible à tout phénoménisme qui – se méfiant de la raison – fait fond sur les représentations subjectives, l'authentique scepticisme n'est pas une doctrine du doute mais « une science négative »[1]. Il ne faut pas entendre par là une *via negativa* ou une *via negationis* mais un geste proprement philosophique qui consiste à « dissoudre tout déterminé » (*er ist die Kunst alles Bestimmte aufzulösen* disent les *Leçons sur l'histoire de la* philosophie)[2] ou encore, « son résultat est la négation, la dissolution du déterminé »[3]. Les tropes sont ainsi un "arsenal d'armes" (*Rüstkammer von Waffen*)[4] et révèlent l'instabilité radicale des *dogmata*. Mais le sceptique (*der Skeptiker*) comprend-il bien le sens et la portée du combat qu'il mène ? Pour Hegel la signification du sceptique (*das Skeptische* qui n'est autre que *das Dialektische*)[5] excède la conscience de l'individu sceptique. *Tant que la négation reste dans les limites d'une subjectivité représentative, elle est promise à des "dégénérescences" (Ausartungen)*. La première consiste à ne faire de la négation du déterminé que l'exercice d'une conscience aussi rageuse que stérile. Pourquoi cette impuissance ? Parce que la conscience ne pratique la négation des *dogmata* que pour tomber dans un dogmatisme du non. Non seulement sa négation est tributaire du contenu nié[6] et le sceptique est

1. *Encyclopédie*, § 36 éd. 1817.

2. Traduction Garniron, p. 759.

3. *sein Resultat ist die Negation, die Auflösung des Bestimmten* (W19,358).

4. *La relation du scepticisme avec la philosophie*, trad. Fauquet, Paris, Vrin, 1972, p. 55.

5. *Encyclopédie*, § 81 remarque. Notons que Hegel parle du "sceptique" comme du "dialectique *pris à part*". Voir André Lécrivain "Hegel et le scepticisme", in *Scepticisme et exégèse*, Les Cahiers de Fontenay, 1993.

6. Voir le 7e alinéa de l'*Introduction* de la *Phénoménologie de l'esprit* : « ... *der Skeptizismus, der in dem Resultate nur immer das reine Nichts sieht, und davon abstrahiert,*

toujours en attente d'une affirmation à dissoudre (« il doit attendre de voir si quelque chose de nouveau s'offre à lui pour le jeter dans ce même abîme vide »), mais elle a la même forme que l'affirmation : son « résultat est ainsi le négatif mais le négatif lui-même est encore une déterminité unilatérale face au positif »[1]. La seconde dégénérescence est plus subtile. Elle advient chez un sceptique qui a pour maxime : « ne pas céder à la positivité »[2] qu'elle ait l'unilatéralité du oui ou celle du non. Ce sceptique est donc capable de nier sa négation. Il entre alors dans une "inquiétude absolue"[3], se livre corps et âme à une pure négativité qui jamais ne se fige et sombre dans le plus total désespoir. « Celui qui ne fait que douter, dit Hegel, se tient encore dans l'espoir que son doute pourra être résolu », le sceptique, lui, n'a plus rien à espérer[4]. La négation de la négation reste ici dans les limites de la subjectivité représentative et le *pathos* de la conscience sceptique en témoigne. Ce que seul le spéculatif peut voir, c'est que la négation de la négation révèle une négativité qui n'est pas une invention subjective mais est *l'essence même de l'être.* Voilà la négation rétablie dans sa dimension ontologique. Il nous faudra en commentant notre troisième formule (*Encyclopédie* § 95 R) en comprendre toute la portée. Mais pour l'instant, il nous faut mener à bien notre seconde tâche : montrer comment l'effectivité de l'Absolu comme sujet requiert la négation.

2. Lorsque Hegel demande de « saisir et exprimer le vrai non en tant que substance mais tout aussi bien en tant que sujet » (*das Wahre nicht als Substanz sondern eben so sehr als Subjekt*), il ne faut pas se précipiter sur cette phrase comme sur "une proposition de fond". Hegel dit clairement un peu plus loin (alinea 24) qu'il récuse l'idée même d'une "proposition fondamentale" au principe de la philosophie[5]. On ne peut donc pas dire,

daß dies Nichts, bestimmt, das Nichts dessen ist, woraus es resultiert. Das Nichts ist aber nur, genommen als das Nichts dessen, woraus es herkömmt, *in der Tat das wahrhafte Resultat ; es ist hiemit selbst ein bestimmtes und hat einen Inhalt. Der Skeptizismus, der mit der Abstraktion des Nichts oder der Leerheit endigt, kann von dieser nicht weiter fortgehen, sondern muß es erwarten, ob, und was ihm etwa Neues sich darbietet, um es in denselben leeren Abgrund zu werfen. Indem dagegen das Resultat, wie es in Wahrheit ist, aufgefaßt wird, als bestimmte Negation, so ist damit unmittelbar eine neue Form entsprungen, und in der Negation der Übergang gemacht, wodurch sich der Fortgang durch die vollständige Reihe der Gestalten von selbst ergibt* ».

1. *Leçons sur l'histoire de la philosophie*, p. 761.

2. *Id.* p 771.

3. *Phénoménologie de l'esprit*, traduction Hyppolite, Aubier, 1941, volume I, p. 174.

4. *Encyclopédie* § 81, addition 2.

5. *Ein sogenannter Grundsatz oder Prinzip der Philosophie, wenn er wahr ist, schon darum auch falsch ist, insofern er nur als Grundsatz oder Prinzip ist.* Hegel critique ici la conception fichtéenne d'un système fondé sur une proposition fondamentale. Mais en

comme le fait Heidegger[1] : « fondement du système : la substance est sujet ». Il est aussi inexact de prétendre que Hegel rejette une conception de l'Absolu-substance pour lui substituer une conception de l'Absolu-sujet (Hegel n'est pas un penseur de l'alternative mais un philosophe de la compréhension), que d'affirmer que Hegel identifie substance et sujet en ramenant la substance à l'ὑποκείμενον[2]. Le problème est en fait posé en termes d'intégration : comment concevoir l'Absolu comme sujet (qui n'est réductible ni au fondement, ni sujet logique de la prédication, ni à la conscience de soi) en intégrant et dépassant (*aufheben*) sa dimension substantielle ?

Pour résoudre ce problème, il faut partir de ce que Hegel (critiquant Spinoza et Schelling) dit de la substance dans ce même alinea 17 : ce qui caractérise la substantialité de la substance c'est l'indétermination et l'immobilité (*ununterschiedne, unbewegte Substantialität*). Or le 16e alinea a montré que, faute de différenciation, tout absolu substantiel est nocturne, promis à l'étouffement et la mort. Exprimer l'Absolu non seulement comme substance mais comme sujet, c'est sortir de la torpeur substantielle non pas pour annihiler la substance mais pour la rendre "vivante"[3]. Mais que signifie animer ou rendre vivante la substance ? Hegel reconnaît bien une étape capitale avec Leibniz qui en nommant "entéléchie" la monade[4] anime la substance et fait de sa dynamique le déploiement d'une activité (ἐνέργεια). Est-ce une confirmation des thèses de Heidegger qui, dans son *Schelling*, voyait en Leibniz celui qui étendait par sa monadologie le modèle du sujet cartésien à tout étant ? Si Hegel loue Leibniz ce n'est pas pour l'extension d'un "je représente" mais pour la référence à l'ἐντελέχεια. Et c'est précisément le repli de la monade leibnizienne sur son identité subjective (représentatrice) qui provoque les objections de Hegel. Ce qui manque à la monade, c'est le moment de l'extériorisation. Une substance qui ne fait que déployer son identité n'est pas encore effectivement (*wirklich*) sujet. *L'Absolu n'est sujet qu'en souffrant l'épreuve de la négation de son identité.* Plus question d'une simple différenciation interne mais bien d'une *Entaüsserung*[5]. La clé de la

déclarant que toute proposition de cette sorte est fausse en tant que telle, c'est l'idée même d'une philosophie reposant sur un fondement unilatéralement déterminé qu'il réfute.

1. GA 68 s. 61

2. Philippe Grosos *Système et subjectivité*, Paris, Vrin, 1996, p. 137 et *sq.*

3. L'alinéa 18 parle de "substance vivante" (*Lebendige Substanz*).

4. cf. par exemple la *Monadologie* § 18

5. C'est ce qui explique la sévérité de Hegel à l'égard de la *Darstellung* de 1801 où Schelling déclare : « *Der Grundirrtum aller Philosophie ist die Voraussetzung, die absolute Identität sey wirklich aus sich herausgetreten, und das Bestreben, dieses Heraustreten, auf welche Art es geschehe, begreiflich zu machen.* » § 14 Erläuterung.

(trop) fameuse formule de l'alinea 17 se trouve en fait dans l'alinea 18 qui montre que la substance ne devient vivante et en vérité sujet (*in Wahrheit Subjekt*) qu'en tant qu'elle est "médiation avec soi-même du devenir-autre à soi" (*die Vermittlung des Sichanderswerdens mit sich selbst*). Mais jusqu'ici ce devenir autre ne semble s'effectuer que dans l'orbe du sujet. Il ne semble pas y avoir négation mais circulation au sein du Même. La suite de l'alinea vient corriger cette vision identitaire: Hegel y parle de "négativité", de "scission du simple" (*Entzweiung des Einfachen*). L'identité qui ne subit pas l'épreuve de la négation, de la scission de sa simplicité encore abstraite n'est pas digne de s'appeler sujet. Elle n'est encore qu'une unité substantielle ou une identité abstraite. C'est en ce sens que l'Absolu-sujet est résultat. *La subjectivité n'est effective que par la négation de l'identité substantielle*, négation qui est devenir autre[1] *et par la négation de cette négation en laquelle l'Entaüsserung devient Erinnerung*. Ce processus est bien une réflexion, et l'alinea 18 parle bien d'une *Reflexion im Andersein*, mais cette réflexion est plus proche d'un mouvement de procession et de conversion[2] que d'une extension à la totalité de ce qui est du schème de la conscience de soi.

Mais quel est *l'enjeu ontologique de la négation*? Il va nous falloir, pour terminer, et à partir du commentaire de la troisième formule retenue, essayer de replacer le geste hégélien dans la tradition métaphysique.

NÉGATIONS, NÉANT ET ONTOLOGIE

Reprenons le § 95R de l'*Encyclopédie* en son contexte: « l'être-là, appréhendé tout d'abord seulement suivant son être ou son affirmation, a une réalité (§ 91), par conséquent la finité elle aussi est tout d'abord dans la détermination de la réalité. Mais la vérité du fini est bien plutôt son *idéalité* (...) Cette idéalité du fini est la proposition capitale de la philosophie, et toute vraie philosophie est pour cette raison un idéalisme ». Si Hegel parle ici de "proposition capitale", il n'énonce pas pour autant une proposition fondamentale. Autrement dit, il ne pose *pas un fondement*

1. C'est ainsi que le passage de la *Logique* à la *nature*, souvent décrit comme un échec de la philosophie hégélienne de l'Absolu ou comme une mystification, traduit en fait la liberté même de l'Absolu. Voir notre ouvrage *Hegel, l'épreuve de la contingence* (Sections 7 et 8), Aubier, 1999.

2. « *Hegel ist nicht der "deutsche oder christliche Aristoteles" – er ist der deutsche Proclus. Die absolute Philosophie ist der wiedergeborene alexandrinische Philosophie* ». Ludwig Feuerbach (*Grunsätze der Philosophie der Zukunft*, kritische Ausgabe von Gerhart Schmidt, Frankfurt, Klostermann, 1967, p. 316).

mais par "idéalité", il signifie au contraire *l'instabilité essentielle de toute déterminité finie.* Qu'est-ce à dire ?

En renvoyant au § 91, Hegel remet lui-même la relation idéalité-idéalisme dans la séquence des paragraphes 89 à 95 c'est-à-dire dans l'onto-logique de l'être-là (*Dasein*). Or, précisément, la constitution de l'être-là est, elle aussi, rythmée par une série de négations.

Négation 1. La première concerne *l'émergence de l'être-là*. Le devenir, comme l'être pur et le néant pur dont il est le renversement (*Umschlag*) réciproque, reste sous le signe de l'indétermination. Pour ne pas être devenir-rien ou, comme le dit l'addition du § 89, pour que son résultat ne soit pas "*das leere Nichts*", le devenir doit devenir quelque chose. Son résultat est alors le *Dasein* que Hegel nomme "être-devenu" (*geworden Sein*). Mais comment passe-t-on du devenir indéterminé au devenu? Comment l'indétermination (ἀπείρον) passe-t-elle à la détermination (πέρας)? Par la négation. Le *Dasein* est "l'être identique avec la négation"(§ 89 addition) ou (ce qui est équivalent puisque Hegel a appris du *Philèbe* et des *Eléments de théologie* que le πέρας est le déterminant de l'illimité indéterminé) le *Dasein* est "l'être avec la détermination" (§ 90). La négation est ici, comme chez Proclus [1], ce qui recourbe la processualité

1. Jean Trouillard en partant du 89e paragraphe des *Eléments de théologie* décrit lumineusement ce processus : « Tout être authentique est formé de déterminant (πέρατός) et d'infini (ἀπείρου). Telle est la thèse par laquelle Proclos confère à la négation une fonction active d'un bout à l'autre du réel. Le caractère universel de cette division vient de ce que le Principe suprême, comme nous l'avons vu, ne peut s'épancher sans dérouler deux puissances antithétiques et complémentaires (...) Déterminant et infini ne sont pas d'abord des réalités données, mais des lois de réalisation qui s'équilibrent diversement dans leurs productions. L'une d'elles (l'exigence d'infini) s'identifie à la procession ou mieux à la progression, l'autre (l'exigence de structure) revient à la régression vers les principes. Chacun des deux processus est inséparable de son opposé et le suppose nécessairement. *Laissée à elle seule, la progression se dissiperait dans une incohérence inépuisable. Privée de son contraire, la regression ne serait plus qu'une identité stérile.* » ("Le néoplatonisme" in *Histoire de la philosophie,* I, Gallimard, La Pléiade, 1969, p. 920).

Nous ne prétendons nullement que Hegel reprend tel quel l'enseignement de Proclus et ne serions donc pas disposés à accepter à la lettre le mot de Feuerbach (voir note précédente). Les *Leçons sur l'histoire de la philosophie* montrent en particulier un Hegel qui ne parvient pas à penser le statut méontologique du Principe et qui assimile l'Un à l'Être ou au Tout. Lorsqu'il décrit la relation Un-infini-limite c'est pour louer Proclus d'avoir sû *déterminer* l'abstraction indéterminé de l'Un plotinien et de sa procession. Par la puissance négatrice et déterminante du πέρας, Proclus est celui qui soustrait l'Absolu à l'indétermination. Le rythme même de la vie de l'Absolu comme liberté transpose l'échange de l'illimité et de la limite. Absolu qui n'est libre qu'en assumant sa propre ab-négation. Négativité essentielle à la vie divine qui fait dire à Schelling que le Dieu hégélien est condamné à une « incessante inquiétude qui ne trouve jamais son sabbat » (*Contribution à l'histoire de la philosophie moderne,* trad. J-F Marquet, Paris, PUF, Epiméthée, p. 179).

et empêche que son expansion se ruine en dilution ou dilapidation. *La négation déterminante* est une négation conversive.

Négation 2. La seconde négation, qui apparaît au § 92, n'est plus négation déterminante mais *négation au sens d'altérité.* Ce n'est plus, pour reprendre la typologie proclusienne[1], la négation du *Philèbe* mais celle du *Sophiste.* L'être-là n'est un quelque chose que par rapport à un autre. Cette altérité semble d'abord n'être qu'une négation extérieure mais Hegel montre qu'elle est en fait une dimension constitutive du quelque chose : « l'autre n'est pas un être que nous trouvons seulement ainsi de telle sorte que quelque chose pourrait être pensé aussi sans lui, mais quelque chose est *en soi* l'autre de soi-même, et la limite du quelque chose lui devient objective dans l'autre »[2]. Il faut donc penser simultanément que l'altérité est une dimension immanente au quelque chose et que le quelque chose réalise sa limite (*Grenze*) dans sa relation à l'altérité[3].

Négation 3. Mais cette négation comme altérité ne permet pas encore de penser le statut complet du *Dasein.* Intervient alors une troisième négation qui s'établit en deux temps.

1) Elle se présente d'abord sous la catégorie de *la borne* (Schranke) qui n'est négation de la déterminité du quelque chose que selon un processus indéfini que Hegel appelle "devoir-être" et qui retrouve sans cesse la finité qu'elle nie[4].

1. La négation du *Sophiste* (257 b) pense le μὴ ὄν comme τὸ ἕτερον : "quand nous énonçons le non-être, nous n'énonçons point, semble-t-il, quelque contraire de l'être mais seulement quelque chose d'autre" 'Ὁπόταν τὸ μὴ ὄν λέγωμεν, ὡς ἔοικεν, ουκ ἐναντίον τι λεγομεν τοῦ ὄντος ἀλλ'ἕτερον μόνον.

Sur la classification proclusienne des négations voir Christian Guérard, "Le danger du néant et la négation selon Proclus" in *Revue philosophique de Louvain,* Août 1985, p. 331-353.

Sur l'interprétation hégélienne de la négation du *Sophiste*, voir l'article critique de Joseph Moreau "Hegel a-t-il abusé de Platon ? " in *Revue de Philosophie ancienne*, Ousia, Tome III, n°1, 1985, p. 9-28.

2. § 92 addition.

3. La limite (*Grenze*) nous est apparue d'abord comme inférieure à la borne (Schranke) parce que cette dernière impliquait une négation-dépassement. La limite s'avère plus riche qu'en première approche dans la mesure où elle a une dimension *déterminante.* Son rapport négatif à l'autre enveloppe aussi une dé-termination qui traduit la supériorité de l'être-là et du quelque chose sur l'être indéterminé (απειρον). Voir André Doz, *La logique de Hegel et les problèmes traditionnels de l'ontologie*, Paris, Vrin, 1987, p. 64-69.

4. *Diese* Unendlichkeit *ist die* schlechte *oder* negative *Unendlichkeit, indem sie nichts ist als die* Negation *des Endlichen, welches aber ebenso wieder entsteht, somit ebensosehr nicht aufgehoben ist.*(§ 94).

2) La véritable négation est ce que le § 95 appelle "*négation de la négation*" qui n'est pas "neutralisation"[1] de la déterminité finie mais précisément "idéalité". Or en affirmant que cette idéalité est la clé de l'idéalisme, Hegel dépasse, dans cette incise essentielle, la simple logique de la qualité et révèle sa *compréhension de l'être de l'étant*. L'essence de ce qui est est négativité. Cela affleure au § 95 et apparaît très explicitement lorsque la *Doctrine de l'essence* (§ 112) montre que l'essence n'est pas un autre être mais cette négativité déjà entrevue en l'intime de l'être-là, au cœur de tout étant déterminé. Au § 112 réapparaît l'expression de "négation de la négation" pour désigner « l'essence <en tant que> négativité absolue de l'être »[2].

Il est désormais possible d'esquisser brièvement la *portée* de ce geste en situant Hegel dans la Tradition *métaphysique*. L'idéalisme hégélien est une ontologie qui accorde à la négation une valeur constitutive de l'être de l'étant ou mieux, de l'effectivité de l'étant. Il est, à ce titre *en lutte sur deux fronts :*

1) Contre ce qu'on peut appeler une *ontologie représentative* à laquelle Hegel accorde une extension très vaste. Disons, pour préciser à grands traits, qu'en tant qu'elle est représentative, elle pense ce qui est comme un objet face à un sujet. La lecture complète des *Leçons sur l'histoire de la philosophie* donne l'impression que cette ontologie est plus conçue par Hegel comme un geste constant que lié à une période bien délimitée dans la Tradition. Il la dénonce en effet aussi bien chez un Aristote lorsque, fasciné par la description de l'empirie, il semble perdre les hautes exigences spéculatives qu'il montre dans *De l'âme* ou dans la *Métaphysique* et que Hegel invoque lorsqu'il s'agit de critiquer ses contemporains. Elle règne cependant presque sans partage à l'époque moderne aussi bien dans l'empirisme que dans l'idéalisme subjectif. Pour Hegel, que l'étant soit conçu comme thèse opaque qui fait face à un sujet ou qu'il soit réduit à un *cogitabile*, il reste toujours dans les limites d'une subjectivité représentative[3].

1. *die Negation der Negation ist nicht eine Neutralisation* (§ 95 R).

2. *Science de la logique, doctrine de l'essence*, trad. P-J Labarrière et G. Jarczyk, Aubier, p11.

3. Lorsqu'il s'agit de comparer la lecture hégélienne et heideggérienne de la métaphysique moderne (post-cartésienne), on peut adopter au moins deux attitudes. La première – proprement heideggérienne – consiste à faire de Hegel l'ultime étape d'un processus qui s'amorce avec Dun Scot et qui via Suarez et la *Schuhlmetaphysik*, est marqué par la réduction de "l'étant en tant qu'étant" au "pensable" et par une mise au principe conjointe du sujet représentatif. Dans cette hypothèse, Hegel est le comble de la "noétisation de l'ontologie"(Voir P. Aubenque, "La question de l'ontothéologie chez Aristote et Hegel" in *La question de Dieu selon Aristote et Hegel*, Paris, PUF, 1991 ou C. Bouton, "Ontologie et

Contre cette ontologie représentative, Hegel révèle la contradiction qui dissout tout étant ramené à un objet ou à une représentation pour retrouver la négativité intime de l'effectif qu'il nomme *Wirksamkeit* ou *Tätigkeit* et qu'il relie par delà l'empirisme et le nominalisme à l'ἐνέργεια aritotélicienne.

2) Mais Hegel lutte aussi sur un second front : contre ceux qui cherchent à penser l'Etre ou *l'Absolu* dans sa pureté c'est-à-dire *libéré de la déterminité de l'étant-là* (*das Daseiende*). En voulant offrir une pensée de l'être libérée de toute adhérence à l'être-là, on ne se dispose qu'à la stérilité d'une ferveur muette. Le risque de l'indétermination joue de multiples façons. On peut en distinguer deux principales :

1) Le motif de l'indétermination joue d'abord dans la lecture hégélienne des démarches de *prédécesseurs ou contemporains*. Il intervient dans des contextes très différents qui concernent aussi bien un attachement parménidien à l'identité pure de l'être qui fait reculer d'horreur devant toute forme de négation[1], que l'attitude bouddhiste qui identifie l'Absolu au Rien[2], que l'indétermination de la substance spinozienne (avec la réhabilitation corrélative du mode)[3] ou de l'Indifférence de l'Absolu schellingien (tout au moins celui de la *Darstellung* de 1801). Ce dernier cas a le mérite (sinon de renseigner fidèlement sur Schelling) du moins de montrer comment le risque de l'identité indéterminée n'est pas seulement extérieur au système. Contre l'éclaircissement du § 14 de la *Darstellung* qui affirme que « l'erreur fondamentale de toute philosophie est le présupposé selon lequel l'identité absolue est effectivement sortie de soi <et que> (...) la vraie philosophie consiste donc à démontrer que l'idée absolue (l'infini) n'est pas sortie d'elle-même », Hegel défend, comme nous l'avons vu, que l'*Entaüsserung*, la négation qui est “scission du simple” est précisément nécessaire à l'absoluité de l'Absolu ou que *la liberté de l'Absolu ne se confirme que par la négation de soi, par le sacrifice de son identité ou en termes religieux, par l'humiliation d'une kénose.*

logique dans l'interprétation hégélienne de Christian Wolff”, in *Les Etudes philosophiques*, n°1-2, 1996, p. 241-260). La seconde – seulement esquissée dans cette courte étude et dont nous proposons d'établir avec plus d'ampleur la pertinence, consiste à admettre que Hegel part bien d'un contexte ontologique représentatif mais que, loin de l'accomplir, il en prend conscience et se propose de le dépasser.

1. « L'être, l'un de l'école éléatique est seulement cette abstraction où tout est englouti dans l'abîme (*Abgrund*) de l'identité d'entendement. » *Leçons sur l'histoire de la philosophie*, trad. Garniron, p. 137.

2. *Encyclopédie* § 87, Add, trad. Bourgeois, Paris, Vrin, 1970, p. 522.

3. *Science de la logique, Doctrine de l'essence*, section III, chap. 1, trad. P-J Labarrière et G. Jarczyk, Paris, Aubier, 1976, p. 235 et *sq.*

2) On s'aperçoit dès lors qu'il y a, *à l'intérieur même de la métaphysique hégélienne* un risque de l'indétermination qu'il faut assumer et toujours conjurer. Chaque fois que Hegel parvient à un moment de perfection où l'identité semble se recourber sur soi pour une jouissance autarcique, c'est la négation de cette identité qui sauve l'Absolu de l'abstraction et de l'indétermination. La négation qui marque la désappropriation de l'Absolu ne signifie pas « une condamnation de Dieu aux travaux forcés » mais est l'expression même de la vie divine. C'est selon le même procès de la liberté, que l'on peut nommer la *matrice éleuthério-logique*[1] du système, que l'Idée logique doit librement congédier son immédiateté dans l'altérité naturelle ou que des figures plus humbles gagnent leur effectivité en se niant. Ainsi à la fin de l'Anthropologie[2] l'âme effective en parfaite compénétration avec le corps devenu signe de l'âme, doit-elle nier son unité et extraposer son contenu en ob-jet pour devenir conscience. Ainsi encore l'esprit libre qui couronne l'esprit subjectif doit-il renoncer à sa parfaite unité subjective pour tenter de se retrouver dans une "seconde nature"[3].

Je voudrais, en conclusion, revenir sur la relation Hegel-Heidegger qui a été le ressort litigieux de quelques-unes de ces réflexions. J'ai voulu montrer que la sujectivité de l'idéalisme hégélien n'est pas représentative mais très explicitement présentée comme excédant l'orbe de la représentation, que la négativité est moins ce qui surgit du sujet que ce qui fait advenir sa subjectivité. Reste qu'en lisant, par exemple, le 58e paragraphe de *Sein und Zeit* où Heidegger note que ceux qui font grand usage logique et ontologique de la négation ne s'interrogent pas sur son origine[4], on mesure à quel point les quelques réflexions proposées ici sont loin de permettre de trancher ou même seulement de circonscrire le débat dans toutes ses dimensions et toute son ampleur. Plutôt que de s'établir fermement d'un seul côté et ne chercher dans l'autre que la confirmation des présupposés du premier, il est sans doute préférable et plus fructueux de garder jusque dans la lecture la plus étroite des textes, l'exigence de bien isoler ce que j'appelerai "les gestes fondamentaux" qui commandent les tactiques particulières. Le *geste heideggerien*, dans la mesure même où il

1. Pour mettre en valeur le fait que l'ontologie hégélienne est commandée par une conception de la liberté et non par une noétisation (représentative) de l'étant nous avons forgé ce terme à partir de ἐλευθερία (liberté) et de λόγος Cela ne présuppose bien sûr aucune identité de sens entre ce qu'un grec entend par ἐλευθερία et ce que Hegel appelle *Freiheit.*

2. *Encyclopédie,* § 411 remarque.

3. *Encyclopédie,* § 482.

4. Voir aussi GA, 68, s. 37 : *Hegels Negativität ist für ihn keine Frage (...) nicht fragwürdig und nicht* fragbar.

déplore l'absence d'une interrogation sur l'origine de la négation, cherche à se déplacer d'une logique ou d'une ontologique de la négation vers une pensée du Rien que *Was ist Metaphysik ?* déploie : « Le rien est l'origine de la négation, (et) non l'inverse » (*das Nichts ist der Ursprung der Verneinung, nicht umgekehrt*). Le *geste hégélien* reste fidèle à la recommandation d'Aristote qui (*Physique*, 3, 187 a 3-6) engage à se détourner de la quête indéterminée du μὴ ἁπλῶς εἶναι (du non-être absolu) pour ne considérer qu'un μὴ ὄν τι (un certain non-être). Pour Hegel, la négation n'occulte pas mais préserve d'une quête d'un originaire qui risque de n'offrir que ce que la *Préface* de la *Phénoménologie de l'esprit* (alinéa 10) appelle "une intensité sans contenu" (*eine gehaltlose Intensität*).

Bernard Mabille

LANGAGE ET LANGUE PHILOSOPHIQUE DANS LE DEVENIR CHEZ HEGEL

(SCIENCE DE LA LOGIQUE)

INTRODUCTION

Il ne fait guère de doute qu'en 1812, date de parution du premier tome de la *Science de la logique*, Hegel n'ait pensé, et ce, on le sait jusqu'à sa mort, être parvenu à l'exposé de la « science absolue ». Pointe la plus élevée du savoir, dans son unification avec son objet, la logique, comme « système de la Raison pure », « royaume (*Reich*) de la pure pensée », « qui est la vérité comme elle est sans voile en soi et pour soi », ne contient que « la présentation (*Darstellung*) de Dieu, comme il est dans son être (*Wesen*) éternel avant la création de la nature et d'un esprit fini »[1]. Mais ce « système de la logique est [aussi] le royaume des ombres, le monde des essentialités (*Wesenheit*) simples libéré de toutes les concrétions sensibles. L'étude de cette science, le séjour et le travail dans ce royaume d'ombres est la formation (*Bildung*) et la discipline absolues de sa conscience » (WdL, 41). De cet éloignement de toute contingence, la pensée gagne indépendance et auto-consistance (*Selbstständigkeit*), « elle devient autochtone (*einheimisch*) dans l'abstrait et dans la marche à travers des concepts sans substrats sensibles », et surtout, elle « devient puissance (*Macht*) inconsciente » de « se débarrasser de l'extériorité et d'en extraire le logique » (*Ibid.*). Puissance inconsciente où l'on reconnaît la puissance du

1. *Wissenschaft der Logik*, hrsg. von G. Lasson, Meiner, Philosophische Bibliothek, Hamburg, 1932, 1971, p. 31. Nous citerons désormais, dans le cours de notre texte, par le sigle *WdL* suivi de l'indication de page.

négatif, mais où la pensée pure ou purifiée, est censée gagner sa stricte immanence, fût-elle celle des ombres.

Au simple énoncé de tout cela, qui est bien connu, on est immédiatement tenté de dire qu'ici, avec Hegel, la philosophie est prise de folie. Ou tout au moins, pour reprendre un terme plus ancien, d'une incroyable *hybris* – d'autant plus incroyable qu'elle a l'air de s'affirmer tranquillement, même si, et c'est un signe, avant la mise en jeu proprement dite de la « science » avec la première triade (être-néant-devenir), il n'en faut pas moins d'une soixantaine de pages de Préfaces et d'Introductions, écrites de façon plus ou moins rhapsodique, pour y amener. Ce n'est pas le lieu, ici, de les reprendre de façon détaillée, et nous n'en ferons qu'une sorte de commentaire au second degré, historico-philosophique, pour nous acheminer vers ce qui sera notre interprétation des premières pages de la *Science de la logique*, lieu par excellence de l'idéalisme absolu.

Avec le recul du temps, et à la lecture de ces textes préliminaires où s'enchevêtrent, sous la plume de Hegel, des allusions à, et parfois des débats plus ou moins explicites avec Fichte et Schelling, mais aussi des rappels à lui-même, à la *Phénoménologie de l'esprit*, on s'aperçoit que le véritable acte de naissance de ce que l'on a nommé l'idéalisme allemand, est, en 1794, dans l'écrit programmatique de Fichte *Ueber den Begriff der Wissenschaftslehre* et dans le premier écrit de Schelling, qui en est déjà un mal entendu, *Ueber die Möglichkeit einer Forme der Philosophie überhaupt* (suivi de peu par *Vom Ich als Prinzip der Philosophie*). Deux choses apparaissent dans ces écrits, qui constituent déjà une rupture si profonde avec Kant qu'elle est en réalité radicale par rapport à l'idéalisme transcendantal : 1) D'une part, la nécessité, dans l'esprit du temps, mais déjà incarnée dans la tentative de Reinhold, de partir d'un principe absolu (la fameuse identité absolue du Moi absolu comme premier principe de la W-L chez Fichte), et la difficulté corrélative d'y comprendre la négativité (le Non-Moi fichtéen) pour arriver aux possibilités concrètes et définies de l'expérience ; 2) d'autre part, l'impression (ou l'illusion ?) qu'une articulation adéquate de la négativité dans l'identité absolue du principe devrait amener la langue philosophique à l'auto-transparence dans un engendrement simultané de sa syntaxe (sa forme « logique ») et de sa sémantique (sa référence à des contenus situés par leur forme).

Comme on le sait, le problème posé a été traité dans deux directions divergentes. 1) La première, qui est celle de Fichte, et ce dès la première version de 1794/95 de la W-L, sans qu'elle se soit démentie par la suite malgré des transformations aussi profondes que complexes, consiste, pour l'essentiel, à dire que s'il y a bien, quelque part, un « système de l'esprit humain » où existerait, à l'état pour ainsi dire inconscient, cette identité de la syntaxe et de la sémantique – dans une sorte de méta-langue de la langue philosophique –, ce « système » nous est inaccessible dans la mesure où nous venons toujours déjà trop tard par rapport à lui, étant toujours pris dans et par la disjonction de la forme logique et de la référence, et la W-L comme science n'est rien d'autre que la réélaboration de la langue philosophique par rapport à cette irréductible distance du « système ». En ce sens, et malgré des incompréhensions grossières par rapport à l'œuvre de Kant (en particulier, mais surtout en ce qui concerne la nature de la faculté de juger réfléchissante), on peut dire de la W-L qu'elle est encore critique malgré ses équivoques (le point crucial est que l'on ne peut trouver nulle part chez Kant la notion de « lois de la réflexion » par lesquelles Fichte pensait rejoindre à la limite, dans l'après coup, l'identité transcendantale de la syntaxe et de la sémantique). La W-L sera toujours l'élaboration compréhensible de l'incompréhensible. 2) La seconde direction est celle de Schelling (du jeune Schelling), puis de Hegel. Elle consiste, pour l'essentiel, à croire, d'une façon qui, du point du vue critique, est incontestablement dogmatique, que non seulement le système fichtéen de l'esprit humain est le système, mais qu'il est aussi le système absolu. Schelling aura beaucoup de peine à y parvenir, souvent pris, dans sa jeunesse (en 1800 il a vingt-cinq ans !), par l'instabilité de « solutions verbales », et il lui faudra revisiter, à sa manière, la WL de Fichte (dans le *Système de l'idéalisme transcendantal*, en 1800), pour accéder, en 1801, au « système de l'identité », dont l'opérativité procède, précisément, de la dissolution des oppositions finies (« d'entendement ») dans l'infinité censée opérante (l'est-elle réellement ?) de l'identité absolue. Et il suffit de lire attentivement les premiers écrits de Hegel à Iéna pour s'apercevoir combien, autour de 1801/1803, il était « schellingien ». Mais alors que, minée du dedans par le génie protéiforme du philosophe, la philosophie de l'identité sera prise de multiples vertiges et de multiples instabilités (nous ne viendrons pas sur ce que J.F. Marquet a si admirablement analysé[1]), et ce avant la grande crise de 1808/09 où, sans doute, Schelling commença à s'apercevoir véritablement de ce qu'était que philosopher, il revient sans doute à Hegel, durant les années d'Iéna, jusqu'à la *Phénoménologie* (où il revisite à son tour la W-L), d'avoir compris que le système de l'identité n'était « tenable » – tel fut son coup de génie – que s'il était pour ainsi dire *mis en mouvement* à l'intérieur de lui-même, réglé, par conséquent, dans l'ordre discursif de son exposition (*Darstellung*), par le mouvement d'une identité qui se perd et qui se reprend en engendrant tout à la fois la syntaxe et la sémantique de la langue philosophique. Comme si le mouvement –

1. Cf. J.F. Marquet, *Liberté et existence*, Gallimard, Bibl. des Idées, Paris, 1973.

on reconnaît la dialectique –, bien ajusté par ses sauts du positif au négatif et du négatif au positif, permettait de fractionner en les intégrant toutes les énigmes et les opacités qui demeuraient dans la philosophie de l'identité. C'est ainsi que Hegel a pu croire avoir « accompli » l'idéalisme allemand, et par là, à ses yeux, la philosophie elle-même.

Qu'est-ce que cela veut dire plus concrètement ? En fin de compte, et pour aller droit à l'essentiel, que l'articulation des trois principes de la W-L de 1794/95, pour peu qu'elle soit purifiée de tout rapport à une extériorité, de tout rapport d'une conscience à un objet – ce à quoi Hegel pense être arrivé à la fin de la *Phénoménologie* avec le savoir absolu –, donc pour peu que cette articulation soit pensée dans la stricte immanence d'un mouvement à lui-même, est censée livrer l'articulation matricielle de la méta-langue à travers laquelle la langue philosophique va pouvoir se redéployer à la fois dans sa syntaxe – l'agencement réglé des concepts – et dans sa sémantique – le sens strict, censé rigoureusement déterminé par l'agencement, de chacun de ces concepts. On retrouve ainsi, au commencement de la *Science de la logique*, dans la séquence qui fait passer de l'être au néant, du néant au devenir, et du devenir à l'être-là, une réélaboration, en quelque sorte quintessenciée, des trois principes fichtéens de la W-L (du Moi absolu au Moi limité), quintessenciée en cela qu'il ne s'agit plus du Moi (et du Non-Moi), mais de leur pointe ultime dans la pensée pure, où tout sujet (Moi limité) est censé s'être englouti dans tout objet (Non-Moi), au sein de l'unité absolue (l'identité schellingienne) des deux, donc de la pensée pure et de l'être pur. Par là se joue en réalité un étrange jeu, extrêmement subtil, qui fait toute la « magie » du texte hégélien : la méta-langue étant censée articuler la langue en mettant en place son lexique et son articulation, la langue, ainsi réorganisée au fil d'une tâche qu'il faut reconnaître comme gigantesque, finira par s'égaler à la méta-langue, et la *Darstellung* du système avec le système lui-même (ce sera l'*Encyclopédie*). Si bien qu'à l'inverse, dans cette version radicale de l'idéalisme absolu, c'est tout autant la méta-langue, dans sa façon d'épuiser la langue en la réorganisant, qui finira, au fil de cet épuisement, par intégrer la langue en elle-même, selon ce qui apparaît comme un inexorable processus de « digestion ». On comprend dès lors que la méta-langue est elle-même, comme mouvement dialectique, sans origine – dans nos termes, elle en est toujours déjà et pour toujours l'institution symbolique –, qu'elle a toujours déjà eu lieu et devra toujours encore avoir lieu, et que le commencement de la *Darstellung*, qui est le commencement du système, ne peut en être, comme dans la *Science de la logique*, avec la séquence qui va de l'être à l'être-là, que la version la plus abstraite : seul point d'entrée possible, pour la langue philosophique, qui est une langue abstraite, depuis ce qui a toujours déjà eu lieu vers ce qui a lieu et aura toujours encore lieu. On sait que la progression dans l'énoncé du système est tout à la fois régression vers l'expression plus concrète du mouvement, de l'absolu, et que la fin n'est que le commencement développé, reconnu en son éternité, comme l'éternité du mouvement (cf. § 577 de l'*Encyclopédie*, version de 1830). Cela donne l'impression qu'il n'y a rien d'autre (à penser) que ce mouvement, ou que ce mouvement, dans la forme qu'il prend au travers de la langue philosophique (battement de la positivité et de la négativité, absorption réciproque de la positivité et de la négativité) est la matrice, en quelque sorte transcendantale, non seulement de toute pensée, mais aussi de tout être (assimilé par là à la pensée).

C'est là que, dès l'époque de Hegel, s'est insinué le malaise, de manières il est vrai fort diverses, et avec plus ou moins d'intelligence. Car il y a là, nous le disions, une sorte de « magie » ou de « tour de passe-passe », dont Hegel lui-même, dans l'incroyable force aveugle de son génie, a été lui-même la victime. S'il a réussi, il est vrai, à construire cet "objet" qu'est le système, si, en son genre, ce système est bien "absolu", quelle langue (encore philosophique) pourrait encore parler celui qui ne s'y sent pas à l'aise, qui "sent" que quelque chose "ne marche pas", dès lors que c'est tout ce qui est et tout ce qui est pensable (et sensible) qui sont censés être épuisés, mis en place ? Une consigne critique, qui vaut pour toute philosophie, est plus que jamais de mise avec Hegel : fait-il bien, accomplit-il bien ce qu'il dit qu'il fait, qu'il accomplit ? C'est ce que nous voudrions mesurer, ici, avec la première séquence de la *Science de la logique*.

Avant d'y venir, et pour achever de mettre en place les cadres de notre lecture, il nous faut ajouter quelques remarques. Dans la partie de l'*Introduction* consacrée à la division générale de la logique, Hegel écrit :

> La logique serait déterminée comme la science du pur penser, qui a pour son principe le *savoir pur*, l'unité non pas abstraite, mais vivante et concrète, par là qu'en elle l'opposition de la conscience d'un *étant* subjectivement pour *soi* et... d'un objectif est sue comme surmontée, et que l'être est su comme pur concept en soi-même et le pur concept su comme le véritable être. Ceux-ci sont dès lors les deux *moments* qui sont contenus dans le logique. Mais ils sont à présent sus comme *inséparables*... et *différents*... [dans] une unité non pas abstraite, morte, immobile (*unbewegend*) mais concrète. (WdL, 42-43)

Dès lors, « le concept entier est à considérer une fois comme *concept étant*, l'autre fois en tant que *concept ;* là [comme] seulement concept *en soi*, de la réalité ou de l'être, ici [comme] concept en tant que tel, concept *étant pour soi* », et « la logique serait par là tout d'abord à diviser dans la logique du *concept comme être*, et du concept *comme concept*..., dans la logique *objective* et la logique *subjective* » (WdL, 43). Autrement dit, le savoir pur, le pur penser (le résultat de la *Phénoménologie* comme savoir absolu), est, comme principe de la logique, par-delà l'opposition du sujet et de l'objet, l'identité « vivante », c'est-à-dire en mouvement, du concept et de l'être, ce que nous nommons quant à nous leur *tautologie symbolique*, en vertu de laquelle, en langue hégélienne, ils sont tout à la fois inséparables et différents, c'est-à-dire indiscernables malgré leur différence. C'est la tautologie symbolique de l'être et du penser, l'un des lieux éminents sinon le lieu même de l'institution symbolique de la philosophie. Cela implique que, dans l'immédiateté abstraite du commencement, le concept soit tout d'abord identique à l'être, ou que dans son en-soi, il soit étant, et même l'étant en général (l'être), toute médiation lui étant extérieure. Et que, par l'intégration des médiations en lui au fil du mouvement, il advienne comme concept en tant que tel – le « en tant que » supposant sa réflexion, dont Hegel, à l'instar de Fichte, et contre Kant, pense qu'elle peut être déterminée par des lois, celles de l'engendrement (mais en est-ce un ?) dialectique, où les réflexions s'enchaînent selon une syntaxe qui est censée déterminer la sémantique. Cela explique déjà que la *Science de la logique* commence par l'être : l'être, c'est le concept abstrait de tout rapport, ou, si l'on veut, la tautologie symbolique elle-même, à la fois dans sa forme (qui serait seulement logique : c'est de là que part Fichte en 1794) et dans son contenu, dans l'implosion réciproque du concept et de l'être, de la syntaxe et de la sémantique. L'abstraction est donc moins, ici, l'abstraction de tout contenu (c'est la forme qui est ici le contenu) que l'abstraction *de tout rapport*, qui ramène à l'absolument immédiat, du moins en apparence. On n'est pas loin de l'absolue identité schellingienne, sauf, précisément, on le sait, qu'elle n'est ici qu'une apparence, parce qu'il faut commencer par le plus général, le plus inchoatif, du moins *pour nous* (cf. aussi WdL, 54, 57-58). On ne comprend que par là le fait que Hegel puisse dire, dans le même mouvement, que l'unité (l'identité) du pur concept et du (pur) être soit *concrète :* concrète, elle l'est seulement dans la mesure où elle est mouvement, et mouvement (nous allons y venir plus précisément) où, malgré l'identité du penser et de l'être, clignote en éclipses réciproques leur différence : la première, la plus pure, c'est-à-dire la plus abstraite définition de l'absolu est, rappelle Hegel (WdL, 59), « l'identité de l'identité et de la non-identité », ce qui, comme tel, est intenable, mais prendra sa première figure concrète avec le devenir.

Ajoutons enfin, avant de commencer, que le paradoxe est aussi que concept et être, et de même néant et devenir, ont, dans la langue philosophique, une *signification*. Dans nos termes, cela signifie qu'à ces mots sont liés ce que nous nommons des aperceptions de langue, mais que, prises dans le contexte hégélien, ces aperceptions sont vides de tout objet, ou plutôt, et Hegel y reviendra plusieurs fois, des *aperceptions sans intuitivité*, des aperceptions sans aucune intuition – l'intuition intellectuelle étant, pour Hegel, une intuition indifférenciée sans contenu. Autrement dit, si le concept pur est comme tel (comme ce qui se tient de la conception de la pensée) aperception, Hegel nous enjoint à penser cette situation très intéressante d'une aperception sans aucune intuitivité. Nous allons y revenir plus précisément, car il est temps, à présent, d'en venir au texte.

Langue, langage et clignotement phénoménologique

L'être est à prendre, selon Hegel, au sens de la proposition kantienne en vertu de laquelle il n'est pas une propriété (des objets) ou un prédicat réel (*real*) : il n'a en lui-même aucune détermination de contenu, puisqu'il n'ajoute rien au contenu (du concept empirique) d'une chose (cf. WdL, 71). Il est donc, si l'on veut, forme, mais en un autre sens que la forme logique traditionnelle : c'est pour ainsi dire la forme (syntaxique) hyper-dense de la référence (sémantique) en général, c'est-à-dire l'aperception pure, sans intuition, de la langue.

L'être est donc « l'immédiat indéterminé » (WdL, 66), il est « seulement identique (*gleich*) à lui-même » et pareillement « non-identique à l'égard de l'autre », n'ayant pas de « dissemblance (*Verschiedenheit*) à l'intérieur de soi, ni non plus vers le dehors » (*Ibid.*) ; il est en réalité sans autre et sans dehors, en raison de son indéterminité. Il n'y a, précise Hegel, « rien à intuitionner en lui », ou il n'est que ce pur intuitionner, vide. Il y a donc tout aussi peu à penser en lui, ou il n'est pareillement que ce penser vide (WdL, 66-67). Il n'est en réalité que le néant (*Nichts*). Le néant reprend donc les mêmes caractères que l'être (identité simple à soi-même, complète vacuité, absence de détermination et de contenu, indifférence en lui-même). Mais eu égard au penser ou à l'intuitionner, il n'est pas indifférent de penser ou d'intuitionner quelque chose (*etwas*) et de ne penser ou de ne n'intuitionner rien. Par conséquent, ne rien penser ou ne rien intuitionner fait que le néant y est (existe), ou plutôt qu'il est l'intuitionner ou le penser vides eux-mêmes (en vertu de l'immédiateté), et cela, en tant que l'être pur (cf. WdL, 67). « L'être pur et le néant pur sont donc le même » (*Ibid.*). D'où vient alors le double retournement de l'être dans le néant et du néant dans l'être ? D'où vient, malgré tout, leur différence ? On pressent, par le sens (*Bedeutung*) de la langue philosophique, que, dans le cas de l'être, tout quelque chose quelconque, non encore délimité (défini, en langue hégélienne : déterminé) y est *confondu*, alors que, dans le cas du néant, il en est *distingué*, mis à distance. Mais cela présupposerait que l'on se donne déjà le « quelque chose », c'est-à-dire, plus primitivement, le *Dasein*, l'être-là ou l'existence qui, pour Hegel, est déjà et toujours être-là ou existence finie. C'est pourquoi, toute à l'exercice de sa « magie », la pensée hégélienne en passe par la médiation du devenir, envisagé en trois moments, ceux de son unité, de sa différence (les moments du devenir), et de sa sursomption (*Aufhebung*). C'est là que nous allons toucher au cœur.

Tout d'abord, de l'identité de l'être pur et du néant pur, Hegel va tirer que « ce qui est la vérité, ce n'est ni l'être, ni le néant, mais cela que l'être – non pas passe – mais *est passé* (*übergegangen ist*) dans le néant et que le néant est passé dans l'être » (WdL, 67). Formule capitale en ce que, pour ainsi dire, la pensée pure (qui est l'être pur, et donc le néant pur) *ne peut tout d'abord assister au passage lui-même*, au retournement réciproque l'un dans l'autre de l'être et du néant, mais vient en quelque sorte toujours déjà *trop tard*. Le double retournement est donc *immaîtrisable* (pour Hegel : non médiatisable dans ces termes eux-mêmes), et c'est cette situation que nous désignons par le *clignotement réciproque* de l'être et du néant, qui est aussi le clignotement (l'ouverture et la fermeture immaîtrisables) de leur différence.

Car il reste, énigmatiquement, leur différence, que nous n'avons encore saisie que par rapport à ce que signifie penser ou intuitionner quelque chose. Hegel enchaîne en effet aussitôt :

> Mais la vérité est tout autant, non pas leur indifférence (scil. de l'être et du néant), mais cela qu'*ils ne sont pas le même*, qu'ils sont *absolument différents*, mais pareillement inséparés et inséparables et que c'est immédiatement que *chacun disparaît dans son contraire*. Leur vérité est donc ce *mouvement* du disparaître immédiat de l'un dans l'autre : le *devenir ;* un mouvement dans lequel les deux sont différents, mais par une différence qui s'est pareillement dissoute (*auflösen*) immédiatement. (*Ibid.*)

On ne pourrait mieux, selon nous, caractériser le clignotement *lui-même*, c'est-à-dire le double retournement ou passage incessant de l'être dans le néant et du néant dans l'être. Mais ce qui reste difficile à penser, c'est que, en un sens, il ne s'agit là que du double passage du vide dans le vide, et que tout tient apparemment dans une double attribution du vide, une fois comme être, l'autre fois comme néant. Et comme ils sont le même, leur différence, aussitôt, s'évanouit. Comment dès lors peut-elle ressurgir ? Notons déjà que le point de vue de leur différence est le point de vue du *mouvement :* Hegel n'écrit plus que l'être (le néant) est passé dans le néant (dans l'être), mais que chacun *disparaît* (*verschwindet*) immédiatement, c'est-à-dire sans la maîtrise que pourrait conférer la médiation, dans son contraire, ce disparaître de l'un dans l'autre étant leur vérité. Notons encore, car Hegel va y venir dans l'analyse des moments du devenir, que les deux « disparaître » ne sont pas équivalents, puisque la disparition de l'être dans le néant est un évanouissement (*Vergehen*) et puisque la disparition du néant dans l'être est un surgissement (*Entstehen*). Le devenir, le clignotement, est en réalité celui d'un évanouissement et d'un surgissement.

Il n'empêche, avant d'y revenir, que quelque chose comme la différence doit bien, pour le moins, permettre d'amorcer le mouvement. Hegel s'en explique, comme en passant, dans sa seconde Remarque (WdL, 78) :

> Leur différence (scil de l'être et du néant) est complément vide, chacun des deux est l'indéterminé de la même manière ; elle ne réside (*besteht*) dès lors pas en eux-mêmes, mais seulement dans un troisième, dans le *viser* (*Meinen*). Mais le viser est une forme du subjectif, qui ne relève pas de cette suite (*Reihe*) de l'exposition (*Darstellung*). Néanmoins le troisième, en lequel être et néant se trouvent (*ihr Bestehen haben*), doit aussi survenir (*vorkommen*) ici ; et [...] c'est le *devenir*. En lui, ils sont comme différents...

Texte qui peut s'éclairer par le suivant, tiré de la première remarque au § 88 de l'*Encyclopédie* de 1830 : « Mais parce que la différence ne s'est pas encore déterminée ici, car être et néant sont précisément encore l'immédiat, elle est, telle qu'elle est en eux, l'*indicible*, la simple *visée* ». Autrement dit : les mots nous font défaut, nous manquent, dans la langue philosophique, pour fixer les aperceptions pures de l'être et du néant dans leur différence, et ce, sans doute, parce qu'elles sont aperceptions pures, sans intuitivité. Ne reste que la visée, même si elle est « à vide », visée (aperception) de l'immédiat comme être brut, dans le premier cas, donc visée indifférenciée qui ne voit rien, parce que rien n'est déterminé, et dès lors visée vide dans le second cas, aperception vide du néant parce que le néant n'est ici envisagé par Hegel que comme le néant *de toute détermination*, ou si l'on veut, à la manière de Heidegger, comme néant de tout étant. On voit comment, par ce biais, c'est toute la langue philosophique, toutes ses aperceptions de langue, qui pèsent par leur suspens, nous osons dire leur *épochè* délibérée, mais peut-être pas, nous allons y venir, clairement située. *Epochè* par surcroît *hyperbolique*, dans une sorte d'hyperbole hyper-cartésienne, puisque c'est toute la langue philosophique qui se trouve suspendue, rapportée au négatif qui va se mettre à travailler, à l'exception, notable, de l'être, immédiat, indéterminé et indifférencié qui, pour cette raison, va se trouver emporté dans la tourmente, dans la dissolution du devenir – le commencement n'étant qu'un commencement ou un faux commencement puisque, on le sait, il n'y a pas, à la vérité, de commencement (pour Hegel il n'y en a que pour nous).

Par là, c'est bien *toute* la langue philosophique qui clignote dans le devenir, entre sa condensation en implosion dans l'être pur, et son évaporation indifférenciée dans le néant pur, comme si, dans le premier cas, elle était tout l'être, et dans le second, aucun – ou comme si, dans le premier cas, elle pensait tout l'être, et sans reste, et, dans le second, ne pensait qu'elle-même, sans voix ou sans mots devant l'immédiat indifférencié. La différence de l'être et du néant est bien dans la visée de la langue et dans l'inquiétude hyperbolique de son inanité onto-logique, et cette différence lui échappe, du moins à ce moment de l'exposition, puisque Hegel pensera toujours que l'intégration du travail du négatif dans la discursivité de la langue lui permettra de dire tout le pensable et tout l'être. De la sorte, dire ici, comme Hegel, que la figure « logique » de la visée est le devenir, c'est d'une certaine manière accomplir un *coup de force* où tout est présupposé sans avoir l'air de l'être. Cette première impression, on va le voir, va se renforcer. Avançons déjà que si la différence de l'être et du néant est indicible, elle ne l'est peut-être que dans l'agencement mis en place par Hegel de la langue philosophique, et que la visée pourrait bien être autre chose qu'une « forme du subjectif » : à savoir, certes recodée dans les termes de la langue philosophique, la forme de l'aperception pure, matricielle, de toute langue, dans ce qui fait, il est vrai énigmatiquement chaque fois que nous parlons, l'inséparabilité de sa syntaxe et de sa sémantique. Dans ce cas, l'aperception pure, vide, c'est encore vrai, de toute intuition (de toute aperception déterminée), ne serait pas vide en général, mais seulement vide d'aperceptions *de langue*, et ce qui, en congruence avec une autre ligne du texte hégélien, serait précisément aperçu, ne serait autre que la *pensée*, mais non pas, cette fois la pensée pure (c'est du vide, Hegel « a vu juste »), mais la pensée qui court entre les lignes et les mots chaque fois que nous parlons et écrivons. Cette pensée, qui est le mouvement insaisissable en concepts du sens *se faisant*, et qui court « à travers » et « derrière » la langue, relève de ce que nous nommons le langage, en lui-même irréductible, parce qu'échappant à tout codage symbolique, à une quelconque méta-langue[1]. Nous serions tenté de dire, dans ce contexte qui est le nôtre, que pour être indicible ou ineffable,

1. Cf. notre ouvrage : *L'expérience du penser. Phénoménologie, philosophie, mythologie*, Jérôme Millon, Coll. « Krisis », Grenoble, 1996.

la différence de l'être et du néant n'est pas pour autant impensable : reste à voir comment, dans cette première séquence de la *Logique*, Hegel va travailler cette ambiguïté fondamentale quant au penser, sans laquelle sa pensée n'existerait même pas.

Passons donc à l'analyse des moments du devenir. Analyse tout aussi cruciale que celle de leur sursomption. Hegel reprend tout d'abord le devenir comme passage énigmatique de la « représentation » (l'aperception pure de langue) à son indicibilité immédiate : l'être et le néant « sont dans cette unité (scil. du devenir), mais en tant que *disparaissant*, seulement comme sursumés (*Aufgehobene*). Ils sombrent (*herabsinken*) depuis leur auto-consistance (*Selbstständigkeit*) tout d'abord représentée pour [devenir] des *moments*, encore *différents*, mais en même temps sursumés » (WdL, 92). C'est cette *Aufhebung* qu'il s'agit de comprendre de plus près, par l'analyse des « moments ». Hegel poursuit :

> Saisis tous deux (*sie*) d'après cette différence (*Unterschiedenheit*) qui est la leur, chacun est en elle comme unité avec l'*autre*. Le devenir contient donc être et néant comme *deux unités de cette sorte*, dont chacune est elle-même unité d'être et de néant ; l'une [est] l'être comme immédiat et comme relation au néant ; l'autre [est] le néant comme immédiat et comme relation à l'être ; les déterminations ne sont pas de même valeur dans ces unités. (*Ibid.*)

De prime abord, Hegel ne fait ici, comme il le fera toujours, qu'intégrer dans chacun des termes la médiation avec l'autre : le terme est lui-même, immédiatement, et médiatement, sa relation avec l'autre. Il ne s'agit apparemment que d'un jeu logique où l'intériorisation ou l'immanentisation de la relation doit conduire à l'*Aufhebung*, à la sursomption par ce mouvement de chacun des termes, ainsi enrichis, dans une nouvelle unité, qui, de la sorte plus riche, sera désignée par un nouveau terme, paraissant par là engendré à sa place (syntaxe) et dans sa signification vraie (sémantique). Mais cette unité sera elle-même censée « stabilisée » comme « moment » : ce sera ici le *Dasein*.

Notre interrogation porte néanmoins sur ce qui se passe « derrière » ce processus logique. Et Hegel doit bien y toucher lui-même si, précisément, le processus logique doit être autre chose qu'un jeu avec les concepts. C'est pourquoi, justifiant l'inégale valeur des deux moments (des deux déterminations) dans les deux unités qu'ils constituent, Hegel poursuit :

> Le devenir est de cette manière dans une double détermination : dans l'une le néant est en tant qu'immédiat, c'est-à-dire qu'elle est commençante à partir du néant qui se rapporte à l'être, ce qui veut dire passe en lui ; dans l'autre l'être est en tant qu'immédiat, c'est-

> à-dire qu'elle est commençante à partir de l'être qui passe dans le néant – *surgissement* et *évanouissement*. (*Ibid.*)

Nous voilà subitement beaucoup plus près de quelque chose de très concret : le double passage, le clignotement immaîtrisable de l'être et du néant est le clignotement immaîtrisable du surgissement et de l'évanouissement de l'aperception pure sans intuitivité (qui est aussi bien être pur que néant pur) : clignotement au sens du clignotement d'une étoile dont on ne sait pas (en dehors de la science et de ses techniques d'observation) s'il est le clignotement d'une source de lumière qui est, ou le clignotement d'une pure lumière sans source. C'est *l'insaisissabilité même de l'aperception pure de la pensée pure* qui *se phénoménalise elle-même comme clignotement entre le surgissement et l'évanouissement de l'aperception pure*. Et c'est pourquoi nous nommons ce clignotement *clignotement phénoménologique*. Nous sommes, par ces profondeurs abyssales, où tout sujet déterminé, et même toute pensée déterminée (toute aperception déterminée) sont mises hors circuit, emportées qu'elle sont par le clignotement, au plus près de comprendre la « magie » hégélienne.

C'est tout d'abord la pensée de Hegel elle-même qui vacille sur ses bases. Il écrit :

> Les deux (scil. surgissement et évanouissement) sont le même, devenir, et aussi, en tant que ces deux directions ainsi différentes, ils se pénètrent et se paralysent réciproquement. (WdL, 92-93)

Nous interrompons la citation pour demander : pourquoi ? Pourquoi, en effet, dès lors que rien ne paraît plus susceptible d'arrêter, en lui-même, le clignotement du surgissement et de l'évanouissement, l'aperception pure en son clignotement étant le phénomène, en même temps que l'illusion transcendantale, de la pensée pure (cette illusion transcendantale en tant que phénomène). Car il faut bien comprendre, contrairement à ce que Hegel laisse entendre ici, que le surgissement et l'évanouissement ne sont pas, pour ainsi dire « simultanés », mais se répondent en écho. C'est ce que, dans la vacillation (le clignotement ?) de sa pensée, Hegel explique aussitôt :

> L'un est *évanouissement ;* l'être passe dans le néant, mais le néant est tout autant la contrepartie (*Gegenteil*) de lui-même, passage dans l'être, surgissement. Ce surgissement est l'autre direction ; le néant passe dans l'être, mais l'être se sursume tout autant lui-même et est plutôt le passage dans le néant, est évanouissement. – Ils ne se sursument pas réciproquement, non pas l'un extérieurement l'autre, mais chacun se sursume en soi-même et est en lui-même la contrepartie de soi. (WdL, 93)

Autrement dit, et tel est en réalité le clignotement pris en lui-même, les deux termes (être et néant) sont bien supprimés ou sursumés dans l'*Aufhebung*, mais dans la mesure où le surgissement *revire* de manière immaîtrisable dans l'évanouissement et où l'évanouissement *revire* à son tour de manière immaîtrisable dans le surgissement, si bien qu'il n'y a plus dans le champ du pensable que ce revirement alterné sans fin (et sans commencement en soi) du surgissement dans l'évanouissement et de celui-ci dans celui-là. Être et néant, comme termes philosophiques avec leur signification philosophique, sont eux-mêmes radicalement, hyperboliquement *suspendus* (*épochè*). Si ce n'était pas le cas, le surgissement s'évanouirait tout simplement dans le surgi (l'être) et pareillement, l'évanouissement surgirait dans l'évanoui (le néant), et nous aurions une différence statique, pour Hegel une différence d'entendement, toute positive et extérieure. Nous comprenons par là que ce qu'il y a d'immaîtrisable dans le clignotement est *ce revirement lui-même*, qui correspond à ce que Platon, dans le *Parménide* appelait l'*exaiphnès*, « l'instantané » où l'Un revire en mettant en suspens radical, hyperbolique, tout couple de contraires comme termes apparemment stables. En ce sens, il est vrai de dire que le clignotement, et le revirement du surgir et de l'évanouir au sein du clignotement, opèrent l'*épochè* phénoménologique hyperbolique de tout terme, et donc de tous les termes (de toute aperception) de la langue philosophique, et même de toute langue. Le fameux mouvement de Hegel n'est donc que cela, sauf qu'il est, nous allons le voir, subrepticement *utilisé* pour la mise en place des concepts de la langue philosophique, comme instant de dissolution ou de fluidification des concepts (et de la langue) qui ne seraient jamais que trouvés, dans leur apparente contingence et fixité, par et dans l'entendement.

Rassemblons, une dernière fois, notre attention : voyons comment Hegel va penser l'*Aufheben*, le « sur-sumer », parce que « par en haut », du devenir. Celui-ci est tout d'abord, écrit-il, « l'équilibre (*Gleichgewicht*) en lequel se posent surgissement et évanouissement » (*Ibid.*). Admettons, sans penser aussitôt à leur paralysie réciproque à laquelle il a été fait allusion, que cet équilibre est le clignotement même du surgissement et de l'évanouissement (où, mis hors circuit de façon hyperbolique, l'être et le néant ne sont plus en question), dans leur revirement incessant (immaîtrisable). Le devenir, comme ce clignotement même, est alors in-fini, en soi sans commencement et sans fin assignables, même s'il nous a fallu l'hyperbole d'une aperception pure sans intuitivité pour y accéder. Or Hegel enchaîne : « Mais le devenir s'enferme (*zusammengehen*) pareillement en *unité au repos* (*ruhige Einheit*) » (*Ibid.*). Pourquoi cela ? Parce que Hegel revient, et sans aucunement justifier ce retour, à la langue philosophique. Il écrit en effet tout de suite, en utilisant tout d'abord les ressources de l'*épochè* hyperbolique :

> Être et néant ne sont en lui que comme disparaissant : mais le devenir comme tel est seulement par leur différence. Leur disparaître est dès lors le disparaître du devenir ou le disparaître du disparaître lui-même. Le devenir est une in-quiétude (*Unruhe*) sans tenue (*haltungslos*) qui s'effondre (*zusammensinkt*) en un calme résultat. (*Ibid.*)

Faut-il comprendre que le devenir, le clignotement, n'a jamais eu lieu, comme *expérience* du penser, sinon dans le clin d'œil (*Augenblick*) aussitôt disparu de l'in-quiétude ? C'est ici même que nous situons, quant à nous, le véritable *coup de force* (coup de pistolet) de Hegel : revenant à la langue philosophique (l'être et le néant) sans s'en justifier un instant, et tirant parti de son *épochè* hyperbolique radicale, il ne voit pas que le clignotement ne l'est plus de l'être et du néant, mais du surgissement et de l'évanouissement *en général* (*épochè* phénoménologique hyperbolique), et ce dans le revirement incessant de leur différence, l'évanouissement surgissant de son mouvement même de s'évanouir, et le surgissement s'évanouissant de son mouvement même de surgir, l'instant du revirement étant insaisissable et immaîtrisable, n'étant jamais la simultanéité des deux, ou les faisant revirer, en retournement, l'un dans l'autre, en phases alternées (c'est l'origine de la temporalisation, et donc du langage – pas de la langue !). En outre, Hegel substitue la différence de l'être et du néant à la différence du surgissement et de l'évanouissement, et ce *de façon subreptice*, c'est-à-dire sans travailler (comme le fera Fichte, notamment en 1804 [1]) l'articulation des deux. Dès lors, l'*épochè* hyperbolique de l'être et du néant est utilisée par Hegel contre le devenir, ramené à ses prémisses « logiques » : qu'ils aient disparu au fil de cette *épochè* signifie que le devenir lui-même a disparu, s'est effondré en un « calme résultat », même si (ultime remords de Hegel ?) il est « in-quiétude sans halte ». Ce résultat, on le sait, c'est le *Dasein*, le premier « lieu d'être » de la pensée (ou de l'aperception pure).

Le paragraphe suivant, où Hegel éprouve quand même la nécessité de se reprendre, ne fait en fait qu'aggraver la situation : réaffirmant que le devenir est la disparition réciproque de l'être dans le néant et du néant dans l'être, et la disparition de l'être et du néant en général (*épochè*

1. Indiquons que pour Fichte, dans la seconde version de la W-L de 1804, l'une des plus élaborées qu'il nous ait livrée, ce que nous nommons le clignotement est pensé comme la « genèse », par rapport à laquelle il s'agit de situer la W-L comme savoir (ou science).

hyperbolique), il réaffirme encore que le devenir repose sur leur différence, et en conclut que celle-ci ayant disparu, le devenir *se contredit en lui-même* (cf. *Ibid.*), et se détruit. Qu'est-ce à dire, sinon que les exigences « logiques » ont repris le dessus, unilatéralement ? Il n'y a en effet nulle contra-diction intrinsèque dans le devenir comme clignotement en revirement du surgir et du s'évanouir, mais seulement instabilité, *haltungslose Unruhe*, in-quiétude qui ne se tient pas parce qu'elle ne s'arrête pas.

Il ressort donc de tout cela que Hegel ne cherchait, sans aucun doute, dans la précipitation à conclure, que la stabilité « logique » du concept. Le devenir n'a jamais eu lieu, avons-nous suggéré, sinon dans le clin d'œil de l'instantané, insaisissable, donc inutilisable, mais exploitable en sous-main (d'où la « magie ») pour la mise en place, « raisonnée » de façon très singulière, de la langue philosophique. Théâtre d'ombres, il est vrai, puisque ce qui en résulte, c'est « l'être-disparu », la « simplicité en repos » qui, comme *étant*, est le *Dasein*. Et l'*Aufhebung*, la sur-somption, pour nous traduction la plus intelligente parce qu'au plus près du logique, contient bien toute cette « magie », comme une sorte de mystification, de tour de passe-passe, de substitution en prestidigitation, dont Hegel lui-même aura été, jusqu'à la fin, la victime. Mystification, pourrait-on dire, de l'idéalisme absolu, qui sans cesse se présuppose lui-même, tout en touchant à l'énigme *qui lui reste extérieure* pour s'y conforter chaque fois qu'il en est besoin (on retrouvera plus loin ce mouvement et son *Zusammensinken*, notamment à propos du point crucial de la dialectique du fini et de l'infini).

Qu'en résulte-t-il, cette fois phénoménologiquement, pour l'aperception pure ? Nous ne pouvons, ici, que conclure dogmatiquement. Nous avons dit plus haut que si l'aperception pure est vide de langue (d'aperception déterminée), elle n'est pas pour autant absolument vide. Si le clignotement phénoménologique (le devenir hégélien), dès lors qu'il se met en jeu, met *ipso facto* en *épochè* phénoménologique hyperbolique toute langue déterminée (symboliquement instituée), il ne met pas pour autant hors circuit toute pensée en tant qu'elle passe, pour faire du sens, entre les signes et les mots de la parole. Bien au contraire, cette *épochè* la met en mouvement, dans ce qui est tout d'abord le clignotement du sens s'amorçant en sa temporalisation entre son surgissement et son évanouissement, c'est-à-dire dans ce que nous nommons le phénomène de langage – le langage n'étant encore une fois ni la langue, ni la méta-langue, mais cette masse inchoative, et indistincte pour toute langue, d'« êtres » ou de *Wesen* de langage situés à un autre niveau architectonique : pour ainsi dire *entre* l'être et le néant, ni étants, ni non-étants, s'évanouissant dans leur surgissement, et surgissant dans leur évanouissement, donc seulement *entre-aperçus* dans leurs turbulences multiples et réciproques, avant toute aperception[1]. Telle est, selon nous, l'*origine* qui a manqué à Hegel, mais sans doute pas à Schelling qui, dans sa *Spätphilosophie*, l'a reconnue, dans la *Potenz* en tant que telle, comme l'*imprépensable* (*Unvordenkliche*); défaut propre à Hegel et qui lui a fait penser que la langue philosophique pouvait *tout* penser *sans reste*. Belle et grandiose erreur, dira-t-on, et qui, pour le moins, nous aura été utile, puisque, une fois commise, nous n'avons plus à la commettre. Nous savons désormais que le pouvoir de *Darstellbarkeit* des aperceptions de la langue philosophique n'est pas le seul, ou absolu dans sa vérité, mais que, du passage de l'aperception pure sans intuitivité aux aperceptions concrètes avec leur *Darstellbarkeit*, il y a de multiples versions, et ce, jusque dans le cœur de la philosophie elle-même. La pensée, pour penser, n'est pas pour ainsi dire *a priori* condamnée ou vouée, si elle se veut la plus pure, à en passer par l'aperception pure comme telle, puis aux aperceptions enchaînées de la langue philosophique, comme si elle devait réinventer implicitement la philosophie chaque fois qu'elle se met à penser. Nous avons vu combien l'aperception pure, d'ailleurs, était à la fois le condensé extrême de la langue philosophique et son évaporation à l'état de négatif ou de néant actif : s'il est vrai que l'aperception pure est vide de tout concept (et de tout être) déterminé, s'il est vrai qu'en ce sens, comme Hegel nous donne presque malgré lui à le penser, elle ne fait plus que clignoter entre le surgissement et l'évanouissement en général, il en résulte, à l'autre bord, le bord phénoménologique qui est le nôtre, que le surgissement et l'évanouissement sont encore *abstraits*, et que le clignotement entrevu par Hegel, le temps d'un clin d'œil, n'y est pour ainsi dire que dans sa « forme logique » abstraite, n'étant que le clignotement lui-même. Certes, nous l'avons vu à la suite de Hegel, et en partie par-delà Hegel, le clignotement mis en jeu met du même coup en jeu une *épochè* hyperbolique des prémisses qui ont permis d'y accéder (ici : l'être et le néant). Mais, du point de vue plus proprement phénoménologique, cela signifie qu'il n'a précisément pas de prémisses *en* lui-même, qu'il se met en jeu, de façon immaîtrisable, « là où il veut », dans nos termes, chaque fois qu'il y a *phénoménalisation*, dont il est, à chaque fois le schème in-fini, sans *archè* et sans *télos*. Énigme du phénomène au sens phénoménologique, c'est-à-dire du phénomène qui n'adhère pas à lui-même, mais qui clignote en lui-même, faisant surgir et s'évanouir des lambeaux concrets de sa phénoménalité, qui sont des *Wesen*, des « êtres » si l'on veut, mais pas des

1. Cf. *L'expérience du penser, op. cit.*, ainsi que nos *Méditations phénoménologiques*, Jérôme Millon, Coll. « Krisis », Grenoble, 1992, en particulier la Ve Méditation.

étants ni des non-étants : lambeaux imprépensables, pour reprendre la langue du dernier Schelling, et qui, seulement entre-aperçus dans leurs foisonnements pluriels, sont ce qui met en mouvement toute pensée – la langue, dans ses aperceptions, ayant pour effet de n'en retenir que quelques uns selon ce qui fait, chaque fois, le pouvoir de *Darstellbarkeit* de ses aperceptions, où nous retrouvons le familier. Énigme du concret qui ne s'abîme dans la négativité, comme l'a cru Hegel dès sa *Phénoménologie*, que pour une langue trop exclusivement philosophique qui s'en est toujours déjà éloignée. Et cet éloignement qui tente de se stabiliser en lui-même pour s'autonomiser est finalement, en quelque sorte, la « formule » même de l'idéalisme absolu – « philosophie » seulement « négative » comme le disait fort bien, encore une fois le dernier Schelling. La *Logique* mais aussi bien tout le système, l'*Encyclopédie*, n'est bien, en fin de compte qu'un « théâtre d'ombres », mais d'ombres ayant à ce point oublié leur origine qu'elles ne sont que les ombres d'elles-mêmes, ou plus précisément d'une étincelle qui n'a fait que clignoter un instant, dans l'instantané originaire, l'*exaiphnès*, à l'origine de la longue phrase du système. Y est-elle encore à la fin ? Si l'on se réfère à la citation d'Aristote (*Métaphysique*, Λ, ch. 7, 1072 b 18-30), qui clôt l'*Encyclopédie*, cette étincelle, purifiée à l'extrême, n'est autre que l'étincelle de Dieu lui-même. Est-ce bien cela que pensait Aristote avec l'acte pur ? S'agit-il, dans cette équivoque ultime, d'une ultime ironie, ou, par ce renvoi à la *philosophia perennis*, de l'expression d'une radicale *hybris*, bien moderne, celle de la pensée d'une non moins radicale immanence ? Immanence qui serait non moins celle du néant que celle de l'être.

Marc Richir

LA MALADIE IDÉALISTE

Ce qu'une grande philosophie lègue au monde des hommes se résume parfois à quelques mots, dépouillés du sens précis que leur donnait une problématique rigoureuse pour devenir des expressions courantes, appliquées à des situations communes de l'existence. Le terme même de philosophie (ou plutôt celui de philosophe) renvoie, comme Kant l'a noté[1], à un « concept cosmique », celui que tout le *monde* se fait de la philosophie (ou du philosophe) : il désigne d'abord une capacité à accueillir les événements du *monde*, les vicissitudes du sort, sans se laisser affecter, d'une manière compatible avec la poursuite d'une existence aussi heureuse possible – forme dégradée peut-être, mais toujours efficiente, d'une sagesse stoïcienne qui conduit à prendre les choses du bon côté. Mais "philosophe" dit plus que la bonhomie désabusée : il désigne un idéal, celui d'un bonheur qui serait la conséquence de la raison et de la justice. On pourrait citer le stoïcisme même, qui donna stoïque ; le platonisme qui donna platonique – n'est-ce pas un sens philosophique authentique qui met l'amour au centre ? De Machiavel le machiavélisme, qui, selon certains auteurs, vise au cœur de la doctrine. Cartésien a aussi un sens en lequel le philosophe peut, quoi qu'en disent les doctes, se reconnaître sans honte, car qu'est-ce que le cartésianisme sinon la confiance dans la puissance de la pensée et de la raison ?

Notre hypothèse est que l'idéalisme allemand a laissé en héritage la figure de l'*idéaliste*, et sa pathologie.

Dans le sens courant, est idéaliste non pas celui qui nie l'existence du monde extérieur, mais celui qui a un idéal, c'est-à-dire qui croit que le monde *devrait être* conforme à des exigences de la raison, désignées par des « grands mots », des étendards comme le bien, la justice, le droit, la

1. *Critique de la Raison pure* [abr. CRP], Architectonique de la raison pure, Ak. III, 542-543.

liberté (liste non exhaustive puisqu'elle peut être complétée par n'importe quel terme pouvant, en un temps quelconque, tenir lieu de valeur)[1]. Cette définition, encore générale et neutre, fait de l'idéalisme un devoir pour tout homme, car le devoir n'est rien d'autre, si l'on suit Kant, que ce qui découle, pour tout homme, du *fait* que la raison est immédiatement pratique, c'est-à-dire exige de la volonté une causalité à l'égard du monde. L'impératif catégorique est celui par lequel le sujet rationnel, identifié au sujet de la faculté de désirer ou, pour simplifier, au sujet du désir, est sommé de conformer le monde à la raison, c'est-à-dire – si l'on applique l'identité, dans le *factum rationis*, de la raison et du désir[2] – à son désir, à condition que ce dernier soit dépouillé de tout ce qu'il avait de propre, de particulier, pour se confondre, dans la soumission à l'impératif, à l'universel de tout désir. Bref le terme d'idéal ne semble pas dire autre chose que la loi morale ; et la maxime de l'idéalisme pourrait se résumer à celle de toute morale : prends ton désir, une fois que tu lui as reconnu la valeur de désir de tout être raisonnable, pour la réalité ; ou encore : agis de telle sorte que tu produises dans le monde des effets qui le transforment pour le faire ressembler davantage au monde selon ton désir, monde idéal où règnent la liberté, la justice, et tous les grands mots.

Si l'on s'en tient à cette première analyse formelle du concept cosmique d'idéalisme, on est conduit à le réduire à un résidu de la philosophie pratique de Kant. Il est vrai qu'il lui convient. Ainsi la morale du devoir-être peut légitimement être qualifiée d'idéaliste, face à une éthique de la nécessité. Est *idéaliste,* en un sens non scolairement philosophique, celui qui affirme que le monde ne doit pas être seulement considéré tel qu'il est, mais tel qu'il devrait être ; le monde *n'est pas* immédiatement tel qu'*il devrait être ;* il doit donc être transformé pour être rendu conforme à des fins, qui sont celles de la raison. Le *réaliste* est au contraire celui qui nie le bien-fondé de cette distinction entre l'être et le devoir-être, parce que le monde ne peut pas être autrement qu'il n'est, et que la seule action sensée est celle qui s'inscrit dans le monde tel qu'il est[3].

1. Cf. Nietzsche, *Fragments posthumes*, Novembre 1887-mars 1888,11, [135] ; in *Œuvre philosophiques complètes*, t. XIII, Paris, Gallimard, p. 255.

2. *Sit pro ratione voluntas*, selon le vers de Juvénal partiellement cité par Kant dans la *Critique de la Raison pratique* [abr. CRPr], Analytique, chap. I, § 7, Ak. V, 31.

3. Cette opposition est à l'œuvre chez Spinoza, qui défend le "réalisme" comme seul rationnel face à un "idéalisme" qui prétend fonder la conduite sur « une nature humaine qui n'existe nulle part » et méprise « celle qui existe réellement ». Ceux que Spinoza appelle simplement les philosophes, et que nous pouvons appeler aussi les idéalistes « conçoivent les hommes en effet, non tels qu'ils sont, mais tels qu'eux-mêmes voudraient qu'ils fussent. » (*Traité politique*, ch. I, § 1).

Si le concept scolaire d'idéalisme est théorique, le concept mondain (ou cosmique) est pratique. Cependant l'idéalisme n'est pas équivalent à la position du sujet moral. La simple soumission à l'impératif dont l'origine est rationnelle ne suffit pas à définir l'idéaliste ; celui-ci ne se contente pas de faire attention (*Achtung*) à la prescription rationnelle qui s'impose impérativement, il déduit du respect une attitude générale face au monde. Le sujet moral reconnaît simplement l'obligation qui lui est faite, pour mettre son désir en accord avec lui-même (c'est-à-dire avec la raison), de désirer ce qu'il ne peut pas ne pas désirer ; cette obligation, qui dans l'impératif prend même la forme d'une contrainte, s'adresse seulement à la détermination de la volonté ; seulement, c'est-à-dire sans que soit pris en compte l'état du monde dans lequel s'inscrirait l'action qui découle de la bonne volonté. La liberté qui est découverte dans la conscience du devoir[1] est celle du pouvoir de notre volonté, pouvoir de vouloir qui vient de devoir vouloir, indépendamment du mécanisme naturel auquel est soumis l'ordre réel du monde. La liberté strictement morale ne préjuge donc en rien de la réalité d'un monde qui peut, ou non, favoriser l'action qui en lui doit s'insérer.

Or c'est précisément de cela que *l'idéaliste* préjuge, et ce préjugé, ou cette croyance le caractérise, en le différenciant du sujet moral, de celui que, par commodité, nous appellerons, avec Kant, *l'honnête homme*[2]. Ce dernier agit sans se soucier plus du monde que du prix que lui coûte l'accomplissement de la loi. Cette indifférence au monde lui permet de le prendre tel qu'il est – monde dans lequel le prince s'appuie sur la calomnie pour assassiner – et donc d'adopter une attitude réaliste. Puisqu'il ne se fait pas d'illusion sur le sort qui est réservé à la vertu dans le monde, il peut juger le monde avec le réalisme de l'entendement. La connaissance du mécanisme qui régit les passions, et qui pousse le prince à régner par la flatterie et la menace, ne déterminant en rien la conduite morale, ne peut la faire dévier de sa détermination rigoureuse. Dans l'exemple kantien auquel nous faisons allusion, l'honnête homme ne se définit pas par la volonté de changer l'ordre politique injuste ; il n'est ni un rebelle ni même un opposant ; sa résistance est nécessaire par rapport à la loi mais contingente par rapport au monde et déterminée par la circonstance. L'idéaliste au contraire n'est jamais assez assuré de sa vertu, qu'il n'ait besoin pour la soutenir du secours d'un monde qu'il imagine meilleur. Il n'est pas tant attaché à l'action, qui, à chaque fois, est requise par la contingence de la situation, et qui met, à chaque fois, à contribution le jugement en lequel

1. Cf. CRPr, Analytique, chapitre I, § 6, Scolie.

2. Cf. CRPr, Méthodologie, Ak. V, 155 : l'honnête homme face au prince qui veut le pousser à calomnier un innocent.

s'effectue la moralité proprement dite, qu'il n'est préoccupé du monde qui rendrait cette action possible. Il cherche plus à transformer le monde qu'à agir dans le monde.

La distinction est importante : la morale a affaire à la singularité de l'événement, qui à chaque fois la requiert du sujet, l'idéalisme à la totalité du monde. Pour simplifier, on pourrait distinguer trois attitudes éthiques face au monde : 1) l'attitude réaliste consiste à affirmer que le monde est tel qu'il devrait être[1] ; les changements qui interviennent dans le monde procèdent du monde lui même ; on peut donner pour but à son action d'aménager le monde, c'est-à-dire de l'adapter partiellement, dans la petite partie qui concerne directement chaque sujet agissant, aux fins de celui-ci, mais il est absurde de vouloir le changer en totalité. 2) L'attitude morale *stricto sensu* constate un désaccord entre le monde déterminé par le mécanisme naturel, et les exigences de la liberté, mais ne peut tirer de cette discordance aucune raison ni de changer l'action morale pour l'adapter au monde, ni de changer le monde pour le rendre plus accueillant à l'action morale. 3) L'attitude idéaliste est une interprétation morale de ce désaccord entre la justice et le monde. Est idéaliste celui qui ne peut ni s'accommoder d'un monde qu'on pourrait par habileté conformer à ses fins égoïstes, ni se résigner à un monde hostile au devoir. Même si le monde n'est pas tel qu'il devrait – sur ce point l'idéaliste s'accorde avec la morale – il peut néanmoins être transformé de façon à devenir, dans un avenir plus ou moins lointain, meilleur. Telle est donc la foi qui le caractérise : il croit que le monde *peut* être changé selon les exigences rationnelles qui définissent l'idéal. La conséquence entre devoir et pouvoir n'est plus : « Tu dois, donc tu peux » ; elle devient : « tu dois, donc le monde peut ».

1. Cette formule est susceptible d'une double interprétation : 1) toute valeur est relative au sujet, donc il est impossible de définir objectivement ce que le monde devrait être, donc la norme de la valeur n'est pas pertinente pour juger le monde comme totalité : le monde est ce qu'il est, il est vain d'énoncer ce qu'il devrait être. C'est la position spinoziste. 2) Si le monde est tel qu'il devrait être, c'est qu'il a déjà inscrit en lui la valeur ; le devoir-être n'est ni une illusion propre au point de vue subjectif, ni un terme transcendant, il est le sens immanent du monde. C'est la position leibnizienne ou hégélienne, qui peut être dite indifféremment idéaliste ou réaliste, puisqu'elle affirme l'identité de l'idéal et du réel. Toutefois cette position est interprétée comme réaliste par l'idéalisme vulgaire, puisqu'elle ne commande aucune transformation du monde : « la philosophie [...] est la compréhension du présent et du réel et non la construction d'un au-delà qui serait Dieu sait où. » (*Principes de la philosophie du droit*, Préface, tr. Derathé, Paris, Vrin, 1975, p. 54). Elle est interprétée comme idéaliste par Hegel lui-même.

Cette extension au monde de l'exigence morale relève de ce que Kant appelle *religion*[1], car seule la pensée d'un monde soumis aussi bien dans son mécanisme que dans la loi de sa justice, à un être doublement législateur (dans le domaine de la liberté et dans celui de la nature) permet de concilier, dans l'agir de l'homme, le monde réel et l'idéal. Par quoi l'idéalisme retrouve le théorique par le biais du pratique. L'idéalisme théorique (sens scolaire) ramène la réalité du monde à une idée entendue comme représentation ; l'idéalisme mondain, à la fois pratique et théorique, requiert un monde conforme à l'idéal, donc à une exigence rationnelle. La pensée du monde est comme telle de l'ordre théorique, même si elle est subordonnée à une impulsion pratique, celle de l'affirmation de soi d'une volonté identifiée à la raison. Si donc l'idéalisme issu du criticisme, est pratique en son principe, ce n'est pas qu'il laisse hors de lui le théorique. La décision pratique tranche le débat théorique entre idéalisme (le monde dépend du Moi) et réalisme (la représentation dépend du monde) ; c'est pourquoi Fichte ramène le choix entre les deux doctrines à une orientation morale préphilosophique inaugurale de la philosophie[2].

Mais, même si le pratique l'emporte formellement sur le théorique, c'est du théorique que relève le *contenu* de la croyance qui définit l'idéaliste. Que ce contenu ne soit pas, dans le cas de l'idéalisme vulgaire, thématisé dans un système qui réponde aux exigences de rigueur propres à la philosophie, qu'il soit seulement l'objet d'une croyance, et non d'un savoir, qu'il procède de l'imagination et non de l'entendement, que la théorie soit plus contemplation (mystique ou esthétique) que régulation rationnelle, ne change rien au fait qu'il relève de l'usage théorique parce qu'il définit une certaine configuration du monde. L'idéalisme philosophique, comme solution du problème théorique fondamental, celui du rapport entre le moi et le monde, procède donc d'une couche primordiale de l'existence : « La sphère de notre connaissance est déterminée par notre cœur » écrit Fichte[3]. L'eudémonisme, qui s'en tient au monde sensible, conduit au dogmatisme ; le moralisme à l'idéalisme. Idéalisme a ici le sens d'un système philosophique, qui a pour soubassement, dans la sphère de l'existence, une disposition positive à l'égard de la loi morale. L'idéalisme vulgaire est la forme non philosophique de l'idéalisme philo-

1. CRPr, Dialectique, chap. II, § V, Ak. V, 129. Cf. aussi la Préface de la *Religion dans les limites de la simple raison*.

2. « Ce que l'on choisit comme philosophie dépend ainsi de l'homme que l'on est. » (Ire Introduction à la Doctrine de la Science, FW, I, 434, tr. Philonenko, 2e édition, Paris, Vrin, 1980, p. 253).

3. *Appel au public*, FW, V, 217.

sophique, il est une construction spontanée, appuyée sur l'imagination, d'un monde conforme à la liberté. Mais la philosophie absolument systématique telle que la définit Fichte, qui rassemble en elle les exigences du pratique et celle du théorique et concilie ainsi les deux usages de la raison, est comme le prolongement, sur le plan spéculatif, celui de la connaissance et du savoir absolu, du rôle que Kant attribuait à la croyance, dans la religion.

On comprend dès lors en quoi l'idéalisme *allemand*, celui qui s'inaugure dans la continuité du kantisme comme recherche de formulation théorique des exigences pratiques, est la version scolaire de l'idéalisme vulgaire. La question fondamentale qui rassemble idéalisme et religion est formulée par Kant en ces termes : « que peut-il bien ressortir de notre action droite ? » [1] Le besoin qu'a l'homme de concevoir, par delà ce qui est directement commandé par la loi, un effet de l'action morale sur le monde, donc un monde susceptible d'être transformé par celle-ci, est d'origine morale. L'honnête homme ne peut pas s'en tenir au réalisme [2], à l'enchaînement purement mécanique des causes naturelles, il est obligé de poser un sens dans le monde, ce qui revient, selon Kant, à affirmer l'existence de Dieu, autrement dit à utiliser les « grands mots ». Or la philosophie post-kantienne est tout entière caractérisée par cette "religion", non pas soumission au dogme révélé transmis dans une tradition et une Église historique, mais assomption par la raison de sa destination au suprasensible, qui la conduit à rechercher dans un absolu le terme ultime de l'idéal humain. L'absolu est le mot d'ordre d'un nouvel idéalisme qui trouve son expression scolaire dans la constitution d'un système dont le principe est l'unité du pratique et du théorique.

Si nous avons mentionné l'origine religieuse de l'idéalisme allemand, son enracinement dans la 3e question kantienne, celle de l'espérance, c'est uniquement pour éclairer le champ dans lequel s'inscrit son pendant vulgaire, qui seul nous intéresse ici. Toutefois une distinction s'impose, qui exige un nouvel examen. L'idéaliste espère, mais comment cette espérance peut-elle être définie ? Quel est le rapport entre cette espérance et celle qui résulte d'un postulat de la raison pratique ? Comment expliquer le glissement entre le sens philosophique et le sens vulgaire de l'idéalisme ?

Pour répondre à ces questions, nous amplifierons notre hypothèse de départ de la proposition suivante : l'idéalisme allemand se diffuse dans le

1. *Religion innerhalb der Grenzen der bloßen Vernunft*, Préface à la 1re édition, Ak. VI, 4.

2. *Critique de la faculté de juger*, § 87, dernier alinéa, où l'honnête homme est explicitement identifié au réaliste Spinoza.

monde, et devient idéalisme au sens mondain, après avoir traversé le prisme du romantisme. Celui-ci se caractérise par la substitution d'une problématique esthétique à une problématique religieuse et politique comme solution du conflit entre la nature et la liberté[1]. Non pas que le religieux ou le politique disparaissent des préoccupations romantiques, mais ils sont absorbés par l'art, les figures du prêtre et du guide étant assumées par le poète. A partir de cette caractérisation très schématique, on peut définir l'idéaliste comme celui qui met son espérance dans "le beau et le sublime", cette expression d'origine schillerienne[2] unifiant l'exigence de justice et la confiance dans l'humanisation par l'art. Nous prendrons désormais Schiller comme témoin de cet infléchissement du kantisme par la mise en scène esthétique de la morale ; non pas que Schiller puisse lui-même être, sans plus, qualifié d'idéaliste[3], ni, encore moins, de roman-

1. Cette substitution est nettement opérée dans la lettre de Schiller au prince d'Augustenburg du 13 juillet 1793. Les arguments sont fondés sur le spectacle donné par la Révolution française, qui, du fait de la mise en application mécanique, par l'effet de la contrainte et de la terreur, des principes rationnels à une réalité humaine qui n'y était pas préparée, a supprimé l'espoir d'un avènement politique prochain du règne de la justice. La transformation esthétique du cœur de l'homme, son ennoblissement par l'art, est l'urgence des temps. Cependant dès les *Lettres sur Dom Carlos* (1788), Schiller prend ses distances à l'égard de l'idéalisme politico-religieux qui veut apporter la liberté au monde au mépris des individus singuliers, sacrifiés à l'histoire, en fustigeant la *Schwärmerei* du marquis de Posa : « la vertu agit avec grandeur au nom de la loi, le fanatisme au nom de son idéal, l'amour au nom de son objet » (11e Lettre, NA, 22, 170). La manière dont Posa détruit les individualités en les transformant en universels, « le fait se perdre dans le despotisme » (NA, 22, 172), ce que symbolise l'alliance paradoxale du prince obscurantiste et de l'illuminé de la liberté, au détriment de l'humanité de l'homme.

2. Cf. le poème paru en décembre 1795 dans *les Heures*, intitulé « Beau et sublime » (NA, I, 272 ; le poème est réédité par Schiller sous le titre *Les guides de la vie*), et les développements consacrés, dans l'article *Sur le sublime*, aux deux génies tutélaires qui accompagnent l'homme durant son existence pour le conduire jusqu'à l'idéal (NA, 21, 41 *sq.*). Cette expression se rencontre fréquemment dans les œuvres de Dostoïevski pour désigner l'idéalisme romantique qui caractérise le pathos du sous-sol. On se reportera à cet ouvrage novateur que sont *Les Carnets du sous-sol* ; trad. André Markowicz, Actes Sud, 1992 ; en particulier p. 64-66 ; p. 71 ; p. 77-79. Dostoïevski fournit, avant Nietzsche, le tableau impitoyable de l'idéalisme comme type pathologique, stade qui annonce la grande crise nihiliste.

3. Nous laisserons de côté la question de l'idéalisme de Schiller, qui a déjà fait coulé beaucoup d'encre. Cf. entre autres Kurt Eisner « *Über Schillers Idealismus* », Schillers Festschrift, 1905, in : *Gesammelte Schriften*, t. 2, Berlin, 1919, p. 217-234 ; Ernst Cassirer « *Die Methodik des Idealismus in Schillers philosophischen Schriften* », in : *Idee und Gestalt*, Berlin, 1921, p. 77-108, rééd. Darmstadt, 1981, p. 80-111, et, du même « *Schiller. Freiheitsproblem und Form problem in der klassischen Ästhetik* » ; in : *Freiheit und Form*, Berlin, 1916, p. 421-432 ; Georg Lukács « *Schillers Theorie der modernen Literatur* » (paru d'abord en 1935 en russe dans une édition des écrits esthétiques de Lukács), in : *Werke*, t. 7, Neuwied, 1964, p. 144-163, et du même, « *Die Probleme der objektiven Dialektik und die*

tique[1], mais il a incontestablement ouvert une voie par laquelle l'idéalisme critique, dans son accentuation moralisante, devait se faire une place dans la conscience commune. Mais avant d'expliciter la dérive esthétisante de l'idéalisme, tentons de brosser à grands traits son tableau clinique.

Le sort fait à l'idéaliste dans la conception vulgaire n'est pas, loin s'en faut, très favorable. Le sens commun ne voit en lui qu'un rêveur à la poursuite de chimères, et l'envoie rejoindre l'idéaliste d'ancien style, celui qui nie l'existence d'un monde extérieur, au pavillon des excentriques ou des fous. C'est qu'il n'y a pas de différence, pour le sens commun, entre la négation du monde extérieur, et le refus d'accepter le monde tel qu'il est. La notion même d'idéaliste dénote une forme de pathologie[2]. Elle est inséparable de la critique qui en est faite durant tout le XIXe siècle.

Schranke des Idealismus », in : *Schiller in unserer Zeit ;* Weimar, 1957, p. 269-293 ; Käte Hamburger, « *Schiller und Sartre. Ein Versuch zum Idealismus-Problem Schillers* » (*Jahrbuch der deutschen Schillergesellschaft*, Stuttgart, Alfred Kröner Verlag, 1959, p. 34-70) et « *Zum Problem des Idealismus bei Schiller* » (*Jahrbuch der deutschen Schillergesellschaft*, Stuttgart, Alfred Kröner Verlag, 1960, p. 60-71) ; Peter Szondi « Le naïf et le sentimental » (d'abord paru dans *Hölderlin-Studien*, Frankfurt am Main, Insel, 1967, puis traduit dans *Poésie et poétique de l'idéalisme allemand*, Paris, TEL Gallimard, 1991, p. 47-93).

Pour déterminer dans quelle mesure Schiller a été, et jusqu'à quel point, idéaliste, il faut d'abord s'entendre sur ce que le terme signifie. Si on identifie l'idéalisme à la pensée de Kant ou de Fichte, il est vraisemblable qu'on trouvera chez Schiller suffisamment de traits par lesquels il s'en démarque ; en particulier l'affirmation, sans cesse reprise, d'une conciliation entre la sensibilité et la raison ; de même les dernières pièces de Schiller, *Wallenstein* en particulier, mettent en scène des héros qui, bien loin de tirer leur conduite du respect pour la loi, se plient opportunément aux exigences de l'heure, selon un type qui ressemble plus au « moraliste politique » qu'au « politique moral » (cf. *Projet de paix perpétuelle*, Ak. VIII, 372). Si on entend idéalisme au sens esthétique, issu de Winckelmann, comme une référence à des modèles antiques pris comme norme du naturel et du vrai en art, l'idéalisme tend à se confondre avec le classicisme auquel Schiller reste, avec Goethe, attaché. Si enfin on fait, comme Schiller (*Poésie naïve et poésie sentimentale*, NA, 20, 492*sq.*), d'idéaliste le pendant psychologique du sentimental, c'est bien de ce côté que Schiller se situe lui-même, par nécessité d'époque.

1. Le témoignage de Goethe, dans la conversation avec Eckermann du 21 mars 1830, permet pourtant d'établir un lien entre le romantisme et Schiller, puisque le couple schlegelien classique/romantique y est dérivé du couple schillerien naïf/sentimental, lequel est un substitut du couple goethéen objectif/subjectif, personnifié par le couple Goethe/Schiller lui-même. Si « Schiller était subjectif », et si subjectif = sentimental = romantique, la conclusion est que Schiller, aux yeux de Goethe lui-même, pouvait être tenu pour romantique.

2. Ce que Goethe pensait de l'idéalisme de Schiller, une seule phrase suffit à l'exprimer : « Cette idée [la liberté idéale] l'a tué ». Et d'établir un lien entre le déclin des forces de Schiller et son idéalisme ; d'où cette conclusion : « J'ai le plus grand respect pour l'impératif catégorique, je sais quel bien peut en résulter, mais il ne faut pas le pousser trop loin ; autrement, cette idée de la liberté idéale ne conduit à rien de bon » (*Conversations avec*

Nietzsche le traite parmi les symptômes de cette maladie qu'est la civilisation. L'idéalisme est la phase préparatoire au nihilisme, moment de la négation de tous les idéaux. Le nihilisme est à la fois le prolongement de l'idéalisme – il poursuit le processus d'amenuisement des forces vitales –, et une réaction contre lui : le nihilisme croit pouvoir se défaire de la pathologie idéaliste en mettant à bas tous les idéaux. Il commet en cela une erreur, car les idéaux sont au moins une raison de vivre[1]. Mais l'idéalisme, en transposant l'objet de son aspiration la plus forte hors du monde présent, dans un ailleurs hors d'atteinte, s'était condamné à ne trouver dans le réel méprisé que déception et frustration, et donc à mourir au monde : l'idéaliste est ascétique par nécessité ; et par l'ascèse il laisse s'amoindrir ses forces vitales, ce qui est la définition même de la maladie. L'idéaliste moderne, allemand et romantique, est l'héritier de ce que Nietzsche appelle la « civilisation socratique »[2] : il se caractérise par l'affaiblissement des forces originelles du pathos au profit de la sphère de la pensée, et, dans l'ordre esthétique, par le passage d'un théâtre de la participation et de la musique (chorale) à un théâtre de la représentation et du spectacle. Est proprement idéaliste l'interprétation de tout pathos, de toute épreuve originaire de soi dans l'affect, en termes de valeur, qui consiste à donner un sens à la souffrance ou au plaisir, les qualifier comme bons ou mauvais selon leur relation au commandement moral, les justifier ou les condamner. Bref l'idéalisme, pris en son sens le plus général, c'est la moralisation de la souffrance, qui conduit celui qui souffre à chercher une cause à cette souffrance, puis à l'attribuer à sa propre

Eckermann, 18 janvier 1827, trad. Jean Chuzeville, Paris, Gallimard, 1988, p. 197). On se souvient de la définition du romantisme : « J'appelle classique ce qui est sain, et romantique ce qui est malade » (2 avril 1829 ; *Ibid.* p. 187). Chez Dostoïevski, le portrait de l'idéaliste du sous-sol commence par ces mots : « je suis un homme malade... Je suis un homme méchant » (*op. cit.*p. 11).

Sur la maladie de Schiller : Frieda Teller, « *Die Wechselbeziehungen von psychischem Konflikt und körperlichem Leiden bei Schiller* » (in : *Imago*, 1921, vol. 2, p. 95-126) ; Fritz Schmitt « *Krankheit und Schaffen bei Friedrich v. Schiller* » (in *Allgemeine Zeitschrift für Psychiatrie und psychisch-gerichtliche Medizin*, 1937, p. 1-34 ; Wolgang Veil, *Schillers Krankheit*, 2e éd. Naumburg, 1945.

1. Cf. *Gai Savoir*, 372 : *Pourquoi nous ne sommes pas idéalistes*. « Tout idéalisme philosophique fut jusqu'à présent quelque chose comme un maladie lorsqu'il ne fut pas, comme dans le cas de Platon, la précaution d'une santé opulente et dangereuse, la peur de sens *surpuissants*, la sagesse d'un sage socratique. – Peut-être est-ce seulement que nous ne sommes pas en assez bonne santé, nous modernes, pour *avoir besoin* de l'idéalisme de Platon ? Et nous n'avons pas peur des sens parce que... » (trad. Patrick Wotling, GF, Paris, 1997, p. 338).

2. *Naissance de la tragédie*, § 18, *Œuvres philosophiques complètes* [abr. OPC], t. I, Paris, Gallimard, 1977, p. 124.

culpabilité[1]. Le rôle du « prêtre ascétique » est de révéler au souffrant qu'il est coupable, et ainsi, de lui permettre de comprendre cette souffrance comme châtiment, comme un effet qui a sa cause dans le sujet lui-même. Mais la grande découverte de Kant est qu'on pouvait se passer de la figure extérieure du prêtre : c'est la raison elle-même qui, en révélant au sujet son devoir, lui fait connaître en même temps sa dette, sa culpabilité, et la nécessité de la souffrance comme conséquence de la faute[2]. L'idéal représente pour l'idéaliste la contrepartie (illusoire parce que perçue dans un autre monde) pour le sacrifice qu'il fait de la satisfaction sensible, en l'acceptant comme châtiment nécessaire. De même que le prêtre ascétique prétend guérir celui qui souffre en lui présentant la rédemption comme remède ; de même l'idéalisme moderne présente à son adepte enthousiaste le monde régi par les « grands mots » comme consolation des souffrances présentes, neutralisées par l'espérance. Du christianisme à l'idéalisme, se poursuit et s'approfondit la même vision morale du monde, qui entretient la même maladie sous prétexte de délivrer les hommes de la souffrance. Est malade non pas celui qui souffre, mais celui qui ne peut soutenir l'épreuve originaire de l'affect, qui cherche à s'en défaire, s'en décharger, par l'image et le sens[3], par tout ce qui fait lien et voile d'un rêve d'unité la dispersion tragique du réel.

L'illusion d'individuation procède du moi, qui a besoin, pour maintenir son semblant d'unité face au risque d'éclatement que renferment les affects, de se donner un idéal qui tout à la fois se porte garant de la supériorité du moi par rapport au champ instinctuel, et ne cesse de le soumettre à un contrôle et une critique. On retrouve ici le processus de formation de l'idéal du moi, tel que le décrit Freud[4]. L'origine de l'idéaliste, comme type psychopathologique[5], est l'amour que le moi se

1. *Généalogie de la morale*, III, 15.

2. Cf. CRPr, Analytique, Ch. I, § 8, Scolie II, Ak. V, 37-38 : le concept de *Strafwürdigkeit*, d'expiation (le fait de mériter un châtiment), découle directement de la loi, et ne peut s'expliquer qu'à partir de la moralité (et non à partir du principe du bonheur). Mais l'application de la peine suppose que la souffrance *physique* paye le prix d'un mal *moral*, selon une équivalence incompréhensible dans l'ordre de la stricte causalité naturelle : « Le châtiment est donc un mal (*Übel*) physique, qui, même s'il n'était lié au mal (*Böse*) moral comme sa conséquence naturelle, devrait nécessairement lui être lié comme conséquence selon les principes d'une législation morale. » (Ak. V, 37).

3. Le thème de l'*Entladung* est central chez Nietzsche ; il est à l'origine de l'apollinien (« *Entladung der Musik in Bildern* », *Naissance de la tragédie*, § 6) mais aussi du ressentiment (l'*Affekt-Entladung* est « la véritable cause physiologique du ressentiment », *Généalogie de la morale*, III, 15).

4. Principalement dans « *Zur Einführung des Narzissismus* », in *Gesammelte Werke*, X, p. 137-170.

5. Cf. Nietzsche : « Pour la psychologie de l'idéaliste : Carlyle, Schiller, Michelet »

porte, ou plutôt se portait au temps où il faisait un avec le monde car il était à lui-même tout son monde : « Ce qu'il projette devant lui comme son idéal est le substitut du narcissisme perdu de son enfance ; en ce temps-là il était lui-même son propre idéal »[1]. L'idéaliste n'a pas supporté que l'objet premier de son amour, dans le narcissisme originaire de la fusion prémondaine, soit perdu. L'idéal est un autre moi, mais un vrai moi, un moi bienheureux, qui a su préservé l'identité avec soi que ne viennent troubler ni les obstacles que la réalité pose à la satisfaction, ni les agressions intérieures des affects. Une des formes les plus courantes de cet idéalisation est la surestimation de l'objet dans l'amour-passion : l'amant a besoin de se représenter l'aimé comme jouissant d'une autosuffisance qui est celle dont il jouissait lui-même dans le narcissisme primaire. La femme la plus désirable est celle qui « se suffit à elle-même »[2].

Cette idéalisation reste comprise dans la sphère de la normalité, tant que l'amoureux reste capable de faire face à la réalité, soit dans la déception, soit dans la transformation de la passion en sentiment ; mais l'idéaliste devient malade lorsque l'idéal est si éloigné de toute réalité que son exigence devient tyrannique à l'égard du moi. L'idéal est d'autant plus inaccessible qu'il est intériorisé ; car ce qui est proche est aussi ce dont on se démarque plus difficilement : la barrière entre le moi et l'idéal doit être d'autant plus contraignante que l'idéal est proche, comme un double du moi. La pathologie est manifeste lorsque la relation entre le moi et l'idéal qu'il s'est forgé devient incompatible autant avec les exigences du principe de réalité qu'avec celles du principe de plaisir. Le cas le plus grave de cet enfermement du moi dans son rapport avec l'idéal, doté de la fonction de surveiller et punir, conduit au délire caractéristique du paranoïaque, le délire d'observation qui peut conduire au délire de persécution : le malade donne à l'instance de l'idéal la figure fantasmatique d'une personne extérieure, d'un double, qui ne cesse de l'observer et de lui adresser des

(*Fragments posthumes*, Fin 1886-printemps 1887, 7 [6], OPC, t. XII, p. 269). On notera l'ambivalence des sentiments de Nietzsche à l'égard de Schiller. Dans la *Naissance de la tragédie*, il reprend le concept d'artiste naïf pour définir la civilisation apollinienne (§ 3 et 4), le loue pour le rôle et la signification qu'il donne aux chœurs dans la *La Fiancée de Messine* (§ 7), le cite, avec Winckelmann et Goethe, parmi les grands allemands qui ont su se mettre à l'école des Grecs (§ 20). Mais que penser de ce mot du *Crépuscule des idoles* : « Schiller : ou le "clairon de Säckingen" de la morale » (Divagations d'un inactuel, aph. 1) !

1. Freud, *op. cit.*, p. 161, trad. Jean Laplanche in *La vie sexuelle*, Paris, PUF, 1969, p. 98.

2. *Op. cit.*, trad. p. 94. Freud poursuit : « De telles femmes n'aiment, à proprement parler, qu'elles-mêmes, à peu près aussi intensément que l'homme les aime. [...] Il apparaît en effet avec évidence que le narcissisme d'une personne [la coquette, mais aussi les chats, les oiseaux de proie, le grand criminel et l'humoriste] déploie un grand attrait sur ceux qui se sont dessaisis de toute la mesure de leur propre narcissisme et sont en quête de l'amour d'objet ».

reproches[1]. Mais cette pathologie extrême n'est que la forme exacerbée d'une névrose ordinaire, celle qu'entretient le sujet moral avec sa conscience, et qui entend sa voix. Est remarquable l'identité de structure psychique du paranoïaque, du sujet moral, et du philosophe[2].

Chez l'idéaliste la souffrance des affects est sinon sublimée[3], du moins transposée : sa plainte est, comme celle du mélancolique[4], de ne pas être à la hauteur de ce qu'exige le devoir ; il souffre donc d'un manque d'estime de soi, d'un rabaissement de l'amour-propre, qui est la contrepartie de l'exaltation de l'idéal. Le philosophe de la loi morale s'avère à l'occasion bon psychologue : Kant, lorsqu'il décrit le sentiment produit négativement par la loi montre la même lucidité que le mélancolique dans la description de son mal[5]. Le respect est éprouvé immédiatement comme une peine parce qu'il « humilie », « terrasse » la présomption de l'amour-propre (*Eigendünkel*)[6] : la loi porte un préjudice définitif à toute appréciation de soi (*Selbstschätzung*) qui serait déterminée par les inclinations de la sensibilité. Cependant la contrepartie positive de ce renoncement à l'affirmation du moi comme unité empiriquement composée est l'accès à un statut rationnel, qui ouvre droit à une autre évaluation, purement intellectuelle : la loi devient, à la place du moi, l'objet d'une appréciation d'autant plus élevée que le moi a été abaissé[7]. Mais le moi, ou plutôt le soi

1. *Ibid.* p. 99-100.

2. « La même activité psychique qui a pris en charge la fonction de la conscience morale s'est aussi mise au service de l'introspection qui livre à la philosophie le matériel pour ses opérations de pensée. Cela n'est peut-être pas sans rapport avec la tendance caractéristique des paranoïaques à construire des systèmes spéculatifs ». Et plus bas : « Chez les personnes douées pour la philosophie et habituées à l'introspection, cette participation [de l'auto-observation – au sens du délire d'observation paranoïaque] peut devenir très évidente » (*Ibid.* p. 101).

3. Freud souligne que l'idéalisation ne conduit pas nécessairement à la sublimation (*Ibid.* p. 99) ; autrement dit elle n'est pas toujours réussie, d'où le risque névrotique qui lui est inhérent.

4. Cf. « Deuil et mélancolie », in *Métapsychologie*, tr. Laplanche et Pontalis, Paris, Gallimard, coll. folio essais, 1986, p. 146-147.

5. « Dans certaines de ses autres plaintes contre lui-même, il nous semble également avoir raison, et ne faire que saisir la vérité avec plus d'acuité que d'autres personnes qui ne sont pas mélancoliques. Lorsque, dans son autocritique exacerbée, il se décrit comme mesquin, égoïste, insincère, incapable d'indépendance, comme un homme dont tous les efforts ne tendaient qu'à cacher les faiblesses de sa nature, il pourrait bien, selon nous, s'être passablement approché de la connaissance de soi, et la seule question que nous nous posions, c'est de savoir pourquoi l'on doit commencer par tomber malade pour avoir accès à une telle vérité » (*op. cit.*, p. 151). Cette dernière phrase nous paraît résumer tout le problème de l'idéalisme.

6. CRPr, Analytique, ch. III, Ak. V, 73.

7. « [...] l'abaissement des prétentions à l'appréciation de soi (*Selbstschätzung*)

(*Selbst*) bénéficie lui-même de cette élévation de la loi, en tant qu'il lui est assujetti ; la « *soumission* (*Unterwerfung*) à la loi » étant une coercition produite par une raison que nous pouvons aussi reconnaître comme nôtre, elle se traduit positivement par une « approbation de soi » (*Selbstbilligung*)[1] qui prend en quelque sorte la relève de l'appréciation de soi (*Selbstschätzung*). Cette substitution peut être interprétée, par une psychologie empiriste qui s'en tient aux faits, comme le principe explicatif de l'idéal moral : c'est pour se conserver, même sous une forme altérée, que le moi consent à ce qui n'est que le semblant d'un renoncement à soi. L'estime de la loi (*Achtung*) est la transposition dans laquelle se maintient l'estime de soi (*Selbstachtung*). Le renversement de l'abaissement (du sensible) en élévation (de l'intelligible) montre au psychologue la source réelle du processus idéal : c'est le moi qui, en s'abaissant, s'élève, même s'il ne peut plus le faire que sous une forme idéalisée. L'idéaliste est le type pathologique du narcissiste, dont la constitution psychique est telle, du fait de son attachement indéracinable à la libido du moi et de l'échec de la libido d'objet[2], qu'il ne peut connaître la jouissance que sous la forme de la frustration.

Un examen superficiel du tableau clinique de l'idéaliste pourrait conduire à imputer sa pathologie propre à son rapport à la loi morale. Interpréter ainsi la philosophie morale de Kant serait faire du philosophe un bourreau, auxiliaire d'une sorte de dieu obscur de la vengeance. Or ce serait là une erreur de raisonnement : la souffrance qu'inflige la conscience n'est tout au plus qu'un symptôme, elle n'est pas une cause. Il ne faut pas confondre le pathos caractéristique de la conscience morale avec son fondement pratique. *A fortiori* ne faut-il pas prendre l'interprétation perverse de la loi, celle de la *mauvaise* conscience, pour la loi elle-même. Si la conscience ne cesse de torturer l'idéaliste en lui rappelant la dette impayée, si elle ne cesse de lui réclamer un sacrifice, c'est bien parce que l'idéaliste sait (sans le savoir !) que son mal consiste précisément dans le fait qu'il n'a pas payé sa dette. Ce qu'il interprète comme faute est bien la

morale, c'est-à-dire l'humiliation du côté sensible, est une élévation de l'appréciation (*Schätzung*) morale, c'est-à-dire pratique, de la loi elle-même, du côté intellectuel [...] » (*Ibid.*, Ak. V, 79).

1. *Ibid.* Ak. V, 80-81. Kant utilise plus loin (Dialectique, Ak. V, 117-118) le terme de *Selbstzufriedenheit*, contentement de soi, « seulement une satisfaction négative [que procure] l'existence, satisfaction dans laquelle on est conscient de n'avoir besoin de rien » (Ak. V, 117). L'indépendance à l'égard des inclinations sensibles qui résulte de la soumission à la loi « [...] est l'unique source d'un contentement inaltérable nécessairement lié à elle, ne reposant sur aucun sentiment particulier, et ce contentement peut s'appeler intellectuel » (Ak. V, 118).

2. Cf. « Pour introduire le narcissisme », tr. cit., p. 93.

cause de son mal : il s'est dérobé à la loi qui veut que le moi renonce à soi. En termes psychanalytiques : il a tenté de se soustraire à la loi de la castration, il reste indéfectiblement attaché à la forme de jouissance qui caractérise l'autosuffisance bienheureuse, prémondaine. Mais le monde signifie la séparation, et la mort ; sa loi est que désirer c'est mourir, et qu'il faut désirer. Le refus de cette loi voue l'idéaliste à vivre son rapport à elle sous le mode négatif de la mauvaise conscience, qui vient de ce que la loi reste réduite à l'interdit transgressé, de ce qu'on refuse de prendre en compte son exigence, qui est, comme le montre Kant, de désirer[1]. Si le mal vient de ce que le moi refuse de se faire sujet de la loi, il n'y a d'autre guérison possible que de rétablir celle-ci dans sa radicalité, de la purifier de toutes les scories par lesquelles le narcissisme tente sans cesse de sauver sa mise en cherchant un compromis avec la réalité, c'est-à-dire avec ce qui lie le désir à la mort.

Deux interprétations de la loi morale sont possibles. L'interprétation *idéaliste* procède du narcissisme : elle vise à sauver dans le respect la position du moi, en négociant le sacrifice de telle sorte qu'il lui rapporte quelque chose. On a vu plus haut que cette récompense n'est pensable que sous la catégorie du religieux : mais l'idéaliste confond morale et religion, méconnaissant ainsi l'une et l'autre. L'interprétation *réaliste* au contraire s'en tient à la rigueur de la loi, qui exige le sacrifice sans rien promettre, sans faire la moindre concession au principe de plaisir[2] : car de la loi elle-même aucune promesse ne peut procéder. Telle est la seule interprétation compatible avec le texte kantien, qui doit être pris dans son entière rigueur lorsqu'il affirme l'incompatibilité de principe entre le bonheur et la moralité. Si l'on voulait soupçonner dans cette séparation radicale une ruse du moi pour sauvegarder secrètement ses prérogatives, ce procès d'intention fermerait la voie non seulement de toute compréhension de la pensée de Kant, mais aussi de toute juste appréciation des rapports entre la santé et la loi ; la méfiance à l'égard de l'idéalisme reconduirait alors à l'interprétation idéaliste elle-même. En effet celle-ci ne reconnaît dans la

1. Cf. J. Lacan, *Séminaire*, VII, 1959-1960, « L'éthique de la psychanalyse ». Sur le rapport entre la loi et la castration, qui autorise une réévaluation du kantisme d'un point de psychanalytique, on se reportera à l'exposé d'Alain Juranville dans *Lacan et la philosophie*, Paris, PUF, 1984, § § 31-33, p. 194-214.

2. Telle est l'interprétation de J. Lacan dans le *Séminaire* sur « L'éthique de la psychanalyse ». Cf. dans le texte établi par J.-A. Miller, Paris, Seuil, 1986, p. 28 : « Ma thèse comporte en effet que la loi morale s'affirme contre le plaisir, et nous sentons bien aussi que parler de réel à propos de la loi morale semble mettre en question ce que nous intégrons d'ordinaire sous le vocable d'idéal ». Ceci n'exclut qu'on puisse y intégrer autre chose. Nous reviendrons plus loin sur un sens non ordinaire de l'idéal, l'idéal de la raison, qui contredit l'idéalisme au sens courant, lequel renvoie à l'idéal de l'imagination.

loi que l'interdiction du bonheur – ce qu'elle n'est pas [1] – et donc cherche à préserver celui-ci par une supercherie qui consiste à l'introduire subrepticement dans la détermination morale de la volonté. Or la seule figure sous laquelle le bonheur peut se déguiser pour se glisser dans la loi, est celle du malheur ! Absurdité du calcul auquel se livre l'amour de soi : plutôt être la cause de son propre malheur, que de renoncer à être cause de soi, et d'attendre de la loi qu'elle exige le sacrifice. Le moi préfère être malheureux que d'être heureux parce que la loi le lui commande [2], il préfère mourir que de *devoir* vivre [3]. L'idéaliste se tient dans cette contradiction : il refuse le sacrifice qui lui est commandé par la loi, qui est de désirer sans attendre, sans savoir ce qu'il peut advenir de ce désir dans le monde ; mais il est prêt à un sacrifice beaucoup plus lourd, dont il voudrait fixer lui-même les termes, en lui donnant pour contrepartie le bonheur de l'autosuffisance absolue.

L'idéaliste vise un bonheur qu'aucun plaisir terrestre n'est capable d'évaluer. Son opération consiste à dissocier ce que le réaliste – même celui qui vit sous la conduite de la loi – ne cesse d'associer : le bonheur et le plaisir [4]. Son idéal est un bonheur hors d'atteinte d'aucune expérience sensible, donc d'aucun plaisir ; totalement inimaginable il est un pur idéal de l'imagination. Il exige le bonheur comme totalité – car la totalité est la seule contrepartie de son sacrifice total – tandis que la règle du plaisir est la particularité de l'objet. Refusant la règle de détermination du bonheur par le plaisir [5], sous prétexte que le plaisir est incompatible avec la loi, il ne lui reste plus que le « *titre* général des principes de détermination subjectifs » [6] que l'imagination ne peut parvenir à remplir que de l'absence de toute détermination positive. L'aspiration idéaliste au bonheur comme totalité se traduit par un sentiment à la fois vague, parce que son objet reste indéterminé, et empreint de tristesse, parce que le plaisir s'y trouve interdit : ce que les romantiques appellent *Sehnsucht*, nostalgie d'une totalité irrévocablement perdue.

1. « Mais cette *différenciation* du principe du bonheur de celui de la moralité, n'est pas pour autant, comme telle, une *opposition* entre eux, et la raison pure pratique n'exige pas qu'on *abandonne* les prétentions au bonheur, mais seulement qu'on ne les *prenne pas en considération* dès qu'il est question de devoir. » (CRPr, Ak. V, 93).

2. « Ce peut même être, sous un certain rapport, un devoir que de songer à son bonheur [...] » (*Ibid.*).

3. Sur la tendance suicidaire du mélancolique, cf. « Deuil et mélancolie », *op. cit.*, p. 160.

4. CRPr, Analytique, ch. I, § 2.

5. « En effet, ce en quoi chacun doit placer son bonheur dépend du sentiment particulier de plaisir et de peine que chacun éprouve » (*Ibid.* § 3, Scolie II, Ak. V, 25).

6. *Ibid.*

Ce sentiment oriente l'idéalisme vers l'esthétique. Mais il trouve dans la morale de quoi s'entretenir, dans la mesure où il a besoin de donner à son éloignement du monde la force que confèrent les idées rationnelles. Une passion triste qui, en elle-même, correspond à un amenuisement des forces vitales, acquiert une puissance sans égale lorsqu'elle est associée au respect pour la loi dont l'origine est suprasensible. Le sentiment de sublime, qui dans le respect est un effet secondaire de la loi, est alors *immédiatement* associé à la loi, car cette confusion permet au moi de se déguiser sous les couleurs (sombres) de la moralité. L'interprétation idéaliste de la loi correspond donc à la *moralische Schwärmerei*, contre laquelle Kant s'efforce de prémunir son lecteur[1], parce qu'il sait que la *métaphysique*[2] des mœurs, qu'il développe pour la première fois dans sa radicalité, si elle expurge et purifie la loi de tout fondement empirique, pourrait donner lieu à une forme perverse qui, inversant le rapport entre la raison et le sublime, fait du seul refus de l'empirique le fondement de la morale. Cette forme pathologique de refus du pathologique s'annonce comme normative sous prétexte qu'elle s'éprouve à la manière du respect, comme sublime. Le fanatisme moral élève les « hauts faits nobles et sublimes [...] qui ont exigé un grand sacrifice »[3] au rang de modèle pour l'action morale, annulant par là le moment de la coercition par le devoir, qui seul qualifie la moralité.

La différence entre l'idéalisme et le réalisme se traduit donc, sur le plan de l'action morale, par la différence entre « l'honnête homme »[4] et le « héros de roman »[5]. Cette différence ne se mesure pas à la grandeur du sacrifice consenti : elle est la même dans les deux cas. Elle vient du motif au nom duquel il a lieu ; dans le premier cas la loi devance la volonté parce que le sujet ne peut pas se dérober à la question que lui imposent les circonstances, sous la figure du roi : « Parleras-tu, oui ou non ? » ; parce que la question est posée, la réponse morale s'impose : « non ». Ce que la

1. CRPr, Analytique, ch. III, Ak. V, 84-85.

2. Cf. *Fondement de la métaphysique des mœurs*, Préface, Ak. VI, 389-390.

3. Ak., V, 85.

4. Celui qui, par exemple (CRPr Ak. V, 155-156), affronte la mort plutôt que de calomnier un innocent.

5. « [...] ce qui ne conduit qu'à de vains souhaits et des désirs nostalgiques pour une perfection hors d'atteinte, ne produit que des héros de roman » (Ak. V, 155). Rentre dans cette catégorie l'exemple de l'homme qui « au plus grand péril de sa vie, cherche à sauver des gens du naufrage » (Ak. V, 158). Les romans ont l'équivocité de la *Schwärmerei* (cf. Ak. V, 86), ils en constituent la version moderne (cf. Méthodologie, Ak. V, 157 : « À notre époque où... »). Ils sont le premier lien historique entre le romantisme et l'idéalisme. C'est pourquoi les grands romans n'échappent à l'idéalisme romantique qu'en étant une critique des romans. Cf. René Girard, *Mensonge romantique et vérité romanesque*, Paris, Grasset, 1961.

loi commande n'est donc pas de se mettre en avant pour agir, mais de rester dans l'ombre (de la salle de torture ou du cachot) pour résister, ne rien faire, ne rien dire. De ce silence destiné à rester caché, aucun effet ne sera visible : l'innocent sera quand même exécuté, l'honnête homme ne tirera aucune gloire de sa résistance. C'est effectivement sublime, mais ce sublime ne paye pas. Il en va autrement des « actions présentées comme nobles, magnanimes, méritoires »[1]. Quel que soit le mérite intrinsèque de ces actions, en lui-même indiscernable, le fait de les *présenter* comme modèles procède d'une falsification idéaliste de la loi, car elles sont en elles-mêmes, du fait de leur noblesse, magnanimité, grandeur, et non du fait de la loi, sublimes : l'enthousiasme qu'elles suscitent n'est pas inspiré par la loi, mais par le désir d'être soi-même un héros, dont le sacrifice est largement compensé par la gloire, serait-elle posthume. L'équivocité de l'action héroïque vient de ce que son mobile est toujours incertain, donc suspect. On peut toujours opposer au héros le doute : « Qui t'a demandé d'agir ainsi ? » Est moralement nulle une action qui n'est pas directement requise par la loi, quel que soit par ailleurs le bien qu'elle a apporté aux hommes.

La position *réaliste* est celle qui correspond au terme de *rigorisme*, que Kant défend contre Schiller[2] : elle consiste à ne rien attendre de la nature pour seconder la liberté ; ce qui n'implique aucun rejet de la nature : la distinction des domaines de législation permet au contraire à la raison de s'en remettre à l'entendement pour la connaissance de la nature ; la morale est donc compatible avec une science de la nature fondée sur le mécanisme tel que l'entendement le tire de ses concepts. De même la moralité est parfaitement compatible avec une conception épicurienne du bonheur pour la simple raison qu'elle n'a rien à voir avec lui ; il n'est pas contraire à la morale de s'en remettre entièrement au plaisir, quelle qu'en soit l'origine, pour le meilleur usage de la vie, dans la mesure où cet usage ne concerne pas la morale[3]. Ce n'est pas parce que le plaisir n'est pas un élément constitutif de la moralité qu'il doit être éliminé comme immoral[4] ; inversement, ce n'est pas parce qu'on reconnaît au plaisir une place

1. Ak. V, 157.

2. *Religion dans les limites de la simple raison* [abr. *Religion*], Ire Partie, Remarque, Ak. VI, 23.

3. D'où l'éloge d'Épicure, contre les systèmes de compromis, dans la CRPr Ak. V, 24. De même l'art est plus fait pour favoriser le sentiment vital que pour encourager la vertu, comme le montre, avec un nouveau renvoi à Épicure, le § 54 de la *Critique de la faculté de juger*.

4. De même ce n'est pas parce que les impératifs techniques ne sont pas des impératifs de la moralité qu'il faut renoncer à l'usage technique de l'entendement, ou, plus absurde encore, chercher à moraliser la technique.

légitime dans l'ordre vital qu'il faut chercher à le réconcilier avec la moralité.

Il reste à comprendre comment l'interprétation idéaliste a été possible à partir du kantisme et contre lui. Son principe est l'esthétisation de la morale, qui est un déplacement de l'idéal de la morale vers l'esthétique, un glissement de l'idéal de la raison vers l'idéal de l'imagination. L'idéaliste ne se console pas de la perte de la totalité à laquelle le condamne la réalité ; mais si le plaisir sous sa forme la plus commune, l'agréable, est invalidé parce qu'il ne suscite qu'un désir partiel, arrêté à la satisfaction, en revanche le beau est d'une autre nature, puisque la satisfaction qu'il suscite n'est pas définie par l'existence d'un objet ; le plaisir ainsi libéré de sa relation à l'existence [1], peut renvoyer à une forme de satisfaction au-delà de toute existence particulière, qui coïncide avec la définition du bonheur, « être satisfait de son existence totale » [2]. Le beau n'est pas le bonheur, mais il le désigne directement, en neutralisant la détermination par l'agréable. On peut ainsi donner un sens général, et contraire à son sens premier, à la formule que Stendhal a utilisée dans son *erotica :* « la beauté est la promesse du bonheur » [3]. La matière du beau, son caractère

1. Au début de la CRPr (Analytique, § 2 et 3), Kant n'envisage le plaisir, comme mode d'évaluation à l'œuvre dans tous les principes pratiques matériels, que sous la forme d'une relation à l'effectivité de l'objet : « Or un tel rapport [de la représentation d'un objet] au sujet se nomme le *plaisir* pris à l'effectivité (*Wirklichkeit*) d'un objet » (Ak. V, 21). La *Wirklichkeit* appartient à la catégorie de l'*Existenz* et non de la *Realität.* Cf. plus loin (§ 3 Ak. V, 2) : « Le plaisir qui provient de la représentation de l'existence (*Existenz*) d'une chose... ».

2. *Ibid.* Ak. V, 25.

3. La formule exacte est : « La beauté n'est que la *promesse* de bonheur » (*De l'amour*, chap. XVII, note). De même, dans *Rome, Naples et Florence* (in *Voyages en Italie*, Paris, Gallimard, Pléiade, 1973, p. 311) : « la beauté n'est jamais, ce me semble, qu'une promesse de bonheur ». La restriction signifie que la beauté est entièrement relative à une expérience concrète du bonheur donc à une jouissance physique (dont les modalités sont en partie culturelles) ; c'est l'interprétation de Baudelaire (*Le Peintre de la vie moderne*, in *Œuvres complètes*, Paris, Seuil, 1968, p. 550), qui trouve la formule excessive parce qu'elle « dépouille trop lestement le beau de son caractère aristocratique », autrement dit elle porte atteinte à l'idéalisme ; c'est aussi l'interprétation de Nietzsche qui use de cette formule contre une esthétique idéaliste qui serait tirée de Kant (*Généalogie de la morale*, III, 6 ; cf. Patrick Wotling, *Nietzsche et le problème de la civilisation*, Paris, PUF, 1995, p. 156-161) ; Olivier Chédin (*Sur l'esthétique de Kant*, Paris, Vrin, 1982, p. 19-21) montre que la promesse du bonheur, bien loin de donner chair, comme le voudrait Nietzsche, à une expérience esthétique, la dévalorise par rapport à la réalité du plaisir sexuel. Il est clair que la formule de Stendhal vise à ruiner une vision idéaliste, platonisante, de l'amour, qui ferait de la beauté de l'aimée l'image sensible de la beauté idéale. Nous l'utilisons donc en un sens radicalement opposé, puisque nous en faisons l'étendard de l'idéalisme romantique, version moderne du platonisme (qui, comme on le sait, n'est pas synonyme de la philosophie de Platon) ; ce qui autorise ce glissement est l'équivocité du terme de bonheur, qui dans un cas

proprement esthétique comme plaisir lié aux sens, vient remplir le vide de l'objet du désir de bonheur (puisque le bonheur n'est pas un objet) ; mais en même temps la forme du beau, son caractère désintéressé [1], semble autoriser, par une subreption, un rapprochement entre la beauté et la moralité : par une homonymie de la pureté, le pur plaisir (détaché de tout intérêt) devient homologue du pur désir (détaché de toute inclination sensible). Certes Kant fait du beau le symbole de la moralité [2] ; mais le terme de symbole désigne une présentation indirecte (et pas seulement négative, comme peut l'être le sublime), qui n'autorise nullement le beau à valoir en lieu et place de la moralité, ni la moralité à exiger du beau une soumission à ses principes. Or pour l'idéaliste la beauté est une solution de compromis qui lui permet de concilier des exigences contradictoires qu'il refuse d'assumer directement : la beauté, dans son aspect sensible, tient lieu du plaisir en général, qui a été sacrifié comme indigne de l'idéal ; mais dans son aspect formel, elle remplace la loi elle-même, à laquelle l'idéaliste ne veut pas se soumettre parce qu'elle exige le renoncement à l'attachement du moi pour lui-même. Il a réussi sa substitution lorsqu'il parvient à faire passer un compromis, qui ne peut satisfaire ni l'art ni la morale [3], pour une unité primitive.

Ce glissement caractérise le passage d'un idéal de la raison à un idéal de l'imagination. Lorsque Kant définit l'idéal de la raison [4] il souligne que l'individuation rationnelle, en tant qu'elle permet de concevoir l'idée comme un modèle pour le sensible, ne rend pas pour autant l'idée sensible, palpable [5] ; en effet les idées ne se prêtent à aucune synthèse figurée ; bien au contraire, c'est parce que l'idéal est tenu à distance du sensible qu'il ne peut pas se dégrader en chimère (*Hirngespinst*), en *ens imaginarium*. Car l'illusion est de « vouloir réaliser l'idéal dans un exemple, c'est-à-dire dans le phénomène, comme le sage dans un roman » [6]. Dès que l'on cherche à réduire, par un schème imaginaire, la distance infinie qui sépare

est directement associé au plaisir, dans l'autre désigne un idéal de l'imagination auquel aucun plaisir ne peut donner un contenu.

1. Cf. *Généalogie de la morale*, III, 6. On peut cependant objecter à Nietzsche qu'il confond le kantisme avec son interprétation idéaliste, Kant avec Schiller.

2. *Critique de la faculté de juger*, § 59.

3. Schiller trouve en face de lui Goethe aussi bien que Kant. S'il a en quelque sorte renoncé à l'idéalisme, c'est-à-dire au pas qui le conduisait vers le romantisme, c'est sous l'influence du premier, qui l'a ramené à la poésie.

4. Comme « l'idée non seulement *in concreto*, mais *in individuo*, c'est-à-dire en tant que chose singulière déterminable, ou absolument déterminée par l'idée seule » (CRP, Dialectique transcendantale, De l'idéal en général, Ak. III, 383).

5. « Ce que j'appelle idéal paraît être encore plus éloigné de la réalité objective que l'idée » (*Ibid.*).

6. Ak. III, 384.

l'idée de l'intuition sensible, on est voué à une régression indéfinie parce qu'aucune image (*Bild*) n'est adéquate au modèle (*Urbild*). L'image, en se substituant au modèle qu'elle cherche à présenter, devient elle-même un idéal. L'infinitisation de l'imagination, contradictoire dans les termes, perd en réalité le fondement rationnel de l'idéal, sans accorder aucun bénéfice au sensible. On comprend par là en quoi le reproche qui est fait au kantisme de méconnaître la dimension sensible de l'homme, et de le vouer ainsi à un « ascétisme sinistre et monacal »[1], procède d'une conception idéaliste.

Schiller peut être tenu pour un des acteurs principaux de ce tournant de l'idéalisme vers l'esthétique. C'est pourquoi la liaison spécifique que Schiller a établie entre la morale (et avec elle la métaphysique) et l'esthétique permet de caractériser l'idéalisme nouveau auquel le romantisme donnera une dimension historique. Elle tient dans l'affirmation de quelques propositions qui définissent une position fondamentale à laquelle convient plus qu'à toute autre le nom d'humanisme, et même d'humanisme absolu car si l'homme est pour Kant un problème, il est pour Schiller une totalité qui ordonne le monde et la pensée. Ces propositions sont les suivantes : 1) l'homme est une totalité indécomposable en laquelle le rationnel et le sensible sont unis et indissociables[2] ; 2) seule la beauté permet à l'homme d'être adéquat à son humanité, parce

1. Schiller, *Sur la grâce et la dignité*, *Nationalausgabe* [NA], Weimar, 1962, t. 20, p. 284, l. 19. Idée comparable dans la lettre à Goethe du 22 décembre 1798 : « Il reste malgré tout en lui au fond, tout comme chez Luther, quelque chose qui fait songer à un moine, qui aurait sans doute forcé les portes de son couvent, mais qui aurait été impuissant à en effacer totalement les traces ». Cf. aussi la lettre du 2 août 1799. Kant relève l'expression dans la note de *Religion*, Ire Partie, Remarque, Ak. VI, 23, en parlant de « disposition d'esprit de chartreux ». Cette idée annonce la description de l'idéal ascétique du philosophe par Nietzsche (*Généalogie de la morale*, III, 8-12). On en trouve un écho lointain dans la phrase célèbre de Péguy : « Le kantisme a les mains pures, mais il n'a pas de mains » (Œuvres en prose, 1909-1914, Paris, Gallimard, coll.de la Pléiade, 1961, p. 827). Le rapprochement est justifié par le fait que "ne pas avoir de mains" est, dans le texte de Péguy, une métaphore du célibat et de l'absence d'enfants. On comprend par là pourquoi la loi fait peur.

2. « La nature humaine est un tout plus lié dans l'effectivité qu'il n'est permis au philosophe, qui ne peut procéder que par séparation, de le faire voir » (*Über Anmuth und Würde*, NA, 20, 286, 20-23). Telle est également l'idée directrice des *Lettres sur l'éducation esthétique de l'homme*, développée plus directement dans le mouvement qui va des Lettres 10 à 15, et qui vise à démontrer que « la beauté est la condition nécessaire de l'humanité » (Lettre 10, NA, 20, 340, 34-35), et aboutit à dégager le caractère unificateur, et donc central pour l'humanité, de l'instinct de jeu. W. von Humboldt (« *Ueber Schiller und den Gang seiner Geistesentwicklung* », in *Werke*, t. II, rééd. Darmstadt, Wissenschaftliche Buchgesellschaft, 1961, p. 366) souligne que le point central auquel tout se rattache chez Schiller est « la restauration de la totalité dans la nature humaine par la concorde de ses diverses forces en une liberté absolue. »

qu'elle unifie la forme (intelligible) et la matière (sensible)[1] ; 3) L'art, comme formation (*Bildung*) de l'humanité, n'a de sens que s'il est ordonné à la destination suprasensible de l'homme[2], donc à la moralité ; cette destination de l'art conduit à privilégier le sublime sur le beau – car le sublime est la seule présentation possible du suprasensible[3], et la beauté idéale sur la beauté sensible[4]. On peut tirer comme conséquence de ces propositions que le seul art adéquat à l'ensemble des exigences qui y sont exprimées est l'art tragique[5].

En rassemblant les transformations que l'idéalisme esthétique fait subir à la morale en une formule, on peut conclure que le respect pour la loi morale devient le sentiment du sublime qu'éprouve le spectateur d'une tragédie. L'art tragique fait voir des affects, et en même temps, il fait voir la résistance que la raison oppose aux affects. En montrant la souffrance, il répond à une inclination de notre nature sensible. L'affect a, comme tel, un effet immédiat sur le sentiment vital : il réjouit (*ergötzt*), il a un attrait (*Reiz*) puissant. Cet effet est indépendant de toute qualification de l'affect en termes de bien et de mal[6]. Cependant pour que ce plaisir soit libre[7], et donc susceptible d'intéresser l'art, il faut qu'il fasse apparaître l'indépendance de l'homme à l'égard des affects. Elle est réalisée à deux conditions : tout d'abord l'affect, le pathos proprement dit ne doit pas dominer l'esprit, car il ne présente le suprasensible que par la résistance que l'esprit lui oppose ; il ne doit donc pas être vécu directement, mais uniquement par la représentation opérée grâce au spectacle : « il nous réjouit lorsqu'il devient l'objet d'une contemplation (*in der*

1. « [...] dès que la raison prononce : une humanité doit exister, elle a par cela même établi la loi : il doit y avoir une beauté » (Lettre 15, NA, 20, 356). La beauté est pour l'homme la « *Consummation seiner Menschheit* » (*Ibid.*). Le type humain adéquat à l'harmonie entre la raison et la sensibilité est « la belle âme », *Sur la grâce et la dignité*, NA, 20, 287-289.

2. « Le but dernier de l'art est la présentation du suprasensible » (*Sur le pathétique*, NA, 20, 196, 4-5).

3. *Sur le pathétique*, NA, 20, 202-204.

4. *Lettres sur l'éducation esthétique de l'homme*, 16e Lettre, NA, 20, 361 ; Cf. aussi la recension des Poèmes de Bürger, NA, 22, 261 ; l'article *Sur le sublime*, dans lequel Schiller affirme que le sublime « doit nécessairement se confondre avec le beau idéal » (NA, 21, 43, 21-22).

5. L'art tragique met en œuvre la présentation du suprasensible « du fait qu'il rend sensible l'indépendance morale dans l'état de l'affect » (*Sur le pathétique*, NA, 20, 196, 6-8).

6. *Sur le pathétique*, NA, 20, 196.

7. Est libre un plaisir « en lequel les forces de l'esprit sont affectées selon leurs lois propres, et où la sensation est produite par une représentation » (*Du fondement du plaisir pris aux objets tragiques*, NA, 20, 135, 22-24).

Betrachtung) »[1]. Ensuite le plaisir ne provient pas seulement du pathos, mais du contentement qu'éprouve l'esprit à la découverte de son indépendance. Le tragique fait voir dans la souffrance ce qui n'y succombe pas. Or seule la morale donne à l'homme cette force; le plaisir libre « repose intégralement sur des conditions morales, et toute la nature morale de l'homme s'y trouve en activité »[2]. Mais il y a une différence entre le contentement de soi qui vient de l'accomplissement du devoir, et le plaisir qu'on ressent au spectacle de la force morale ; le second répond à un besoin de l'imagination. Si l'art ne sert pas à l'édification, la morale apparaît comme condition d'un plaisir esthétique. Ni le spectateur, ni même le héros tragique n'ont besoin d'être directement moraux, puisque la loi intervient seulement comme révélatrice de la force d'âme, qui se manifeste comme pouvoir d'indépendance. Des héros profondément pervers peuvent être aussi, et même plus, esthétiquement intéressants que des honnêtes gens. En effet, il y a dans la soumission à la loi une forme de servitude, qui est comme la contrepartie de la liberté à l'égard des inclinations[3], et dont se libère le héros criminel, manifestant ainsi une force d'âme aussi sublime, et plus intéressante, que celle de l'honnête homme[4]. Cette justification du criminel est purement esthétique et confirme une vision idéaliste de l'art : c'est parce que l'art est compris comme un processus d'idéalisation qui transforme, par la mise à distance du spectacle, le grossier en noble, le mauvais en sublime[5], qu'il peut ainsi devenir lui-même un idéal.

L'idéalisme vulgaire est la métaphysique reflétée par le romantisme ; de la philosophie transcendantale, il retient la possibilité d'accéder à des idées rationnelles auxquelles rien ne correspond dans l'expérience. Mais, retrouvant une forme de platonisme que Kant avait explicitement écartée[6], il traduit ce que les idées ont de pratique en représentation figurée par le recours à l'art : la « déduction mystique de ces idées » prend une allure esthétique. Si l'idéalisme devient maladie, c'est que, par cette esthétisation de la métaphysique, il veut concilier l'inconciliable, et que faute de

1. *Sur l'art tragique*, NA, 20, 149, 19.

2. *Du fondement...*, NA, 20, 134, 23-25.

3. Le thème de la double servitude de l'homme, par rapport à la nécessité physique et par rapport à la nécessité morale, est central dans la pensée de Schiller. Cf. *Sur la grâce et la dignité*, NA, 20, 285-286 : Schiller reproche au rigorisme kantien de faire de l'accomplissement du devoir « une forme de servitude plus prestigieuse » (285, 34).

4. Cf. *Sur le pathétique*, NA, 20, 220. Schiller évoque, en divers endroits, Médée, le Lucifer de Paradise Lost, Richard III, Lovelace.

5. C'est l'idée directrice de la critique de Bürger, NA, 22, 245 *sq.*, qui reprend les motifs de l'idéalisme esthétique depuis Winckelmann.

6. CRP, Dialectique transcendantale, Des idées en général, Ak. III, 246, note.

pouvoir réaliser l'idéal (dans le politique), il ne lui reste plus qu'à l'imaginer (dans l'art), et ainsi perdre en même temps la réalité du monde sensible et celle de l'exigence morale. Il reste cependant à expliquer quel lien peut unir cette maladie à son époque. Si le terme d'idéalisme convient pour désigner une forme d'exaltation qui conduit le sujet à imiter les héros de roman, à rechercher les actions sublimes et magnanimes, à négliger ses besoins et ses devoirs immédiats – on peut tuer pour le beau et le sublime, et à ne connaître le monde que sur le mode de la déception, de la souffrance, du refus, quel rapport établir entre cette conduite pathologique et la métaphysique de l'idéalisme allemand ou la poésie de Schiller ? Don Quichotte ou Alceste n'étaient-ils pas idéalistes, au sens courant, sans avoir eu besoin d'attendre la métaphysique allemande issue de Kant ? Bien que la maladie soit toujours individuelle parce qu'elle touche un sujet, il n'est pas certain néanmoins qu'elle soit identique à travers toutes les époques. Ce qui a changé entre Don Quichotte et la fin du XVIIIe siècle est l'avènement de la civilisation moderne, fondée sur la domination culturelle de la science de la nature, de l'entendement, de la technique, de l'économie, et, sur le plan moral, de l'utilitarisme[1]. Un monde qui ne se soucie que des besoins matériels de l'homme porte atteinte à la totalité de sa nature, morcelée par l'entendement. La contradiction entre la vie et l'idéal, qui alimente la plainte idéaliste, trouve un point d'appui dans le spectacle d'un monde qui a renoncé à la beauté. La nostalgie idéaliste moderne est donc nostalgie de l'Antiquité, lorsque régnait la belle totalité éthique. A ce motif Schiller a donné le nom de *sentimental*, qui désigne l'impossibilité, pour l'artiste moderne, de trouver ses modèles dans la réalité qui l'environne, et donc la nécessité de l'idéalisation. L'idéalisme est donc la forme que prend la scission au sein de la modernité entre la culture, héritière de la *paideia* antique, et la civilisation liée au concept moderne de nature.

Si l'on considère, avec quelques bons esprits pour qui l'origine grecque du terme de philosophie mérite quelque réflexion, que l'antique continue d'être source de sens pour la modernité – ce qui n'est rien d'autre que la définition du classique, alors il faut bien admettre que la persistance du sens est contrainte, du fait de son incompatibilité avec la dispersion de la réalité (espace, atome, entropie, bruit) à laquelle s'affronte la modernité, de prendre une forme pathologique et donc, pour reprendre le mot de Goethe, d'assumer un destin romantique. Si la résistance idéaliste se

1. Tel est du moins le tableau que, dans les lettres au prince d'Augustenburg du 13 juillet 1793 et du 11 novembre 1793, ainsi que dans les *Lettres sur l'éducation esthétique de l'homme*, Schiller dresse de la *Kultur* qu'il assimile à la barbarie (à partir de la IVe Lettre, NA, 20, 318, 19).

manifeste pathologiquement dans le monde, comme une souffrance, ne peut-on pas lui faire crédit d'être pour le moins un symptôme, donc le signe d'un conflit dont l'enjeu n'est pas seulement psychologique, limité au sujet individuel, mais spirituel, ou mondain, puisqu'il y va du sens de l'époque, du monde historique dans lequel nous vivons ? Que la métaphysique – pour donner ce nom à l'héritage antique – prenne une dimension cosmique comme maladie ne suffit pas à invalider l'exigence de vérité dont elle est porteuse. Sans doute l'idéaliste révèle-t-il que le désir métaphysique est malade ; mais il manifeste au moins ce désir, et ce n'est qu'à partir de lui qu'il peut guérir. Le platonisme esthétisant du romantisme conserve quelque chose de Platon, à partir de quoi il est possible de retrouver Socrate, de même que l'illusion de son *agalma* peut conduire à la vérité du désir.

Yves-Jean Harder

SORTIR DU “TRANSCENDANTAL”

La philosophie a-t-elle à se placer à un point de vue « transcendantal » ? Aujourd'hui, tout le monde ou presque semble y avoir renoncé, et pourtant le transcendantal demeure comme une tentation permanente du discours philosophique, dans la nécessité de se définir, et en tout cas comme un objet de fascination intense pour les philosophes, y compris et surtout ceux qui œuvrent à le critiquer et croient avoir rompu avec lui. On ne peut dès lors que se demander ce que signifie exactement adopter un point de vue « transcendantal », afin de mieux délimiter ce qui demeure une question sensible de la philosophie.

A ce titre, compte tenu des considérables progrès philologiques faits ces dernières années dans la connaissance du « tournant transcendantal » qui traverse l'œuvre de cet auteur, il paraîtra intéressant d'interroger l'œuvre de Husserl, dernier représentant et accomplissement de cette tradition dans ce siècle, comme particulièrement représentative de ce problème du « transcendantal », ainsi que de la difficulté qu'il y aurait pour la philosophie à en sortir.

Husserl, outre son rôle d'héritier tardif, ultime référence pour la philosophie transcendantale, présente pour l'historien et le philosophe l'intérêt d'avoir été successivement un auteur non-transcendantal, puis transcendantal. De ce point de vue, son étude permet de poser de façon exemplaire la question du sens et du bénéfice du passage au transcendantal.

Sans nul doute, le passage à un régime de pensée transcendantal a représenté pour lui (j'entends : subjectivement) un gain d'intelligibilité considérable, et la résolution de nombreux problèmes, même, pour tout dire, la sortie d'une position passablement inconfortable. Mais nous ne sommes pas forcés de rechercher le confort. Considérons donc son exemple en toute liberté

Essayons simplement de comprendre ce qui s'est passé.

En 1901, dans le deuxième tome des *Recherches Logiques*, où il invente à proprement parler la méthode phénoménologique, Husserl caractérise, d'une façon indiscutablement malheureuse, sa position comme celle d'une psychologie descriptive. Cette attitude est manifestement intenable, car la nature des descriptions avancées (décrire, rien que décrire, tel est alors l'impératif de la phénoménologie) ne correspond pas à un tel programme (même pour la Recherche V, la seule qui puisse à la rigueur être concernée) : elle le déborde de toutes parts, et pour autant ne le remplit pas non plus. Dès 1903, dans un compte-rendu sur un article de Theodor Elsenhans, Husserl prend ses distances par rapport à une telle caractérisation de la phénoménologie [1]. Mais il ne trouvera de véritable reformulation positive de cette définition qu'à partir dudit tournant transcendantal, lorsqu'entre 1905 et 1907, il découvre la possibilité de ce qu'il nomme une « réduction », qui précisément reconduit les formes d'objectivité constituées par la conscience au principe de leur fondation subjective et de leur apparaître pour cette conscience. C'est cette réduction qui permettra le passage à ladite « phénoménologie transcendantale », telle qu'elle s'expose dans le texte de 1913 *Idées directrices pour une phénoménologie*.

Pourquoi cette évolution ?

Il me semble qu'on peut en discerner trois types de raison :

1) l'inquiétude *métathéorique* de Husserl sur le statut de sa propre pensée et de son objet – *qu*'est-ce que j'ai exactement décrit, si ce n'est pas du psychique ?

2) le passage au premier plan, dans la problématique husserlienne, d'une phénoménologie de la *perception*, sous-déterminée dans les *Recherches*, et corrélativement la montée en puissance de la question de l'idéalisme perceptif.

3) l'interrogation naissante sur le statut *intersubjectif* de ce qui est décrit et fait l'objet de l'analyse phénoménologique, et la sortie de cette espèce de solipsisme méthodologique qui était celui des *Recherches*.

Le transcendantal comme artefact métathéorique

Tout le problème, quand on invente un nouveau type de discours, comme la phénoménologie, qui plus est un nouveau type de discours qui prétend être plus proche de l'expérience (avec toute l'indétermination inhérente à ce concept), est de savoir exactement de quoi on parle. Le passage au régime de discours transcendantal correspond alors à la volonté

1. Cf. notre *Phénoménologie, sémantique, ontologie*, Paris, P.U.F., 1997, p. 225*sq*.

de clore sur soi et de fonder le champ ainsi constitué. Le discours transcendantal est celui qui, atteignant un degré de réflexivité supérieur, est en mesure d'assigner ses propres limites et de se définir pour ainsi dire de l'extérieur. La philosophie y devient son propre objet.

On ne saurait sous-estimer cette motivation dans le tournant opéré en 1905-07 par Husserl dans sa pensée : celle d'une auto-explicitation et auto-délimitation de la phénoménologie.

C'est qu'en effet le plan obtenu en 1900-1901 lors de ce qu'on pourrait appeler le tournant phénoménologique de la pensée de Husserl se caractérisait par tout sauf son évidence ou sa détermination. Décrire, rien que décrire, ainsi s'énonce alors l'impératif de la phénoménologie. Mais *que* décrit-on exactement ? Sans doute une discipline manque-t-elle encore pour le dire. C'est du moins ce que tendrait à suggérer l'institution de la phénoménologie transcendantale, en tant que solution au problème du statut de la phénoménologie.

Dans les *Recherches* déjà, on le sent à chaque instant, on n'est plus dans le registre d'une psychologie descriptive. Mais, si tel est le cas, si ce n'est pas du psychique qui est décrit, quel est en vérité l'*objet* de la phénoménologie ? La stratégie transcendantale est celle du redoublement : si ce n'est pas le sujet psychique qui est décrit, alors on instituera un opérateur théorique *ad hoc* qui a spécialement à charge de constituer l'objet de la description, et on le nommera sujet ou ego « transcendantal ». Tel pourrait être l'historique, schématique mais juste, dudit « tournant transcendantal ». Le transcendantal est ici le moyen de requalifier – et de maîtriser – l'objet du discours qui a été avancé au titre d'une phénoménologie. Ce discours, fait par la même occasion science, a dès lors son référent propre.

De ce point de vue-là, le passage au transcendantal, pour la phénoménologie, est indissociable de l'urgence de cette problématique remarquablement mise en lumière par Jacques English sous le titre d'une « phénoménologie de la phénoménologie »[1]. Qu'est-ce que je fais, lorsque je fais de la phénoménologie ? Telle est la question qui a dû se poser à Husserl, avec beaucoup d'insistance, à la mesure de la mécompréhension générale de ses contemporains, après la rupture avec Brentano et la découverte de la phénoménologie. De quoi s'agit-il exactement ? La remontée transcendantale vers le méta-discours, ou la phénoménologie parlant d'elle-même, s'auto-fondant dans l'assignation (cartésienne) des conditions d'accès à son propre objet, a dû d'abord apaiser l'inquiétude, au prix d'un appel à une nouvelle « science ».

1. Cf. la présentation par Jacques English de sa traduction des *Problèmes fondamentaux de la phénoménologie*, Paris, P.U.F., 1991.

L'élément nouveau qui conditionne dans la pensée de Husserl le passage au transcendantal, c'est la réduction, thématisée comme telle, *pour elle-même*, en 1907 dans les conférences consacrées à *L'idée de la phénoménologie*, après avoir été introduite dans le cours de 1906-1907 sur la théorie de la connaissance[1]. Or, c'est tout l'intérêt du cours de 1910 intitulé *Problèmes fondamentaux de la phénoménologie* que de le mettre en lumière, la question de la réduction n'est pas dissociable d'une réflexion sur le statut même du phénoménologue dans l'opération de la phénoménologie. Tout ce qui se présentait jusqu'ici dans la semi-évidence de la description, ou passait tout au moins obscurément à son compte, à savoir ne serait-ce que l'existence silencieuse, tacitement présupposée, de quelqu'un qui décrit, devient alors à constituer, à justifier devant la conscience transcendantale, qui est elle-même obtenue par décantation de cette pseudo-évidence dans une réflexion (ladite « réflexion transcendantale »). Toute la difficulté du passage au transcendantal, d'un point de vue critique, tient alors sans doute plus à ce qu'il conserve encore pourtant de cette base primordiale (par rapport à laquelle seulement il opère) qu'à la transcendance requise par rapport à elle – celle de la mise entre parenthèses : d'une certaine façon le mythe de départ du spectateur impartial, inhérent à la « simple description », subsiste, qui se voit redoublé dans la figure absolue de la conscience transcendantale, qui serait censée l'autoriser.

Le cours de 1910 est probablement le texte où Husserl a affronté le plus directement ce problème, thématisant le plus explicitement qui soit dans son œuvre le sens du passage au transcendantal comme surmontement du « naturalisme » descriptif qui pouvait être celui des *Recherches*, en tant que risque inévitablement associé à la rétroréférence à elle-même comme expérience dont la phénoménologie porte nécessairement le poids, tant qu'elle n'a pas précisé son statut discursif. De façon tout à fait intéressante, cette détermination du sens du passage au transcendantal a pour contexte une discussion avec le naturalisme expérienciel et l'immanentisme radical de l'empiriocriticisme, comme image spéculaire d'une phénoménologie qui précisément n'aurait *pas* opéré la réduction. Ce parallèle fait jouer à plein la valeur métathéorique (d'auto-fondation, de saturation) qui est celle du transcendantal.

La nécessité de la réduction est en effet amenée par contraste avec ce qu'on pourrait nommer un traitement naturel, c'est-à-dire naturaliste, de l'expérience, qui prétendrait la prendre comme elle vient. Il y va dès lors d'une *fondation* de l'expérience, dans une problématique propre au point

1. *Introduction à la logique et la théorie de la connaissance*, § 35, d), tr. fr. Laurent Joumier, Paris, Vrin, 1998, p. 254 *sq*.

de vue transcendantal. Or le sol d'expérience, non transcendantal mais point exempt de « critique » en un sens naturaliste, qu'il importe de dépasser et à partir duquel il faut rebondir en direction d'une fondation transcendantale, est représenté par le point de vue empiriocriticiste d'un Mach et surtout d'un Avenarius, discuté au § 10 du cours.

Ce qui est très remarquable alors, c'est la gémellité du concept d'expérience construit par l'empiriocriticisme et de celui de la phénoménologie naissante (celle des *Recherches*), qui fait apparaître la discussion avec l'empiriocriticisme comme un débat de la phénoménologie avec elle-même, en recherche de sa fondation transcendantale. Là où Husserl parle de « la mise hors circuit (*Ausschaltung*) de tout mélange "métaphysique" introduit dans le concept de monde, et dans la restitution du concept "naturel" de monde de l'expérience pure »[1], de « la tâche d'une théorie et d'une critique de l'expérience pure », comment ne pas y voir l'écho de la propre définition, certes provisoire, donnée de la phénoménologie par elle-même dans l'introduction du tome 2 des *Recherches Logiques*, définition qui passe essentiellement par l'impératif descriptif de neutralité métaphysique, non sans souvenir du programme machien[2], auquel du reste la « phénoménologie » a emprunté son appellation ? La force du point de vue empiriocriticiste, en tant qu'il concentre son interrogation sur ce qu'on pourrait appeler *le préalable du monde*[3], c'est qu'il touche par là la question inévitablement rencontrée par la première phénoménologie, dans sa « neutralité » et sa « naïveté » constitutives invoquées, du *présupposé de la description* : cette « thèse du monde » qui est en question alors précisément. « Or, quelles questions, du point de vue philosophique, cette évidence thétique, cette évidence générale, établissant le fait du monde en tant que tel et d'une manière générale, peut-elle nous adresser ? »[4] Si, comme a pu le penser Fink[5], le point de vue transcendantal en phénoménologie est celui pour lequel il se met à y aller du monde, le tournant transcendantal peut alors s'interpréter comme la tentative de prendre en charge philosophiquement ce que l'empirio-

1. *Problèmes fondamentaux de la phénoménologie*, § 10, p. 117.

2. Notez la référence tout à fait significative à *L'analyse des sensations* dans *La philosophie de l'arithmétique*, tr. fr. Jacques English, Paris, P.U.F., 1972, p. 258. Sur la proximité entre l'exigence de neutralité descriptive de la première phénoménologie et le programme machien, voir le chapitre VII de notre *Phénoménologie, sémantique, ontologie*.

3. C'est la lecture de *Der menschliche Weltbegriff* (1891), les 7 et 8 février 1902 (cf. Karl Schuhmann, *Husserl-Chronik*, La Haye, Nijhoff, 1977, p. 70), qui devait en effet déclencher cette méditation de Husserl sur les présupposés qui avaient été les siens dans le tome 2 des *Recherches*.

4. *Problèmes fondamentaux*, § 10, p. 120.

5. Cf. Eugen Fink, *De la phénoménologie*, tr. fr. Didier Franck, Paris, Minuit, 1976.

criticisme avait débusqué comme un *fait*. Toute la question est dès lors de savoir ce qu'on peut faire de ce fait, ce que la philosophie a à en faire, si tant est qu'elle ait jamais quoi que ce soit à faire des faits, si ce n'est les constater. Là exactement réside la question du transcendantal. Traiter transcendantalement ce problème – celui de l'existence toujours déjà donnée du monde, en tant qu'existence *préalable* – c'est l'exposer à *déduction*, justification du droit de l'objet qui est en question en lui (« le monde », mais est-ce un objet ?...) devant le tribunal de la conscience absolue, déduction qui est le geste constitutif du transcendantal.

Le transcendantal apparaît alors comme une alternative au naturalisme en tant que naturalisme de l'objet, auquel la question du « monde », comme au-delà et préalable de tout objet, apporte nécessairement une limite. C'est là que les voies divergent avec Avenarius. La prise en compte du « monde naturel » comme ce qui est de toute façon préalablement et naturellement donné ne peut déboucher sur la relativisation de ce monde, décliné en la possibilité d'autres formations naturelles de monde. Ce serait précisément faire bon marché de la *naturalité* de ce monde qui a été débusqué comme celui de l'attitude naturelle, toujours au préalable donné, dans son horizon propre qui devient alors en un sens pour nous une limite absolue.

> Il est dépourvu de sens de parler de la possibilité suivant laquelle les hommes, au cours de leur expérience, ou suivant laquelle les animaux supérieurs, au cours de leur adaptation de plus en plus parfaite à la nature, auraient pu, d'une manière conforme à la raison, s'élaborer un autre concept du monde en tant que justifié, comme si ce concept de monde, pour des hommes dans la nature ou pour des animaux dans la nature, était quelque chose de contingent, par exemple comme les faits particuliers et de légalité générale, dont traitent les sciences de la nature dans leurs livres d'enseignement. Je dis : cela est dépourvu de sens ; car nous avons parlé d'hommes et de la nature et de ce qui est possible dans la nature ; nous avons donc présupposé la nature et les hommes, et par là présupposé ce que la nature rend en général "possible", c'est-à-dire que nous avons présupposé le sens de la nature, précisément le concept naturel de monde. Dans le monde, il ne peut pas y avoir quelque chose qui supprime (*aufhebt*) le sens qu'il y a à parler du monde, puisque cela le présuppose précisément en tant que sens (en tant qu'être [*als Wesen*])[1].

1. *Problèmes fondamentaux*, § 10, p. 125. Nous corrigeons ici la traduction de *Wesen* par essence.

Husserl refuse donc de suivre Avenarius dans le darwinisme économique de sa *Kritik der reinen Erfahrung* (1889-90), parce que celui-ci relativiserait la naturalité du concept de monde qu'il a lui-même mise en lumière. L'objection est profonde : il n'y va nullement d'une supposée invariance du monde, ni des évidences intangibles de la raison éidétique, souvent attribuées en unique et bien pauvre fond métaphysique à la phénoménologie. « Il n'y a aucun non-sens (*Unsinn*) à soutenir que peut-être il pourrait y avoir en général un autre monde, peut-être même que, en dehors de toute connexion avec ce monde, le monde de l'attitude ou de l'expérience naturelle, il y a encore un monde, d'un genre totalement autre, dépourvu d'espace euclidien, etc. »[1]. Le non-sens est « que des hommes ou des êtres (*Wesen*) dotés d'un corps, d'un genre par principe semblable, pourraient trouver d'avance et connaître scientifiquement un tel monde, ou bien que la science de la nature, la science sur le fondement du concept naturel de monde, la science qui pose avec ses premiers mots, pour ainsi dire, les choses, l'espace, le temps, etc., pourrait être, par expérience, obligée d'abandonner le concept naturel de monde ». La naturalité de l'expérience du monde signifie en effet adhérence à ce monde. Nous y sommes impliqués précisément en tant qu'il est celui de notre expérience naturelle.

Mais alors se pose nécessairement à Husserl une question qui ne se posait pas à Avenarius, qui, dans la vue de dessus qu'il prenait sur la pluralité des mondes et des développements expérienciels possibles, sortait en quelque sorte de cette thèse du monde qu'il avait pourtant découverte, en tant que profilant toujours un certain style pour nos expériences. L'idée de Husserl est qu'on ne peut faire varier le monde lui-même comme une partie du monde. Dans sa donation se joue une archi-facticité – co-extensive de l'ouverture même de la « conscience » dans laquelle se tenait l'analyse des *Recherches logiques* – qui ne peut être contournée, ou réduite à un cas particulier de ce qui pourrait être donné devant nous précisément dans un monde. Mais alors se pose inévitablement la question du « flottement » de ce niveau primordial de l'être-donné, qui, en l'absence de toute détermination interne à un système d'empiricité dont il constitue bien plutôt le propre fait – ce que nous avons nommé la « facticité » – se retrouve pour ainsi dire *pendant*, en un autre sens, presque insoutenable (il n'est en effet *soutenu* par rien) du naturalisme. Ce qu'on ne peut relativiser, et ce dont pourtant on ne peut faire aucun « absolu », qui serait alors nécessairement constitué, déterminé sur le terrain même de l'expérience, tel apparaît dès lors le sol, éminemment

1. *Loc. cit.*, p. 127.

labile, de la phénoménologie. Le passage au transcendantal se présente clairement comme une tentative de résoudre cette difficulté, en donnant à ce plan d'expérience première un observateur, une instance qui aurait à charge de le constituer, c'est-à-dire de le faire valoir en et pour lui dans sa validité propre, alors soumise à examen, à savoir la conscience transcendantale. On sort alors du dilemme, associé aux paradoxes de l'immanence expériencielle, d'un naturalisme non scientiste, c'est-à-dire qui ne prétend pas se donner sa « nature » comme objet – ainsi celle-ci en est bien enfin devenu un, mais, pour échapper au piège de la relativisation qui guette l'objet empirique, *au plan transcendantal*, donc comme ce qui est précisément *à constituer* comme tel.

Le champ est désormais ouvert au redoublement. C'est que le rapport au « donné », hérité du positivisme dont l'empiriocriticisme est une variété, s'est modifié, et laisse désormais la place à une interrogation ayant trait à sa « donation », c'est-à-dire au sens de la donnée en tant que sens pour elle d'être donnée – ce qu'excluait le « naturalisme » implicite des *Recherches*, qui conservait à cet être-donné premier sa valeur d'énigme, en soi dépourvue de sens. C'est le sens très exact du retour du « moi » dans l'affaire, qui n'a d'autre valeur ici que d'être un prestataire de sens, et cela par rapport à la donation même. Il faut bien une instance *sur laquelle le sens puisse être tiré, y compris et surtout par rapport à ce qui jusque-là avait été laissé dans l'ombre (et dont la présupposition avait été à plusieurs reprises frôlée) comme antérieur à tout sens*. Ici s'accuse la nécessité pour la science d'être désormais de nouveau science du « moi », ce qui avait été mis en suspens par les *Recherches*, à la mesure de leur propre installation dans l'irrésolution naturaliste.

C'est ce dont ces lignes sur Avenarius datées par l'éditeur de 1915 portent le témoignage :

> Le premier essai d'une description pure de "ce qui est trouvé d'avance" (*des Vorgefundenen*) chez Avenarius, et la tendance, à elle-même non entièrement certaine ni claire, est : ne pas faire de "théories" ; tenir au loin toutes convictions théoriques préalables ; décrire ce qui est "donné" exactement comme il est donné, en liaison à cela, ce qui éventuellement, par-delà ce qui est donné, est présumé, exactement comme il est présumé[1].

Comment définir plus exactement le premier état de la phénoménologie, celle des *Recherches logiques ?* La définition par Husserl du positivisme d'Avenarius recroise ici étrangement celle qu'il aurait pu proposer de son propre projet. Même chose lorsqu'il poursuit :

1. *Problèmes fondamentaux*, Appendice XXII, p. 218-219.

> Avant toute théorie, le monde est donné. Toutes les visées, légitimes ou illégitimes, populaires, superstitieuses, scientifiques, toutes se rapportent au monde déjà donné d'avance.

Ici pourtant une différence se fait entendre :

> De quelle façon se donne à moi le monde ? [...]

et, en note :

> Mais précisément ce n'est pas ainsi que parle Avenarius, et c'est là sa faute.

Nous sommes en 1915, c'est-à-dire après le tournant transcendantal, et que le monde puisse, et même doive être donné *à moi*, comme instance de validation ultime, c'est là la différence. D'où la radicalisation de la question « qu'est-ce qui peut en être dit ? » en « que puis-*je* en dire ? » dans les lignes qui suivent immédiatement. Le statut combien problématique de la « donnée immédiate » (c'est la notion qui relie Avenarius à Husserl) a changé, puisqu'elle-même a trouvé désormais une instance devant laquelle elle puisse faire l'objet d'une justification.

De la réduction *à* l'expérience (Avenarius, Mach), on passe alors à la réduction *de* l'expérience, la réduction phénoménologique-transcendantale à proprement parler :

> Cela nous conduit donc, dans la pensée, finalement, des motifs directeurs, ou dans une saisie réflexive de ce qu'ils pourraient remplir, à une réduction phénoménologique et à une analyse phénoménologique d'essence de l'"expérience" et de la pensée d'expérience, corrélativement du sens phénoménologique d'un monde d'expérience et du monde d'expérience déterminé, conformément à la pensée, par une pensée correcte possible[1].

Le résultat en est le clivage désormais acquis de l'attitude d'expérience elle-même et de l'attitude phénoménologique, qui en donne les raisons. Le Je, comme instance de validation, voilà ce qui n'est proprement pas « trouvé d'avance »[2].

Toute la question est de savoir s'il est nécessaire de sortir ainsi de l'incertitude inhérente à cette première couche d'expérience, donnée en un sens du naturalisme qui serait au fond plus proche de Hume que d'Avenarius et des positivistes, pour donner à ce plan une fondation justificative, sortie en dehors de la description qui paraît en soi injustifiable. Reste alors le caractère injustifiable de l'expérience elle-même, et

1. *Loc. cit.*, p. 222.
2. *Loc. cit.*, p. 223.

l'impossibilité pour la description d'assigner de manière définitive ses propres limites. Mais pourquoi l'une ou l'autre aurait-elle à être justifiée ? Telle est, me semble-t-il, la question très profonde soulevée par un premier état de la phénoménologie dont l'indétermination même pourrait bien encore aujourd'hui présenter comme une sorte d'alternative (ou de déni de pertinence) au transcendantal. Pourquoi faudrait-il à tout prix faire tenir l'expérience par autre chose qu'elle-même ?

Transcendantal et idéalisme perceptif

C'est la même question de la *validation* qui est au centre du tournant perceptif pris en quelque sorte par la philosophie du second Husserl – à moins que ce ne soit l'inverse : tournant perceptif et tournant transcendantal vont de toute façon de pair. De ce point de vue, la fin du texte de 1915 sur Avenarius est très éclairante.

> Il n'apporte pas la différence du trouvé d'avance au sens de l'apparaissant et du perceptionnellement posé, par rapport au trouvé d'avance au sens du réellement immanent et du saisi tangent dans la perception immanente, etc. Le commencement chez Avenarius est bon ; mais il y reste bloqué[1].

Ce défaut de différenciation entre la donnée hylétique sensuelle, matière (*Stoff*) de la conscience elle-même, et chair propre du plan d'apparaître, et la donnée de la chose perceptionnellement présente – c'est-à-dire la donnée de la chose *comme* perceptionnellement présente –, déjà pointé dans les *Recherches Logiques* au titre de la critique de « l'hypothèse de Berkeley-Hume » (RL V, § 7), acquiert ici une valeur décisive. Le propre du naturalisme, dans sa puissance d'absorption et d'immanentisation, qui est aussi un pouvoir de relativisation, c'est la dissolution de la présence de la chose même, comme présence de ce qui est pourtant donné comme transcendant et en tant que transcendant (absolument présent dans la transcendance même). Husserl veut ici lever l'équivoque d'une présence qui, dans les *Recherches*, est celle de « contenus », ni choses ni à proprement parler « vécus », formes *ad hoc* faites à la mesure de l'apparaître même comme seul objet de l'analyse de la conscience installée dans sa « neutralité métaphysique ». Mais le paradoxe de cette présence qui est désormais rendue à la « chose » dans sa transcendance perceptionnellement visée, c'est qu'elle requiert alors un engagement subjectif de la

1. *Loc. cit.*, p. 224.

conscience (ce qui n'était pas le cas dans l'espèce de monisme conscientiel qui était celui des *Recherches Logiques*) pour la fonder, pour en constituer le réceptacle obligé. L'apparaître objectif, à la mesure de sa propre certitude, devient ainsi inévitablement « apparaître pour ». Une fois de plus, la problématique de la validation comme validation *devant* quelque chose ou quelqu'un, a tout écrasé.

Il est assez naturel que cela se décide dans le déploiement d'une phénoménologie de la perception. En effet, le propre d'une problématique perceptive, par opposition à une pure « analyse des sensations » (et fût-ce de leur formation en complexes intentionnels), telle que celle encore menée par les *Recherches Logiques*, c'est la question de la validité. L'analyse de la perception transporte l'exigence proprement transcendantale de fondation au cœur même du sensible.

De ce point de vue-là, on ne saurait trop insister, comme le fait justement Alexandre Lowit dans sa présentation des cinq leçons sur *L'idée de la phénoménologie*, sur le fait que ces leçons consacrées à un exposé systématique de la réduction transcendantale pour elle-même constituent précisément le vestibule du grand cours de 1907 consacré pour la première fois de façon méthodique à la phénoménologie de la perception [1]. Du reste, l'introduction de la notion de réduction l'année précédente dans le cours consacré à la théorie de la connaissance, en termes extrêmement rapides, se faisait déjà sur un exemple perceptif [2].

A cet égard, il faudra relever un point qui reste souvent inaperçu, compte tenu des préjugés qui pèsent, en bonne ou en mauvaise part, sur la phénoménologie, et qui notamment dominent une certaine lecture française, point que Lowit quant à lui a le mérite de noter, et de placer au centre de sa propre interprétation du « tournant ». Trop souvent, « phénoménologie » est entendu comme « phénoménologie de la perception », cela dès les *Recherches*. Or il faut remarquer combien l'analyse de la perception dans les *Recherches*, qui occupe à peine quelques paragraphes de la première section de la Recherche VI, est extraordinairement sous-déterminée. Les descriptions alors proposées n'attaquent du reste nullement le problème de front – elles recherchent un certain sens de la vérité (je n'ai pas dit de la validité), et n'ont d'autre fonction que de mettre en lumière les phénomènes de recouvrement avec conscience d'identité, dans lesquels serait censée tenir ladite vérité. On ne peut en aucun cas les faire passer fût-ce pour l'embryon d'une phénoménologie de la perception prise et considérée pour elle-même.

1. *Chose et espace*, tr. fr. Jean-François Lavigne, Paris, P.U.F., 1989.
2. Cf. *Introduction à la logique et à la théorie de la connaissance*, § 35, d), p. 256.

C'est bien ce que remarque Alexandre Lowit, mais il ne nous semble pas en tirer les conséquences jusqu'au bout. En effet, il maintient simultanément la thèse, hautement discutable, contrairement à ce qu'il croit très répandue en France et source d'innombrables malentendus, qui voudrait que ce soit « la constitution de la chose réelle [entendez : perceptive] qui sert aux *Recherches Logiques* de modèle pour l'analyse de la constitution des objets "idéaux" de la logique »[1]. Il nous semble qu'il y a là le malentendu habituel sur la nature de ladite « intuition catégoriale » : celle-ci, en vertu de son nom et de l'espèce d'extension que Husserl fait subir, nous semble-t-il à juste titre, au concept d'« intuition », serait censée en quelque sorte prolonger le concept de l'intuition simple (sensible et perceptuelle) et être fondée en elle. Mais en réalité, s'il y va bien d'un élargissement sans précédent du concept d'« intuition », l'important, qui se joue au passage de la première à la deuxième section de la Recherche VI, c'est la *rupture*, le dénivelé d'un plan à un autre. Certes, c'est en quelque sorte par réflexion sur le niveau de l'intuition sensible, dite simple, et par « fondamentation » en elle (au sens où elle y trouve ses propres fondements sensibles) plus que par fondation sur elle, que se déploie l'intuition catégoriale. Le prix à payer, mais qui est positif, et nous semble constituer la valeur propre de la phénoménologie dans sa puissance antimétaphysique, est qu'à un certain niveau on ne sort pas du sensible, c'est-à-dire du rapport originaire au sensible. La conscience qui fait des mathématiques est bien la même qui perçoit. Reste que cela n'exclut en rien des ruptures – éventuellement très profondes et décisives – de grammaire d'un plan et d'un usage à un autre. C'est même un tel sens de la rupture qui est avancé par Husserl au titre de l'« intuition catégoriale », comme sa propriété essentielle. Deux thèses se côtoient ici : d'un côté, semble-t-il (on peut discuter sur ce point), celle d'une formation toujours catégoriale de la supposée intuition simple (« le couteau *qui est sur* la table ») ; de l'autre, celle de la disjonction qui reste pourtant radicale entre l'intuition simple, fût-elle catégorialement formée, et ladite intuition catégoriale – cela supposerait de voir explicitement le couteau *comme étant sur*, ce qui n'est pas la même chose que de le voir tout simplement sur ; on est ici très proche du « voir comme » wittgensteinien. En fait le « modèle » ici n'est pas du tout celui de la perception de « l'objet réel » : bien plutôt son analyse, suggérée plutôt que menée, doit-elle prendre en compte et intégrer d'autres dimensions, qu'aucune étude de la perception « pour elle-même » – si tant est qu'une telle chose soit possible – ne saurait jamais délivrer.

1. *L'idée de la phénoménologie*, tr. fr. Alexandre Lowit, Paris, P.U.F., 1970, Avertissement du traducteur, p. 9.

Quel est en effet le centre de gravité de l'intuition catégoriale telle que nous la présente l'analyse de 1901 ? En d'autres termes, qu'est-ce qui lui donne sa structure ? A cela, la réponse est claire : l'analyse est ici dominée – et de façon écrasante – par le versant signitif ou significationnel de l'intentionnalité[1]. Nulle part le pouvoir des signes et la contrainte de la grammaire n'ont été à ce point présents dans la pensée de Husserl qu'en cette première étape, décisive, qui est aussi celle de sa première théorie de la vérité. Il y va pour l'intuition de la propriété d'être toujours signitivement formée, autrement dit d'être indexée à un langage, qui a ses lois propres (celles d'une grammaire : cf. la Recherche IV), en elles-mêmes opérateurs de catégorialité. Du reste, une fois le statut de l'intuition catégoriale réévaluée dans ce sens, l'économie des *Recherches* apparaît avec une grande clarté : si aucune analyse de la perception « pour elle-même » ne peut y être développée, c'est que l'ensemble de ces analyses qui sont celles des *Recherches* sont de part en part dominées par la signification, qui en constitue l'axe directeur comme d'ailleurs la porte d'entrée. L'auto-délimitation des énoncés en une classe d'énoncés véritatifs (qui fourniront la matière d'une *Doctrine de la science* en un sens bolzanien), tel est leur objectif avoué. Une telle recherche ne peut être menée que sur le terrain de la signification, et dans le constant écart de l'intuition à elle *en tant que géré et assigné sur le terrain de la signification elle-même*. La question a trait à la formalité de la science, et non à la perception – pas plus qu'à la *validation* de la science en général : le problème est bien plutôt, étant admis qu'il y a de la vérité, de savoir comment définir cette « vérité » de la science, c'est-à-dire la vérité *dans* la science, sur le fond de ce qu'on pourrait appeler un espèce de naturalisme du vrai. C'est précisément ce que prétendra surmonter le second Husserl, en soumettant la vérité elle-même à une exigence de constitution, ce qui le conduira, *mais alors seulement*, inévitablement à accorder une valeur paradigmatique à la perception, lieu d'un vrai qui l'est d'abord *pour* moi, qui peut répondre devant moi de son droit.

C'est en effet ce qu'il ne faut pas ignorer : le prix à payer pour le passage à une problématique de la validation, qui rende justice à la présence perceptive – transcendante – de la chose pour moi, à savoir rien d'autre que *la récession et l'occultation de la modalité signitive de l'intentionnalité*, qui est désormais écrasée sur la seule modalité perceptive, censée détenir la clé de toutes les constitutions en tant que précisément elle fournit alors le paradigme de la validation. Je peux en effet me demander si quelque chose correspond bien *à ma perception* –

1. Cf. le chapitre IV de notre *Phénoménologie, sémantique, ontologie*.

d'où la question de la validation. Or tout le mérite de l'analyse des *Recherches* était d'avoir mis en lumière que cela n'avait pas exactement de sens de se demander si quelque chose correspond ou non *à mon énoncé* – celui-ci, en tant qu'énoncé chargé de signification, a nécessairement un objet, tout le problème est alors plutôt celui de sa qualification (par recouvrement) comme objet « vrai ».

Le tournant transcendantal-constitutif s'assortit donc d'un formidable court-circuitage de la détermination linguistique du connaître, qui se manifeste dans l'institution de ce concept indifférencié de sens à l'œuvre dans les *Ideen I* qui a pu à juste titre être critiqué[1]. Primat de la perception – là où les *Recherches* soulignaient plutôt son *irréductibilité*, ce qui n'est pas la même chose – et égologie vont la main dans la main, dans le sens d'un même enfouissement de la détermination linguistique de la pensée, si présente au cœur des *Recherches*.

C'est que la problématisation de type transcendantal était profondément incompatible avec une prise en compte du caractère intrinsèquement objectif, cela non pas seulement au sens de non-relatif, mais aussi et surtout au sens d'*asubjectif*, du jeu des signes en tant qu'ils interviennent dans tout acte de connaissance même. Elle ignorait la spécificité de la détermination grammaticale (approchée dans la Recherche IV, parachevée dans les leçons de 1908) de l'intentionnalité, qui ne peut, comme telle, être reconduite à aucun acte fondateur d'un autre type qui la précéderait, pas plus qu'être rabattue sur les autres modalités de l'intentionnalité par le jeu d'échange des variations éidétiques. Ce qui faisait à rebours la force de la position du premier Husserl, c'est que le langage y demeurait ainsi *premier*.

Il est bien vrai que Husserl a lui-même éprouvé le besoin de redoubler le redoublement transcendantal en en donnant une version proprement significationnelle dans les leçons de 1908 consacrées à la théorie de la signification, qui corrigent les *Recherches Logiques* en introduisant l'idée d'un pôle noématique de signification qui correspondrait en guise de corrélat aux actes noétiques du signifier. On a affaire alors à un doublet de ce qui se joue du point de vue gnoséologique dans le cours de 1906-1907 sur la théorie de la connaissance. Le même redoublement est assurément à l'œuvre, et poussé en 1908 nettement plus loin. Mais la question, souvent trop vite tranchée[2], est de savoir s'il peut avoir le même statut. L'institution résolue de la proposition ou plus exactement du signifié

1. Cf. Vincent Descombes, *Grammaire d'objets en tout genre*, Paris, Minuit, 1983.

2. Il nous semble que c'est l'intérêt du texte de Rudolf Bernet « Le concept de noème », repris dans *La vie du sujet*, Paris, P.U.F., 1994, p. 65-92, que de rétablir les écarts nécessaires.

propositionnel comme double des actes du signifier dans les leçons de 1908 fait signe en direction de la possibilité, déjà évoquée au § 31 de la Recherche I, de reprendre un énoncé en intention seconde dans la cohérence d'un *discours*. Pour faire vite, il faut dire que cette possibilité de se référer à la signification, ou plutôt au signifié comme un objet (au sens d'un objet de discours possible, et même sans doute nécessaire au déploiement grammatical de ce discours en tant que tel), est à verser au compte d'une *syntaxe* qui fondamentalement structure ce discours[1]. A preuve en est : dans la possibilité et la nécessité alors avancée de telles « reprises » de la signification d'un moment de discours à un autre, il y va de significations *ininterprétées*, et non de tel ou tel « contenus » de signification. On est très loin de pouvoir disposer ici du double sémantique – et indissociablement subjectif – de l'objet, de « l'objet phénoménologiquement réduit », tel qu'il était en question dans les procédures réductives introduites dans les leçons de 1906-1907. D'où, dans les leçons de 1908, l'absence complète, trop peu remarquée, de toute référence à la problématique de la réduction ou à plus forte raison à l'ego, qui n'apparaît nulle part, ce qui est tout de même étonnant pour un texte supposé (mais un peu vite) être transcendantal. La grammaire se détermine en fait radicalement par elle-même, indépendamment de l'ego et de la magie des constitutions – dans son ordre propre, il n'y a d'autre constitution que *latérale* (celle des « objets-sur-quoi »), et qui n'excède précisément jamais le plan même du discours. En ce sens, les leçons de 1908 apparaissent plutôt comme une sorte de point d'avancée extrême et en un sens sans suite[2], radicalisant en un sens *structural* (et non à proprement parler transcendantal) certaines intuitions des *Recherches* (cf. la Recherche IV), que comme un jalon qui nous conduirait dans une marche glorieuse au point de vue univoquement transcendantal des *Ideen*.

De ce point de vue, la catastrophe finale se produit dans les *Ideen*, lorsque Husserl, voulant ramasser la mise, réapplique les résultats de 1908 (*Leçons sur la théorie de la signification*) sur ceux de 1907 (*L'idée de la phénoménologie*) et prétend les confondre, alors qu'ils ont été obtenus

1. Cf. notre essai « L'identité d'un sens : Husserl, des espèces à la grammaire », in R. Brisart (dir.), *Liminaires phénoménologiques*, Presses des Facultés Universitaires Saint-Louis, Bruxelles, à paraître en 1998.

2. Le fait est que, quelle que soit la persistance de cette préoccupation « grammaticale » – plus précisément syntaxique – dans les cours de logique donnés dans la période ultérieure (cf. les cours de 1910 et 1917/18, publiés dans *Logik und allgemeine Wissenschaftstheorie*, hg. von Ursula Panzer, Dordrecht / Boston / London, Kluwer, 1996), le thème de la signification *comme telle* (c'est-à-dire dans son *opposition* à d'autres modalités de l'intentionnalité) disparaît ou est résorbé dans d'autres plans de questions, plus générales, après l'installation assumée dans l'idéalisme transcendantal, telle qu'elle se joue dans les *Ideen*.

dans des contextes et avec des sens différents. Nulle part, dans ce texte, il n'est réellement fait mention des procédures spécifiques (immanentes et autonomes, c'était la leçon de la tentative de 1908) de constitution de la signification. Celles-ci sont en fait rabattues sur celles de l'objet lui-même comme objet perçu – ou tout au moins visé dans une procédure de validation – qui est dès lors traité, en tant qu'« objet réduit » (corrélat des procédures de constitution même), comme l'unité sémantique qui intervient dans un discours. Il y a ici confusion et écrasement des plans.

Cette difficulté est portée par la notion de « noème », d'introduction tardive[1], tout à la fois unité sémantique (en ce sens indéterminé – c'est-à-dire non linguistiquement déterminé – du « sens » caractéristique des *Ideen*, et qui a fait l'objet de nombreuses critiques) et *objet pour* la conscience. Il y a là une exportation en dehors de la sphère linguistique du concept de sens – et même, au delà, de l'idée d'un *discours* sous-jacent (cf. *Ideen*, § 133-134) – qui est hautement discutable. Or le résultat en est très clair : *le perceptif emporte tout*. C'est l'exemple paradigmatique de l'arbre qui n'en finit pas de brûler et ne brûle pas, et qui est clairement un arbre perceptif. Le « sens » non nécessairement linguistique auquel on prétend atteindre, objet et opérateur de toutes les fondations, dans une grande pauvreté d'exemples, du reste bien peu phénoménologique, se réduit décidément à la mesure de cet unique arbre, exemple perceptif, et qui plus est relativement peu intéressant du point de vue d'une phénoménologie de la perception qui mériterait d'être autrement complexe (et par exemple, au delà du « comme » de l'objet, censé précisément être véhiculé par le noème, d'intégrer son éventuel « voir comme », comme le faisaient à leur manière les *Recherches*). Le drame des *Ideen*, c'est donc, en ayant universalisé le concept de sens sur mesure pour penser la constitution de l'objet, nécessaire à la fondation transcendantale de l'objet dont l'acte perceptif constitue le paradigme, d'aboutir à une désespérante *univocité de sens de l'objet*. Il n'y a plus l'objet perçu et l'objet signifié, mais il n'y a plus que l'universalité d'accès à l'objet comme objet qui a à être validé (fondé subjectivement), ce dans quoi serait censé tenir même son sens d'objet. Cet exténuement du sens de l'objet dans l'univocité, loin de la variété d'abords en un sens naturaliste – mais qui a peu à voir avec le naturalisme empirique, puisque c'est un naturalisme de la vérité – qui était celle de la première phénoménologie, est du reste au fond assez typique, depuis leur départ dans les « ontologies » classiques et théories de l'objet, qui est toujours l'objet univoque, des philosophies transcendantales[2].

1. Il semble qu'elle ne soit pas antérieure au manuscrit des *Ideen I* (octobre 1912).

2. Cf. là-dessus le travail pionnier de Jean-François Courtine, *Suarez et le système de la métaphysique*, Paris, P.U.F., 1990.

On peut penser qu'ainsi le pouvoir du langage de faire monde était d'autant mieux assuré, dans la connivence sémantique établie de l'un à l'autre par la conscience. Mais c'est précisément là que le bât blesse. Dans une perspective qui interdisait désormais de voir la *difficulté* qui est précisément celle du langage à faire monde, et même de s'appliquer à quoi que ce soit du monde (la très constante et structurelle *inadéquation* de notre langage), c'était le langage lui-même, le fonctionnement immaîtrisé et immaîtrisable (à la mesure d'une « grammaire » que nous n'avons pas constituée) de la modalité signitive de l'intentionnalité, dans la rupture nécessaire et non réintégrable d'une modalité à une autre, qui était ignoré.

En d'autres termes : transcendantal ou grammatical, il faut choisir. En 1913, croyant par là résoudre tous les problèmes, Husserl devait tenter la conciliation – rien n'est plus facile que de tout concilier du point de vue transcendantal, qui se caractérise par sa puissance d'absorption, justement parce qu'il est porteur d'*univocité* – en un sens qui devait se révéler profondément préjudiciable au développement de la phénoménologie, la conduisant aux figures réversibles de l'ignorance et de l'instrumentalisation du langage subordonné aux évidences de la conscience constituante ou du *Dasein* (le Husserl idéaliste transcendantal, le premier Heidegger), ou au contraire de son absolutisation, qui l'égale en fait à la conscience constituante elle-même ou à son double l'ouverture même de l'être (le second Heidegger), de part et d'autre dans l'occultation du caractère *grammatical* dudit langage, dont la première phénoménologie avait pourtant eu une intuition si forte.

EN "DÉFENSE" DU TRANSCENDANTAL : L'INQUIÉTUDE DU SOLIPSISME

Jusqu'ici notre cahier des charges est à vrai dire bien lourdement hostile au transcendantal, même s'il donne en même temps quelques-unes des raisons de la séduction qu'il peut exercer sur le philosophe (besoin de fondation de sa théorie, fascination exercée au delà de ses limites pertinentes sur la conscience philosophique par le paradigme de la perception). Il se pourrait toutefois que les choses soient un peu plus compliquées. Il reste en effet une dernière difficulté, qui a pu être de nature à motiver le tournant transcendantal, et c'est, me semble-t-il, la plus difficile à résorber en dehors de tout traitement transcendantal du problème. A ce niveau, il semble que le passage au transcendantal touche bien une aporie réelle du projet phénoménologique tel qu'il était donné au départ, dans sa « naïveté ».

Qu'il n'y ait pas besoin de fonder le plan de ce qui est décrit, mais qu'on doive se laisser entraîner dans l'inquiétude *non résolue* ayant trait à celui ou *ce qui* décrit, et au statut exact de ce qui est décrit par rapport à cet hypothétique « regard », voilà ce dont pour notre part nous ne saurions douter, et ce qui nous paraît même constituer la seule garantie d'une phénoménologie qui demeure pleinement phénoménologie, c'est-à-dire ouverte à la liberté et à l'indétermination première des phénomènes, sans être trop pressée de fonder et de boucler son regard. Que la description ne gagne rien à s'affranchir des contraintes sémantiques qui pèsent sur elle en prétendant en instruire l'origine et la maîtriser par l'institution d'une sémantique de second degré (« transcendantale »), censée se tenir en deçà du partage de l'intuitif et du significationnel et par là-même donnant tout à une forme première d'intuition, nous ne le croyons pas moins. Mais, au titre de la première difficulté, dont nous nous sommes tirés un peu vite, en nous installant dans le confort d'une ambiguïté consentie – il n'est pas possible dans les limites de la description, qui sont celles de la phénoménologie, de savoir ce qui est décrit – ne reste-t-il pas tout de même un problème, qu'aucune acceptation béate d'un naturalisme problématique (qui ne naturalise rien donc, mais accepte qu'il reste irréductiblement – et de façon en elle-même inassignable – une dimension de *nature* dans les problèmes) ne saurait résorber ?

Cette difficulté ultime, c'est celle de l'intersubjectivité. Or, il est indiscutable que, chez Husserl, le tournant transcendantal a quelque chose à voir avec la nécessité, à l'issue des *Recherches*, d'une véritable prise en compte de l'intersubjectivité comme elle-même constitutive du champ phénoménal. En quelque sorte, le sujet serait réintroduit ici à la mesure de l'intersubjectivité comme question.

Cette lecture peut paraître étrange, car, selon la présentation donnée par les *Ideen I*, qui traite la réduction et l'accès à la conscience transcendantale indépendamment de l'intersubjectivité, et surtout celle des *Méditations cartésiennes*, qui semble reléguer dans la Ve Méditation la constitution de l'Autre, après et depuis l'expérience égologique de l'instance constituante, déployée dans les quatre premières *Méditations*, il semble bien que le passage au régime d'analyse transcendantal renforce le problème d'accès à autrui bien plus qu'il ne le résout, le subordonnant à la donne d'un ego premier, instance de fondation du transcendantal précisément.

Tel n'est pourtant pas exactement le cas : bien plutôt faudra-t-il dire que cette conversion *fait apparaître* ce problème, et en donne seule la pleine mesure. A partir de ce moment là, autrui existe et a un sens dans la philosophie de Husserl.

Pour bien comprendre de quoi il retourne, il faut remarquer – ce qui est trop souvent négligé – que les *Recherches logiques* ignorent globalement ce problème (à de très rares exceptions près comme par exemple le § 7 de la Recherche I et le § 7 de la Recherche V – supprimé dans la deuxième édition !). Le monde des *Recherches* est un monde sans autrui, cela non pas du tout au sens où il serait égologiquement orienté, et où le phénoménologue décrirait la sphère d'expérience d'un individu, centrée sur l'individu en question et close sur elle-même, mais au sens où précisément il est obligé de se placer dans une perspective où cela n'a plus d'importance que cette expérience soit celle d'un individu ou d'un autre. Pour dire cela en termes lévinasiens, l'expérience des *Recherches* est abordée sur un mode irréductiblement *panoramique*. Et, pour parler une tout autre langue, on dira qu'elle est soumise, dans son principe même de « production » (une fois de plus, le présupposé de la description !), à la clause d'un fondamental *solipsisme méthodologique*[1]. Elle est solipsiste non pas au sens où elle serait celle d'un et un seul sujet, mais au sens où elle ne serait celle d'aucun, à la mesure de ce que nous avons mis en lumière comme son *asubjectivisme* de principe[2].

Dès lors, c'est la nécessité de faire rentrer *l'autre sujet*, c'est-à-dire l'autre sujet comme tel, dans la sphère de l'expérience qui conduira paradoxalement à resubjectiver l'expérience et à en faire porter de nouveau la responsabilité et le droit par un sujet, en quelque sorte assigné à les porter par sa responsabilité par rapport à l'Autre (c'est-à-dire par rapport à l'être de l'Autre, au fait qu'*il y ait de l'Autre*). Cette lecture du tournant transcendantal, qui a le mérite de lui conférer une logique (je ne dis pas que celle-ci remporte nécessairement la conviction), paraîtra moins paradoxale si on considère les développements ultérieurs de la phénoménologie, qui deviennent alors pour ainsi dire fatals, compte tenu des limites de son projet de départ – décrire, rien que décrire, mais *de quel point de vue ?*

On retrouve ici, mais en un sens bien déterminé, la première difficulté que nous avons rencontrée : celle de la description phénoménologique. Le problème est celui du statut de ce qui est décrit (mais par qui ?) par rapport à ce que pourraient décrire *d'autres*. Et la prise au sérieux de cette altérité possible – c'est-à-dire la possibilité pour elle d'altérer le plan de la description, de modifier son axe – rend à peu près inéluctable la prise en

1. Au sens qu'on retrouve chez Carnap dans *Der logische Aufbau der Welt*, avec lequel plus d'un rapprochement serait à faire.

2. Cf. notre essai « L'intentionnalité est-elle un acte ? Sur la phénoménologie des *Recherches Logiques* », à paraître dans les *Archives de philosophie*, 1999, et « Le concept de phénomène dans les *Recherches Logiques* et la libération d'un champ d'apparaître sans sujet », à paraître dans l'*Internationale Zeitschrift für Philosophie*, 1998.

compte de ce qui est décrit comme étant décrit *par moi*, y compris avec l'éventuelle scission de ce moi en ce moi particulier qui est celui de la description et un moi de second degré, susceptible de constituer cette différence, de la description faite par moi à celle faite par autrui. La question est celle de savoir jusqu'à quel point le regard phénoménologique peut lui-même être soumis à l'altération. Et la fondation transcendantale, dans son orientation intersubjectiviste, paraît constituer une solution tout à la fois *pour récupérer cette altération, et la fonder dans le plan d'une constitution phénoménologique absolue « quand même »* – au second degré, celui de la fondation transcendantale précisément.

Cette dimension du tournant transcendantal apparaît avec une netteté particulière dans le cours de 1910 *Problèmes fondamentaux de la phénoménologie*, déjà évoqué. La question, c'est alors : par qui la phénoménologie sera-t-elle dite ?, et cela au sens où elle ne peut s'instaurer que dans un rapport à l'autre (où il y va de la possibilité de ma phénoménologie d'être la sienne), et c'est dans ce contexte seulement que peut apparaître la problématique, alors nouvelle, de la *constitution d'autrui* lui-même. Il est tout à fait symptômatique que ce soit en ce point (celui d'une phénoménologie de la phénoménologie) que le dernier problème, qui devait fournir l'axe de force de la phénoménologie transcendantale parvenue à sa maturité (*Méditations cartésiennes*, tomes XIII, XIV et XV des Husserliana), se soit imposé. On est conduit à l'intersubjectivité par la nature même de « science » de ce qui était visé au titre de la première phénoménologie, description intégrale du descriptible comme tel et *seulement* comme tel. En effet, « la teneur théorique d'une science, comprise en tant que teneur de validité d'ensemble de la science, et la nature sont des unités intersubjectives »[1].

Le sujet – au fond comme dans la Ve Méditation cartésienne – est alors amené comme ce qui est nécessaire à fonder l'intersubjectivité qui est nécessaire à fonder la science, sur laquelle pèse comme une sorte d'impératif de communication. La marque de cette fondation subjective, pour ne pas dire *égologique*, de l'intersubjectivité, qui est pensée en quelque sorte depuis le sujet censé la fonder, se retrouve dans sa caractérisation monadologique déjà ici dominante, d'une façon particulièrement révélatrice (*Problèmes fondamentaux*, § 39). Le problème est bien alors celui du passage d'une monade à une autre (ou à d'autres) : il y va du passage d'un point de vue à un autre. Mais cela suppose qu'on entende autrui comme un point de vue, c'est-à-dire depuis le préalable d'une *vue* (la conscience, opérateur des fondations) qui ne serait pas en elle-

1. *Problèmes fondamentaux*, § 36, p. 197.

même problématique, et qui prêterait son évidence égologique jusqu'à la formation d'autrui. Or, plus fondamentalement, l'éventualité d'un « autre » point de vue ne remettait-elle pas en question la détermination même de « vue » du regard phénoménologique, à la source de la description ? C'est la question qu'on peut se poser, qui conduit à relativiser ces tentatives de récupérer, à l'aune d'un regard refondé, transcendantalisé, jusqu'au regard d'autrui. Y a-t-il là quoi que ce soit d'intégrable ?

Reste que l'incertitude, qui, plus fondamentalement qu'incertitude théorique, est *angoisse* quant à la théorie, inhérente au solipsisme méthodologique n'était plus guère tenable. Il fallait bien trouver une solution pour intégrer dans le regard l'inintégrable – autrui. De ce point de vue-là, le passage au transcendantal ne représentait certes pas une solution, mais une véritable *question*, et ne pouvait être reconduit à la simple fatalité philosophique d'une rechute métaphysique. S'il y a bien une transcendance qui est gênante par rapport à la description et induit la tentation de la machinerie transcendantale pour parvenir à s'en assurer, c'est celle d'autrui. D'où le recouvrement, sous le titre d'une phénoménologie transcendantale, de toute une série de problèmes très réels et qu'on ne peut éliminer d'un revers de manche : ceux qui ont trait à l'intersubjectivité de la vérité. Là pourrait résider la vérité ultime du passage au transcendantal, qui, sur ce plan non plus, ne nous satisfaira pas vraiment, mais continue de nous poser une question à laquelle il n'est pas sûr que nous soyons en mesure de répondre : *quid* d'autrui dans le regard de la théorie ? – étant entendu que nous refuserons, au nom de l'objectivité du vrai, de retomber dans toute forme de « pragmatisme ».

Nous ne prétendrons pas ici esquisser de réponses aux différentes apories que nous avons pu relever et qui toutes témoignent d'une certaine forme d'épuisement du paradigme transcendantal comme du maintien du problème posé par lui pourtant. Les conclusions à en tirer nous paraissent complexes et encore peu sûres, à nous qui tout à la fois ne voulons pas renoncer à la fécondité du projet phénoménologique, refusons de le convertir en quelque forme de naturalisme constitué (« psychologique » par exemple), et en même temps considérons qu'il n'a plus de sens dans sa forme « transcendantale », prétendant constituer plus qu'elle ne peut, à savoir se récupérer soi-même comme acte de description en quelque sorte. En quelques mots, il nous semble qu'il faudrait dire que la phénoménologie n'est pas, ne peut pas être une « science », pas plus qu'une discipline absolument close sur soi. Simultanément – ce n'est évidemment pas la même chose, même si, dans son cas, la question est bien celle de la clôture de la description – elle est inévitablement obligée d'admettre une dimension non exclusivement descriptive dans sa pratique. Cela n'invalide à nos yeux pourtant en rien l'exigence de retour à la description présente en elle. Simplement, on ne pourra plus absolutiser celle-ci. Restent alors des problèmes de délimitation considérables, auxquels tout à la fois la phénoménologie ne pourra pas échapper, et auxquels en même temps il serait très dangereux qu'elle se voue exclusivement, poursuivant une impossible – mais il est pourtant aussi impossible que celle-ci ne fasse pas question – « phénoménologie de la phénoménologie » et dégénérant en constant méta-discours sur sa propre impossibilité. Au bout du compte, là où on a refusé la main invisible des synthèses transcendantales pour fonder la qualification de ce qui est restitué dans le regard, demeure alors l'alternative entre une philosophie de la description absolue avérée impossible et une philosophie de l'interprétation, à laquelle, pour notre part, nous ne sommes pas prêt à tout donner – et en tout cas certainement pas la vérité, qui constitue l'objet propre de la phénoménologie. On comprendra qu'aucune des deux branches de l'alternative ne nous satisfasse. Cela ne veut pas dire pour autant qu'il y ait un « ailleurs » où l'on pourrait s'en évader ni qu'on puisse ou doive en trouver la « source cachée » et en réconcilier les termes – ce serait proprement rejouer, une fois de plus, la remontée « transcendantale » et en encourir, encore, toutes les apories.

Jocelyn Benoist

TABLE DES MATIÈRES

ACHEVÉ D'IMPRIMER
EN AVRIL 1999
PAR L'IMPRIMERIE
DE LA MANUTENTION
A MAYENNE
N° 133-99

Dépôt légal : 2e trimestre 1999